外国人受け入れへの日本語教育の新しい取り組み

田尻英三 編

浮島智子　加藤早苗　杉山充
田尻英三　中河和子　新居みどり
浜田麻里　真嶋潤子

ひつじ書房

はじめに

　2024年4月1日から、外国人に対する国内の日本語教育の仕組みが大きく変わった。日本語教育の担当が文化庁から文部科学省に移り、日本語教育機関の認定は文部科学省が行い、それに伴って日本語教員の資格が国家資格となった。その他、多くの点で日本語教育の枠組みや考え方が大きく変化している。しかし、残念ながら新しい日本語教育施策に係る変化に、日本語教育関係者を始めとして、外国人受け入れに関わっている人たちにも、その新しい動きに対する理解は進んでいない。本書は、新しい日本語教育施策とそれに伴う新しい枠組みや考え方を理解することを第一の目的とする。次に、2024年7月時点ではまだ決まっていない具体的な方向性については、危惧される問題点についても言及している。

　本書は、現時点における新しい日本語教育施策の全体像に触れた唯一の書籍であることを自負している。本書が、日本語教育関係者のみならず、外国人の受け入れに関わっている行政書士・弁護士・地方公共団体の職員などの方々にも広く読まれることを期待する。

　ここで簡単に、日本語教育施策が動いた背景を説明する。現在日本が直面している問題の1つに、生産年齢人口の減少がある。その結果、どの分野においても人手不足による経済活動の停滞が表面化しつつある。政府は、その対応策として外国人労働者の受け入れを増やそうとしているが、果たして受け入れ体制に問題はないのであろうか。1989年出入国管理及び難民認定法の改正により南米を始めとする日系人の受け入れが始まったが、この時は、日本語教育に関する施策は受け入れ後に自治体で整備されていった。

　それに対して、現在は日本語教育に関する2つの法律が成立し、外国人受け入れに際しての日本語教育施策も整備されようとしている。しかし、この施策に対して、肝心の日本語教育関係者の理解は進んでいない。

　本書『外国人受け入れへの日本語教育の新しい取り組み』（以下、『取り組

み』と略称)は、現在進みつつある日本語教育の新しい制度について、まずは日本語教育関係者の理解を深める目的で構想した。『取り組み』の読者としては、現職の日本語教師、これから日本語教師になろうとしている人、在留外国人の日本語習得に関わっている日本語ボランティアを始め、広くは在留外国人の法的支援に関わっている行政書士・弁護士、地域の外国人との共生に関わっている地方公共団体の職員も想定している。

日本人の生産年齢人口の減少への対策として、政府は外国人労働者の受け入れを進める施策を打ち出している。しかし、そこには、外国人が日本に住むために十分な日本語学習機会が保証されているとは思われない。日本人で外国語が使える人は少ないことを考えると、日本社会では日本に住む外国人に日本語を習得してもらう機会を保障することが重要であることを認識すべきである。外国人は一定期間日本に住めば日本語が使えるようになるというのは、間違った考え方である。日本語を習得するのに効率的な方法は、開発されている。その方法に基づいた教授法やテキストを使って、外国人の日本での生活に合わせた日本語学習の体制を公的に保証する時期に来ていると田尻は考えている。

2019年に基本法である「日本語教育の推進に関する法律」(以下、「日本語教育推進法」と略称)が成立し、2023年に「日本語教育の適正かつ確実な実施を図るための日本語教育機関の認定等に関する法律」(以下、「日本語教育機関認定法」と略称)が成立し、2024年4月1日に施行された。これにより、日本の独立を認めた1952年のサンフランシスコ講和条約施行後、日本政府のもとで初めて日本語教育に関する法律が作られたことになる。それに伴い、日本語教育を日本政府として取り組む体制ができるようになったのである。

「日本語教育機関認定法」により、日本語教育機関の認定が従来の法務省告示という仕組みから、法務大臣その他の関係行政機関の長との協力のもとに文部科学大臣が認定することになった。また、そこで働く日本語教員は、日本語教員試験に合格し登録実践研修機関での「実践研修」を修了すると、登録日本語教員という国家資格で文部科学大臣の登録を受けることができるようになった。

これで、最低限、外国人が日本で働きながら生活していくために必要な日本語学習支援の体制ができたことになる。今後外国人の受け入れが進めば、一層日本語教育の重要性は増していくと考えている。

　これら2つの法律の成立には、第一に超党派の日本語教育推進議員連盟（以下、「日本語教育推進議連」と略称）所属の国会議員の方々のご努力によるものであることは広く知っておいてほしいことである。

　『取り組み』の構成は、まずアジア・太平洋戦争敗戦後、日本独立以降の日本語教育の歴史を概観し、「日本語教育推進法」成立までの政府内の動きを説明したうえで、「日本語教育推進法」の説明をした。次に、現状の説明として在留外国人の在留資格と日本語能力の関わり、日本語教員養成の歴史概説を経て、「日本語教育機関認定法」での大学における日本語教員養成の流れを説明した。このような動きを進めてきた日本語教育推進議連の動きも説明した。それらの動きに伴って始まるこれからの日本語教育機関と実践研修機関の認定を述べ、「就労」・「生活」「児童生徒等」での施策の方向性に触れた。また、この施策の方向性を決める「日本語教育の参照枠」の解説を配置した。最後に今後の日本語教育施策に関わる会議の説明と日本語教育関係者の反応についてコメントと「追加情報」を記した。

　田尻としては、日本語教師は将来的に不安定だからやめたほうがいいと大学の日本語教師養成課程の教員に言われた学生や、怪しい団体だと偏見を持たれて悔しい思いをしている日本語教育機関の方に、日本語教育は素晴らしい職業だと言えるような体制を作らなければいけないと考えて行動して来たつもりである。そして、やっと現在文部科学省が所管する日本語教育の体制が作られようとしている。

　誤解を招かないために、『取り組み』の執筆者選定について、一言説明をしておく。『取り組み』出版の構想は、2023年5月ごろであった。田尻は、その時点での執筆者の候補の方に打診をして、ほとんどの執筆者が決まった。したがって、各執筆者は、その時点でのそれぞれの立場で執筆することに同意していただいた。その後、執筆予定者の中には関係機関の長になった方や、文化庁や文部科学省の会議の委員になった方も数人いることになった。その方々は、原稿執筆については個人的な意見を述べていただいたの

で、それぞれの方の所属する機関の意見を代表するものではない。このような経緯で執筆者を選んだので、2024年での文部科学省の委員の中から執筆者を選んだ訳ではないことをご理解いただきたい。

『取り組み』は、現在進みつつある日本語教育施策を説明したうえで、今後の問題点にも言及するようにしている。ただ、日本語教育に関する省令などはこれから次々と出されていくので、読者の方々はそのような動きに注目し続けてほしい。本書の原稿執筆時点での情報は文部科学省総合教育政策局日本語教育課の施策を咀嚼しながら、記述に問題のないように十分に注意して執筆しているが、本書刊行後に細かな点は修正される可能性があることを読者の方々はご理解いただきたい。本書の内容については、基本的には編者の田尻が責任を負っている。

なお、『取り組み』には巻末に索引を付けてはいない。索引を付けると、その箇所だけを読んで『取り組み』全体を読んだつもりになる可能性があり、編者としてはそれを避けたかったのである。読者は、どうか『取り組み』全体を読んでいただいたうえで本書『取り組み』を評価してほしい。

2024年は、日本語教育が文化庁国語課の内部の組織から文部科学省総合教育政策局の日本語教育課という1つの課ができた年である。これからは、日本語教育推進関係者会議や総合教育政策局の生涯学習部会日本語教育部会で日本語教育の専門家の意見が直接言える体制ができたので、より望ましい日本語教育の将来像を構築するために日本語教育関係者の協力が必要である。その場合の日本語教育は、在留外国人の気持ちに寄り添う日本語教育でありたいと思っている。

文部科学省の日本語教育課に問い合わせたところ、従来文化庁のサイトで出ていた資料は順次文部科学省のサイトに移動するということであった。その際、資料のURLが変わる可能性があるということだったので、この『取り組み』で引用する資料のURLはすでに文部科学省のサイトに移されているものを示すことを基本にする。

ただし、日本語教育小委員会は国語分科会の中の会議であるので、この委員会の資料は今までどおり文化庁のサイトに残ることになる。

なお、日本の外国人施策を理解するために、次の3著は読んでおいていただきたい。

望月優大(2019)『ふたつの日本―「移民国家」の建前と現実』講談社現代新書
宮島喬(2022)『「移民国家」としての日本―共生への展望』岩波新書
橋本直子(2024)『なぜ難民を受け入れるのか―人道と国益の交差点』岩波新書

2024年7月
　　　　　　　　　　　　　　　　　　　　　　　　　　　　田尻英三

目　次

はじめに　iii

第 1 章
本書を読む前に知っておいてほしいこと ——————— 1
田尻英三

第 2 章
外国人受け入れに関わる日本語教育史の概略と
「日本語教育推進法」成立に関わる各省庁の動き ——— 7
田尻英三

第 3 章
「日本語教育推進法」成立の経緯 ————————— 41
田尻英三

第 4 章
「日本語教育推進法」の説明 —————————— 47
田尻英三

第 5 章
外国人の在留資格と日本語能力 ————————— 57
田尻英三

第 6 章
日本語教師養成の歴史概要 ——————————— 77
田尻英三

第 7 章
日本語教育推進議員連盟の役割 ——————————— 85
衆議院議員　浮島智子

第 8 章
認定日本語教育機関・登録実践研修機関・登録日本語教員
養成機関における「日本語教育」と「日本語教員養成」
—新たな実施申請にあたって認識しておくべきこと— ——— 101
加藤早苗

第 9 章
「日本語教育機関認定法」等での大学等の日本語教員養成の
流れと日本語教育能力を判定する試験について ——————— 125
田尻英三

第 10 章
認定日本語教育機関制度と就労者に対する日本語教育
—技能実習・特定技能・育成就労に着目して— ——————— 143
杉山充

第 11 章
「生活」分野に関わる日本語教育施策とその問題点 ————— 161
中河和子・新居みどり

第 12 章
「児童生徒等」に関わる施策について ————————————— 189
浜田麻里

第 13 章
「日本語教育の参照枠」の目指すもの ————————————— 203
真嶋潤子

第14章
今後の日本語教育施策に関わる政府の会議と
日本語教育関係者の反応 ——————————————— 245
田尻英三

おわりに　　261

追加情報　　267

執筆者紹介　　277

第 1 章

本書を読む前に
知っておいてほしいこと

田尻英三

『取り組み』を読む前に、従来曖昧に使われて来た語の説明をする。

1 『取り組み』で使われている術語の説明

　以下では、『取り組み』を読むために知っておいてほしい語の使い方を説明する。

① **政策と施策**…政策は行政の大きな方向性を示すもので、具体的な法律は施策である。現在文化庁や文部科学省で扱われているものは全て施策であり、政治の場で日本語教育政策が扱われたことはない。日本語教育政策研究は、日本語教育とはこのようなものであるべきという形を研究する分野である。ただ、この区別は、『法律類語難語辞典　新版』（1998年、林大・山田卓生編、有斐閣）、『法令用語辞典　第八次改訂版』（2001年、吉国一郎・角田禮次郎・茂串俊・味村治・工藤敦夫・大出峻郎・大森政輔・津野修編、学陽書房）、『法律用語辞典　第 5 版』（2020 年、法令用語研究会編、有斐閣）などには出てこない。田尻が、実際の使用例により考えたものである。

② **日本語教育と日本語教育学**…この『取り組み』で扱っているのは、現実の日本語教育の現場の問題である。日本語教育学という学問分野はいか

にあるべきかという問題は扱わない。日本語教育学会の理念体系の樹形図では、日本語教育の現場は一番端に置かれている（「公益社団法人日本語教育学会理念体系―使命・学会像・全体目標・2015–2019年度事業計画」p.29　https://www.nkg.or.jp/.assets/rinen_2015-2019.pdf）。

　田尻は、水谷修氏が学会誌『日本語教育』132号（2007）に書いた「日本語教育の核と日本語教育学」のほうが、外部の人との連携も含めてより広い視野で日本語教育を捉えているように感じる。

③ **外国人**…外国籍の人を指しているだけでなく、日本国籍を取得した場合でも日本語使用に不便を感じている人を含む。「外国にルーツのある人」という表現も使われることがあるが、「ルーツ」にはその人の根源的な特質というような意味合いがあり、生地主義ではなく血統主義を重視する使われ方をする傾向があるので、田尻は使わない。

④ **定住外国人**…この用語は、使わない。「在留外国人」という表現を使う。「定住」と言った場合、どの程度の期間住んだ人のことを言うのかはっきりしないし、在留資格「定住」と紛らわしいこともある。

⑤ **多文化共生**…この用語も『取り組み』では基本的に使わない。本来的な「多文化共生」なら多言語対応も含むので、改めて日本語教育の必要性を問わなければいけない。田尻は、「多文化共生」とは一種の努力目標と捉えていて、現実の日本の実態には沿わないものと考える。現在の政府の施策で使う用語は、「共生」である。「多文化共生」という表現は、2006年総務省の「多文化共生の推進に関する研究会報告書～地域における多文化共生の推進に向けて～」で分かるように、主に地方公共団体で使われたものあり、現在でも多文化共生施策を継続している地方公共団体も多い。そのような団体の説明の場合には「　」を付けて示す。

⑥ **やさしい日本語**…当初は観光ツーリズムでの使用や外国人が習得する日本語という意味で「やさしい日本語」という表現を使うことがあった

が、現在の政府の使い方は、日本人が外国人に対して使うわかりやすい日本語という使い方に統一されている。そもそも、かつてもどのような基準で「やさしい」と考えるのかは、不確定なままで使われてきたので、「やさしい日本語」という表現は問題があったと田尻は考えている。かつてよく使われていた日本語使用の難易度を測る日本語能力試験の基準は、現在政府の施策では使われておらず、「日本語教育の参照枠」を使うようになっている。

　「やさしい日本語」を最初に推進した元弘前大学教授の佐藤和之さんは、災害発生時 72 時間以内の緊急時対応として考えられたが、東日本大震災以降継続的な支援が必要と考えてガイドラインを作ってきたという経緯があることも知ってほしい(「外国人労働者の受け入れに日本語教育は何ができるか　第 48 回」ひつじ書房ウェブマガジン「未草」(以下の章では「未草」と略称)参照)。

⑦　**教師と教員**…学校教育法では「教員」となっているので、「日本語教育機関認定法」でも「登録日本語教員」となっている。「教師」は、免許などの資格を持っていなくても名乗れる。

2　日本語教育における 1989 年入管法問題

　ここでの「1989 年入管法問題」とは、田尻の造語である。日本語教育の研究者と言われる人たちの多くが、間違った知識を共有していて、基の資料にあたろうとはしない体質を指している。そのような事柄での代表的なものが、日系人等が入国するようになった「出入国管理法及び難民認定法」の改正の年を間違っていることである。

　日本語教育の研究者には、入管法の改正を 1990 年と書いている人が多い。日本語教育学会 (2005) の「日本語教育史年表」にも間違った記載がある。日本語教育能力検定試験も同様である。日本語教育施策の変遷を扱った山本 (2014) でも間違った記述をしており、最近でも山本 (2023) でもこの間違いが見られた。山本は、現在でも間違った知識を持ち続けていることにな

る。つまり、日本語教育の世界では、この間違った知識のほうが通説となっている、この改正は1989年12月であり、1990年6月に施行されたものである。1990年は、改正入管法の施行というのが正確な表現である。この改正は、研修生の受け入れ枠が拡充し、1991年の外国人技能実習制度の創設の提案へとつながっていく。同時に、日系人を「定住者」の在留資格として受け入れを決めたものとして歴史的に記憶すべき改正である。明石（2010）は、入国管理政策を「1990年体制」の成立として展開として議論を進めている。駒井（2016）も、同様の分析を行っている。つまり、多くの移民政策の研究者は、移民政策の転換点が1989年としているのである。山本（2014）には、その視点はない。結果的に1990年以降多くの南米日系人が日本に住み始め、日系人というだけで日本語学習の手当てをしない外国人が日本社会に住み始めた年である。1989年は<u>日本人の身近に外国人が住み始めたきっかけになった年として、日本語教育施策史に中でも特記すべき年である。</u>ちなみに、1989年は、天安門事件、ベルリンの壁崩壊、日経平均株価が最高値をつけた年で、世界的に大きな変革をもたらした年として記憶されている。

　<u>田尻は、この1989年と、政府の外国人受け入れ施策が施行された2024年を、日本語教育施策史の2つの大きな転換点と捉えている。1989年は日本のバブル経済による労働力不足が起こり、2024年は生産年齢人口減少による人手不足が起こったため、文部科学省内に日本語教育課が創設された年である。</u>

3　日本語教育施策を考える時に大事なこと

① 　先行研究に当たる

　これは研究にとって当然のことであるが、日本語教育の研究ではしばしば無視されている。日本語教育関係の学会だけではなく、社会学・政治学・経済学などの分野の先行研究に目を向けなければならない。

② 　一次資料を使うこと

　新聞などでの情報については、必ずその情報の典拠となる資料に当たるよ

うにしなければならない。田尻が見る限り、日本語教育の論文では一次資料と二次資料の違いに注意していない論文がかなりある。

　この他、一般的に広く使われている用語を正確に定義しないまま使用する日本語教育の論文が多くあるので、注意していただきたい。
　なお、『取り組み』では、「受け入れ」・「受入れ」・「受入」の表記は元の資料のままとする。

参考文献
明石純一（2010）『入国管理政策「1990 年体制」の成立と展開』ナカニシヤ出版
駒井洋（2016）『移民社会学研究　実態分析と政策提言　1987–2016』明石書店
日本語教育学会（2005）『新版　日本語教育事典』大修館書店
山本冴里（2014）『戦後の国家と日本語教育』くろしお出版
山本冴里（2023）『世界中で言葉のかけらを』筑摩書房

なお、田尻は今までに以下のような論文やコラムを発表している。ぜひ参考にしてほしい。

○著書（共著を含む）
・『外国人の定住と日本語教育』（2004）ひつじ書房
・『外国人の定住と日本語教育［増補版］』（2007）ひつじ書房
・『日本語教育政策ウオッチ 2008 ―定住化する外国人施策をめぐって』（2009）ひつじ書房
・『言語政策を問う！』（2010）ひつじ書房
・『外国人労働者受け入れと日本語教育』（2017）ひつじ書房

○論文・コラム
・「田尻英三のオピニオン」（2009.4 〜 2012.4）『月刊日本語』アルク
・「2014 年度より始まる『特別の教育課程』としての日本語指導」（2014）『龍谷大学国際センター研究年報』第 23 号
・「2014 年度の日本語教育関係施策」（2015）『龍谷大学国際センター研究年報』第 24 号
・「『特別の教育課程』及び 2015 年度の日本語教育施策」（2016）『龍谷大学グローバル教育推進センター研究年報』第 25 号

・「外国人労働者の受け入れと 2016 年度の日本語教育施策」(2017)『龍谷大学グローバル教育推進センター研究年報』第 26 号
・「外国人労働者の受け入れに係る日本語教育施策―『日本語教育推進に関する法律』成立までの経過―」(2019)『社会言語学』ⅩⅨ「社会言語学」刊行会
・「外国人の受け入れと日本語教育の関わり―外国人受け入れ施策と日本語教育の未来像―」(2023)『小出記念日本語教育学会論文集』31　小出記念日本語教育学会
・「外国人労働者の受け入れに日本語教育は何ができるか」(2018 〜) ひつじ書房ウェブマガジン「未草」(https://www.hituzi.co.jp/hituzigusa/category/rensai/ukeire/)
・『月刊日本語』(アルク) 2008 年 8 月号に田尻提供の資料による「外国人をめぐる国の動き」が特集として掲載された。これは、日本語教育に関わる事業がどの省庁の所管となっているかを初めて一覧表にしたものである。『取り組み』の読者には、ぜひ参照してほしい資料である。

ウェブマガジン「未草」の記事は、その時々にリアルタイムで発信してきたものであり、『取り組み』では詳しく説明していないものもあるので、ぜひ参照してほしい。

第 2 章

外国人受け入れに関わる日本語教育史の概略と「日本語教育推進法」成立に関わる各省庁の動き

田尻英三

　以下で扱う内容は、現在まで公表されているものによっている。実際には、ここで書かれていない内容も検討されたであろうが、それは田尻には知りようがない。その件については、当時検討に関わった方が書いていただくほかはない。日本語教育の世界には、多くの日本語教育関係者の知らないことが水面下で進められていたことがあった。

　日本国内の日本語教育の歴史は、同時に外国人受け入れ施策の歴史でもある。日本語教育学会（2005）に「日本語教育史年表」があるが、この年表は日本語教育に関する事柄しか書いていないので、日本語教育がその時々の社会情勢とどのように関わってきたかを知ることはできない。日本語教育学会のHPにある「歴史・沿革」も、同様である。

　日本語教師養成課程の概略史は、第6章に述べる。

　まずこの章では、最初に日本語教育の概略史を説明したうえで、「日本語教育推進法」の成立に関わる各省庁の動きを詳しく述べる。

1　外国人受け入れに関する日本語教育史の概略

　この点については、以下の数点の先行研究がある。

　春原（2009）には、1980年代以降の日本語教育の歴史について解説を交えて書かれている。

　山本（2014）には、戦前（田尻注：アジア・太平洋戦争以前のこと）・戦後か

らこの本の出版当時までの歴史が描かれている。特に、1970年以降の国会での審議状況の流れについては、最も詳しく書かれたものとして評価できる。ただし、ここで扱われている資料は、ほとんどが国会での審議内容である。ここには、どうしてこのような審議内容が国会で議論されたかという時代背景については、ほとんど扱われていない。1989年の入管法改正を1990年と間違っているように、外国人受け入れの歴史に関する視点（例えば、入管法改正の経緯など）が欠けているのが問題である。したがって、以下では、この本の具体的な記述を引用することはしない。

　伊東(2019)の「日本語と日本社会をめぐる言語政策・言語計画」に、日本語教育の施策の経緯に触れた箇所もある。

　佐々木(2006)には、21世紀の言語教育観の変遷が書かれている。

　以下では、今回の施策が出来た背景として最低限知っておいてほしい事項の説明を書くことにする。日本語教育学会(2005)「日本語教育史年表」に書かれていない項目も加えている。

1952年　法務省の内部部局として「法務省入国管理局」創設。
1957年　文部省所管の「日本国際教育協会」設立。日本語教育に関わる機関が出来た。
1959年　経済産業省所管で海外技術者研修協会(AOTS)設立。外国人労働者受け入れの公的機関が出来た。
1962年　「外国人のための日本語教育学会」発足。
1964年　文部省主催「日本語教育講習会」開催。日本語教育研究の会合である。
　　　　文部省に留学生課を設置。
1965年　文部省文化部で日本語教育の施策開始。日本語教育は、当初文部省が担当していた。
1968年　文化庁創設。これに伴い、日本語教育が文部省から文化庁へ移管された。
　　　　これ以降、「日本語教育講習会」も文化庁主催となる。

1970年　マクリーン訴訟(1978年の項に説明する)始まる。1978年結審。
1972年　外務省所管で国際交流基金発足。海外の日本語教育普及を目指す。
1973年　国際交流基金主催で「第1回海外派遣日本語教員研修会」が行われた。海外へ派遣される日本語教師は国際交流基金が研修を担当した。
1976年　外務省・文部省の許可により、「日本語教育学会」が設立された。
国立国語研究所で日本語教育長期専門研修が始まり(2000年まで)、国立国語研究所が日本語教師研修に関わった。その後、この研修の修了者によるネットワークが作られ、そこでは現在まで独自の情報共有が図られているようであるが、外部の者には非公開であるので田尻は詳細を知らない。
1977年　日本語教育学会が社団法人となった。
外務省所管で日本国際協力センター設立(JICE)。
社団法人国際日本語普及協会(AJALT)設立。
1978年　最高裁判所が、マクリーン裁判で、外国人に対する基本的人権の保障は外国人在留制度の枠内で与えられているにすぎない、という判断を示した。この判断は、現在まで変更されていない。つまり、在留外国人に関わる憲法の基本的人権の保障は、外国人在留制度の枠内で与えられているにすぎないということになる。
1982年　難民条約・難民認定法が加わり、現在の「出入国管理及び難民認定法」という名称に変更された。
国際交流基金が、海外派遣日本語教員実習講座を開始した。海外へ派遣される日本語教師の実習は国際交流基金が担当したのである。
1983年　JICA青年海外協力隊がアフリカへ日本語教師隊員を派遣した。
日本語能力試験の実施。
1984年　文部省が留学生10万人計画を発表。
これに伴い、個人または社団法人で日本語学校が続々と設立された。
閣議決定で、留学生の資格外活動解禁で週20時間となる。この決定により、留学生でありながら労働者とも見なすことになった。

1985年 文部省の「日本語教員の養成等について」の提言で、2000年に日本語教員が24,900人必要と予測された。これにより、1987年から1989年にかけて全国の大学で日本語教員養成課程が設立されるようになった。日本語教育機関も急増した。

1988年 上海事件がきっかけとなり、文部省・法務省・学校関係者により発足した「日本語学校の標準的基準に関する調査研究協力者会議」が「日本語教育施設の運営に関する基準」を公表した。
日本国際教育協会の第1回日本語教育能力検定試験も実施された。『月刊日本語』(アルク)の刊行が始まった。この雑誌は2012年まで続いたが、日本語教育を広く社会に認知させた雑誌として記憶されるべきものある。

1989年 入管法が改正され、在留資格「就学」、日系人などのための「定住者」、「日本人の配偶者等」の新しい在留資格が創設された。これ以降、在留外国人が増えることになった。
文部省・法務省・外務省共管で「日本語教育振興協会」が設立され、日本語教育施設の審査及び証明事業が開始された。
留学生の資格外活動が、週28時間になる。

1993年 技能実習法の成立により、法務省・厚生労働省共管で技能実習制度が創設された。在留資格は「特定活動」の枠に追加された。技能実習制度では、研修1年+技能実習2年とされ、最初の1年間は低賃金で働かされることなった。この間の日本語学習の時間は実質的に担保されていない。

1995年 文部省が日本語指導の必要な外国人児童生徒の指導資料として「ようこそ日本の学校へ」を刊行した。日本の学校内で外国人児童生徒への教育が認められるようになった。

1996年 留学生数が減少に転じる。

1997年 大学日本語教員養成課程研究協議会(大養協)の科研費報告書「日本語教員養成課程の現状分析とその将来の展望」が公表された。この時点では、文部省と大養協が協力して日本語教員養成課程の構想を検討していた。

1998年　留学生数が再び増加に転じる。
1999年　文化庁が「今後の日本語教育施策の推進について」を公表した。
2000年　文化庁が「日本語教育のための教員養成について」を公表した。
　　　　『日本語教育年鑑』（国立国語研究所編、くろしお出版）が刊行された。この年鑑は、2008年まで続いた。この年鑑により1年間の日本語教育の論文が一望できるようになったが、終刊により日本語教育の世界で先行論文をチェックしない傾向が強まったように田尻には感じられる。
2001年　文化庁が「日本語教育のための試験の改善について―日本語能力試験・日本語教育能力検定試験を中心として」を公表した。
　　　　中央省庁再編で、文部省と科学技術庁が文部科学省として統合された。
2002年　私費外国人留学生統一試験と日本語能力試験1級（または2級）に代わるものとして、日本留学試験が始まる。これに関連して、アカデミック・ジャパニーズという用語が使われる。
2003年　JSLカリキュラム（小学校編）が開発された。
2007年　JSLカリキュラム（中学校編）が開発された。
　　　　文化庁に「日本語教育小委員会」が作られた。これ以降、日本語教育施策がこの小委員会などで検討されていくことになった。
2008年　文部科学省他の関係省庁で留学生30万人計画を作成し、閣僚懇談会で報告された。
　　　　当時の福田康夫内閣の目玉政策であったが、大学側の要請ではなかった。
　　　　日本の人口がピーク（1億2,080万人）に達した。自由民主党内で、移民1,000万人計画が検討された。しかし、現在まで日本は移民政策を取っていないとされている。
　　　　リーマンショックが起きる。
　　　　『月刊日本語』8月号に、田尻の提供した資料を元に「外国人をめぐる国の動き」を特集している。これは、どの省庁が日本語教育のどの施策を所管しているかを示した最初の文献である。

2009 年　日本も巻き込まれた経済不況の影響で、厚生労働省が「日系人帰国支援事業」を始め、2 万人以上の日系人が帰国させられた。本人一人当たり 30 万円、扶養家族一人当たり 20 万円で、当分の間日本への再入国は禁止された。しかし、2013 年には、日本の人手不足のため再入国が始まった。これは、日本の雇用調整のために、外国人政策が変わった例である。

在留資格「技能実習」が改正入管法により公布された。

在留資格「就学」が、「留学」に統一された。しかし、就学生の受け入れ体制が従来の留学生と同じになった訳ではない。

2010 年　行政刷新会議の「事業仕分け」により、日本語学校の審査業務は法的に明確な制度に改めるべきという結論になり、日本語教育振興協会（日振協）は事業の廃止とされた。それまでは、日振協が法務大臣告示の参考のために日本語学校の審査認定をしていた。これ以降、質の担保されない日本語教育機関ができるきっかけとなった。

在留資格「技能実習」が改正入管法により施行された。

2012 年　文部科学省の「高等教育機関に進学・在籍する外国人学生の日本語教育に関する検討会議」の「取りまとめ報告書」が了承された。これで、「事業仕分け」が効力を持ったことになった。

法務省が高度人材ポイント制による出入国管理上の優遇措置を実施することになった。そのため、外国人労働者受け入れの二層化が始まった。高度人材の反対の用語として外国人非熟練労働者・未熟練外国人労働者・非高度人材などが候補となるが、現在まで統一された用語はない。安田峰俊氏の皮肉を込めた『「低度」外国人材』（2021 年、角川書店）という本が出版された。

AOTS が貿易開発協会と合併した。

2014 年　「学校教育法施行規則の一部を改正する省令等の試行について」（通知）として、「特別の教育課程」による日本語指導が始まる。指導者は教員免許を有する教員で、指導補助者も付けられるとされて、日本語指導の専門家は単独では教壇に立てないようになった。

「外国人児童生徒のための JSL 対話型アセスメント DLA」が公表

された。
2016年　入国管理局から「日本語教育機関の告示基準（案）」が示された。これが、2023年の日本語教育機関を認定する制度ができるまでの日本語教育機関設立の際の基準となってきた。

厚生労働省の制度設計による在留資格「介護」が創設された。これにより、外国人介護人材の受け入れは、EPA・在留資格「介護」・技能実習・特定技能1号の4種となった。

超党派の日本語教育推進議員連盟が発足した。

2017年　改訂された新学習指導要領の「総則」において、日本語習得に困難のある児童生徒への指導が明記された。ただ、残念ながら学校教育現場では、ほとんど話題になっていない。

2018年　「骨太の方針」に「外国人材に求める技能水準及び日本語能力水準」と「従来の外国人材受入れの更なる促進」の2項目が出る。←「骨太の方針」に出ないと次年度の予算獲得に支障をきたす。

2019年　「骨太の方針」に「外国人労働者の受入れとその環境整備」と「共生社会づくり」の2項目が出ている。

「日本語教育の推進に関する法律」が公布された。この法律により、日本語教育施策の枠組みができた。

法務省の外局として「出入国在留管理庁」（以下、「入管庁」と略称）が設置された。

2020年　「骨太の方針」の「社会的連携や支え合いの醸成」の項目の「『外国人材の受入れ・共生のための総合的対応策』の施策の充実・強化を図る」の脚注89に、初めて日本語教育の施策についての説明が書き込まれた。

「日本語教育の推進に関する施策を総合的かつ効果的に推進するための基本的な方針」が閣議決定された。

厚生労働省で「就労場面で必要な日本語能力の目標設定ツール　円滑なコミュニケーションのために　使い方の手引き」が作られた。厚生労働省のHPに掲載されたのは、2021年である。

2021年　「骨太の方針」に、「外国人材の受入れ」と「総合的対応策」の2項

目が出ていて、「総合的対応策」の脚注に日本語教育施策が書き込まれた。2020年・2021年共に脚注ではあるが日本語教育施策が書き込まれたことは、2023年度の法案成立に大きく寄与している。

日本語教師の資格に関する調査研究有識者会議の「日本語教育の推進のための仕組みについて（報告）〜日本語教師の資格及び日本語教育機関評価制度〜」が出る。また、日本語教育の法案作成が始まる。

2022年 「骨太の方針」の「外国人材の受入れ・共生」の項の脚注に日本語教育の法案の速やかな提出が書き込まれ、2023年度の法案成立の後押しとなった。

「外国人材の受入れ・共生に関する関係閣僚会議」で、「外国人との共生社会に向けたロードマップ」が公表された。

各省庁の担当者からなる「日本語教育推進会議」に「日本語教育の更なる充実のための新たな日本語教育法案における関係省庁との連携促進について」が提出された。

2023年 「日本語教育の質の維持向上の仕組みに関する有識者会議」の「日本語教育の質の維持向上の仕組みについて（報告）」が公開された。法案の大事な点は、この有識者会議で検討された。

「日本語教育の適正かつ確実な実施を図るための日本語教育機関の認定等に関する法律」が成立した。

「認定日本語教育機関の認定基準等の検討に関するワーキンググループ」と「登録実践研修機関及び登録日本語教員養成機関の登録手続き等に関するワーキンググループ」が立ち上げられた。

「令和4年度大学等日本語教師養成課程及び文化庁届出受理日本語教師養成研修実施機関実態調査研究報告書」が出された。これは、大学や機関で日本語教師養成を行っているものの全国実態調査である。この調査結果を基に、これからの日本語教師養成施策が作られていった重要な資料である。

「日本語教育推進関係者会議」が開かれた。この会議は、日本語教育施策に関わる内閣府・総務省・出入国在留管理庁・外務省・文部科学省・文化庁・厚生労働省・経済産業省の担当者が参加して日本

語教育施策を各省庁にまたがって検討する会議である。
「補完的保護対象者認定制度」が始まった。実質的には、ウクライナ避難民対象の制度である。
「技能実習制度及び特定技能制度の在り方に関する有識者会議」の最終報告書が出された。
文部科学省生涯学習分科会の「参考資料3」に、生涯学習分科会で日本語教育を扱うことが書かれている。
文化庁国語課より各都道府県日本語教育主管宛に「地方公共団体における日本語教育に関する基本的な方針の策定について」が事務連絡されている。
2024年 能登半島地震が起こり、当該地域に住んでいる外国人への災害時の支援の不十分さが分かった。
「認定日本語教育機関の認定等に当たり確認すべき事項（案）」、「認定日本語教育機関日本語教育課程編成のための指針（案）」、「登録日本語教員実践研修・養成課程コアカリキュラム」などが示された。
文部科学省組織令改正により、日本語教育に関する業務は文化庁から文部科学省総合教育政策局日本語教育課に移管された。

2 「日本語教育推進法」成立に関わる各省庁の詳しい動き

　日本語教育史の概略を理解したうえで、「日本語教育推進法」成立に関わる政府の動きの詳細を読んでほしい。ここに書かれている動きは、将来日本語教育の歴史的転換点となった2018年と2019年の動きを再検証する時に役立つものと考える。

　以下の記述は、田尻（2019）に詳しく記されている内容を抜粋したものである。詳しい情報は、田尻（2019）に拠ってほしい。

2.1　各府省の外国人労働者受け入れの準備段階
2018年
2月20日　経済財政諮問会議で外国人労働者の受け入れを決定。

経済財政諮問会議で、安倍首相により、専門的・技術的な外国人受け入れ制度の早急な検討が指示され、菅官房長官と上川法務大臣が担当することになった。
2月23日　内閣官房にタスクフォース設置。
内閣官房に「専門的・技術的分野における外国人材受入れに関するタスクフォース」が設置された。このタスクフォースの主な検討課題として、「受入れ対象者に求められる日本語能力、専門性、技能の程度」が挙げられている。このタスクフォースの構成員は、古谷内閣官房副長官補を議長とする全員が各業所管官庁の担当者であり、ヒアリングの対象は所管省庁である。

　この後作られていく外国人労働者の受け入れ施策の概要は、専門家の意見を聞かないまま全て所管省庁の担当者により作られたものである。当然のことながら、具体的な施策を作る段になるとその都度手直しが必要になってきている。このタスクフォースは、5月29日に結論を出している。その結論の主な項目は、以下のとおりである。

・就労を目的とした新たな在留資格を創設する。
・日本語能力水準はN4が原則で、受け入れ業種毎に定める。
・技能実習修了者(3年)は、上記試験を免除する。
・家族帯同は原則として認めない。

　これより前の2月6日に、内閣府・法務省・厚生労働省・農林水産省の連名で「国家戦略特別区域農業支援外国人受入事業」が始まっているが、そこで必要な日本語能力は「農業支援活動に必要な」レベルと書かれているだけの曖昧な表現となっている。外国人労働者の受け入れに当たっては、業所管省庁は日本語能力についての情報が無いまま施策作成を行っているのであり、そこには「日本に来れば日本語は自然と覚える」というような安易な態度が感じられる。

3月28日	規制改革推進会議で留学生の就労というテーマが扱われる。
内閣府の規制改革推進議の「保育・雇用ワーキンググループ」で、留学生や高度人材の就職というテーマが扱われた。遠藤織枝氏がEPA、神吉宇一氏がビジネス日本語について発表した。同会議では、4月20日にも留学生の就職について検討している。
3月	文化庁委託で日本語教師養成プログラムが提案される。
文化庁委託でイノベーション・デザイン＆テクノロジー株式会社作成の「平成29年度日本語教育総合調査」が公表された。ここには、大学や日本語教育機関での日本語教師養成・教育実習・現職者研修の各プログラムを調査した結果を分析して、モデルプログラムを提案している。
5月29日	外国人集住都市会議から6市脱退。
外国人集住都市会議から6市が脱退した記事が静岡新聞に出た。幹事会の磐田市も脱退し、静岡県は浜松市だけになった。脱退した理由は、「一定の役割を果たした」や「費用対効果」となっている。2019年度は、さらに2市が脱退している。外国人集住都市会議の弱体化が始まる。
同日	内閣官房の第2回「専門的・技術的分野における外国人材受入れに関するタスクフォース」の資料に「新たな外国人材の受入れ制度の検討状況」が出る。
6月4日	法務省の出入国在留管理政策懇談会に「専門的・技術的分野における外国人材の受入れに関するタスクフォースにおける検討状況について」の資料が提出され、初めてその検討事項が公表された。
同日	規制改革推進会議に「規制改革推進に関する第3次答申～来るべき新時代～」が出された。この中の「就労のための日本語能力の強化」に「日本語教師の養成・研修の仕組みを改善させ、日本語教師のスキルを証明するための資格について整備する」という項目が挙がっている。
6月5日	経済財政諮問会議議事要旨に、タスクフォースで決まった案を上川法務大臣が報告したことが書かれているが、案文そのものは出

ていない。この案を検討した結果が閣議決定されたことを茂木内閣府特命担当大臣が記者会見で報告している。
6月15日 「骨太の方針2018」と「未来投資戦略2018」発表。
　　　経済財政諮問会議と未来投資会議の合同会議で、「骨太の方針2018」と「未来投資戦略2018」が決まった。この時点では、これらの会議が外国人受け入れ全体を扱っているので、以下では施策毎に分けずに一括して扱う。

〇「骨太の方針2018」の日本語教育関係項目
① 現行の専門的・技術的な外国人材を拡充し、一定の専門性・技能を有する外国人材に新たな在留資格を創設する。
② 新たな業種については、法務省等制度主管省庁と業所管省庁で決定する。
　　受け入れ業種ごとに業務上必要な日本語能力水準を定める。
③ 有為な外国人材確保のために、国内外における制度の周知、外国における日本語教育の充実、政府レベルの申し入れ等を実施。
④ 受け入れ企業や法務大臣が認めた登録支援機関が、生活のための日本語習得支援等を行う仕組みを設ける。日本人と同等以上の報酬確保や適正な雇用管理の指導を行う。入国管理局の体制の強化。
⑤ 在留期間の上限は通算5年で、家族帯同は認めない。ただし、「一定の試験に合格し高い専門性を有する」と認められた場合、現行の専門的・技術的な在留資格への移行を認め、在留期間の上限を付さず、家族帯同を認める措置を検討する。
⑥ 「従来の外国人材受入れの更なる促進」のために、日本語教育機関での充実した日本語教育や在留の環境整備を行う。「介護の技能実習生」については、入国1年後の日本語要件を満たさなかった場合にも、引き続き在留を可能とする仕組みを検討する。
⑦ 多言語での生活相談や日本語教育の充実などの生活環境の整備を行ない、「『生活者としての外国人』に関する総合的対応策」を抜本的に見直す。そのために、法務省が総合調整機能を持つ司令塔的役割を果た

す。
○「未来投資戦略 2018」の日本語教育関係項目（「骨太の方針 2018」と重複する部分は割愛）
　① ビジネス日本語・キャリア教育等日本企業就職のためのスキルを在学中から習得させる。
　② 外国人留学生の就職情報を JETRO に集約し、ポータルサイトを作る。この施策案を受けて 2017 年 9 月 29 日に、JETRO のホームページに「高度外国人材活躍推進プラットフォーム」ができた。
　③ 受け入れに関する方針は政府基本方針とし、閣議決定する。
　④ 受け入れ業種については、「当該業種の存続・発展のために外国人材の受入れが必要と認められる業種において行う」。
　⑤ 外国人児童生徒に対する日本語指導等の充実のためのモデルプログラムの開発・普及。
　⑥ 日本語教師養成・研修のプログラム開発と日本語教師のスキルを証明する資格の創設。この施策案を受けて、日本語教育学会は 2018 年度文部科学省委託で「外国人児童生徒等教育を担う教員の養成・研修モデルプログラム開発事業　事例集　モデルプログラムの開発」を 2019 年 3 月に出している。
　⑦ 年間 4,000 人の日系四世の受け入れで日本語能力 N4 を受け入れ要件とした。

7 月 24 日　内閣官房・法務省が庶務を行う「外国人材の受入れ・共生に関する関係閣僚会議」（以下、「閣僚会議」と略称）が首相官邸で開かれた。以下に要旨を列挙する。
○「基本方針」
　① 人手不足の深刻化を踏まえ、一定の専門性・技能を有し即戦力となる外国人労働者の就労を目的とする新たな在留資格の創設や受け入れの拡大。外国人の人権が護られ、日本社会の一員として円滑に生活できるように、多言語での生活相談、日本語教育の充実の取り組みの強化。
　② 法務省が外国人の受け入れ環境の整備に関する企画及び立案並びに総

合調整を行い、関係府省が連携。
○「総合的対応策」の日本語教育関係項目
　この「閣僚会議」で扱われた「外国人材の受入れ・共生のための総合的対応策（検討の方向性）（案）」の要点を述べる。
① 「はじめに」で、この「総合的対応策」が 2006 年の「『生活者としての外国人』に関する総合的対応策」の抜本的な見直し案であると位置付けている。
② 「生活者としての外国人に対する支援」には、「日本語教育の充実、日本語教育機関の適正な管理及び質の向上」として、生活等に必要な日本語力を身に付けられるように地方公共団体が環境を整備。日本語教師のスキルを証明する新たな資格の整備。行政・生活情報は多言語化で対応。日本語教育を総合的に推進していくための会議の開催。日本語教育機関の評価の枠組みを検討。
③ 「子供の教育の充実」には、教員定数の確保、研修内容をまとめたモデルプログラムの開発、多言語翻訳システム ICT の活用、夜間中学の施策の推進などが挙げられている。
④ 「海外における日本語教育の充実」には、能力判定テストの改訂、派遣する日本語教育専門家の拡大、日本語教育基盤の強化などが挙げられている。

9月7日　　各省庁の 2019 年度概算要求が出た。
9月13日　　第 1 回の「外国人材の受入れ・共生のための総合的対応策検討会」（以下、「検討会」と略称）が、法務省で開かれた。この「検討会」は、法務省大臣官房政策立案総括審議官が議長となり、関係省庁の担当者と商工会議所・弁護士・経済団体連合会・法学部教授・豊橋市長・日本総合研究所などの有識者 7 人から成っている。ここでは、まず上に述べた「閣僚会議」の資料を扱い、次に「外国人材の受入れ・共生のための総合的対応策に係る取組の現状・課題・対応策」が扱われた。日本語教育関係では、「日本語教育の充実、日本語教育機関の適正な管理及び質の向上」と「外国人児童生徒の教育の充実」がある。法務事

務次官決定で「『国民の声』を聴く会議」が設置された。この後、11月1日から11月12日が受け入れ要望業種から、11月15日から12月7日は外国人からのヒアリングが行われた。

9月28日　第2回の「検討会」が開かれた。ヒアリング出席者は、横浜市と浜松市で、有識者資料として、毎日新聞の記事と日本労働組合連合会の資料も付されている。

10月12日　第2回の「閣僚会議」が開かれた。ここでは、「出入国管理及び難民認定法の一部を改正する法律案の骨子について」と「新たな外国人材の受入れに関する在留資格『特定技能』の創設について」が公表された。

10月24日　第3回の「検討会」が開かれ、「閣僚会議」で示された入管法の改正と在留資格「特定技能」の創設が示された。「現状・課題・対応策(2)」も示され、円滑な受け入れの促進・新たな在留資格の構築・留学生に対する就職支援が加わった。ヒアリング出席者の資料は、愛知県と外国人労働者政策有識者会合の「外国人労働者との共生を促進する施策」で、関係者ヒアリングでは、受け入れ企業として矢島鉄工所、日本語教育が必要な児童生徒の現場・受け入れ企業・地方団体として太田市立太田小学校・東亜工業・太田市役所の、日本語教育専門家として田尻の、留学生就職支援として留学生支援ネットワーク・ソーシャライズのヒアリング結果と資料が公開された。

◎上記の「検討会」での検討事項に対する田尻の考えを列挙する。2024年時点では、実現しているものもある。

① 日本語教育を考えるに当たり重要な概念として、「受け入れ」と「共生」の2つを挙げている。

③ 災害時には「やさしい日本語」ではなく、多言語対応が効果的である。

④ 日本語教育機関を統括する検討会のようなものを作る必要性がある。

⑤ 外国人児童生徒に対しては、住んでいる地域が集住地域と散在地域に二分化しているので、一律のカリキュラムを作るのではなく、モデルケースを作り、地域の実状に合わせて活用することが必要である。

⑥ 日本語教育を取りまとめる部署を文部科学省内に置き、夜間中学や外国人児童生徒への日本語教育も取り扱う。日本語教育機関は法務省と共管で、地域在住の外国人は総務省と共管で行う。
⑦ 総合的対応策の検討の方向性の中の地域の日本語教育はボランティアだけでなく、外国人にも参加してもらう。
⑧ 日本語教師の資格は、国家資格のうち名称独占の資格とし、養成課程の整備や資格試験の創設を行う。日本語教育機関の質の評価の枠組みとして、数年おきに文部科学省と法務省の共管でチェックを行う。
⑨ 外国人対応の意識が低い地域には共生モデルの開発し、それを普及させる。各地域に多国籍共生コーディネーターのような職員を配置し、地域のネットワークを強化する。

11月2日「入管法の改正」が閣議決定された。ただし、この時点では新しい入管法は公表されていない。これに先立ち、この入管法改正案は、10月30日の自由民主党総務会で条件付きで了承され、10月31日には公明党の「新たな外国人材の受入れ対策本部」でも条件付きで了承されている。この段階で、自由民主党と公明党には改正案が示されていて、それを受けての閣議決定であった。この流れをマスコミは報じていない。

〇経済産業省の先走りした動き

「入管法の改正」については、経済産業省が2018年7月12日に「製造業における外国人材受入れに向けた説明会」の資料の中に「新たな外国人材受入れ制度の検討経緯及び概要」があり、以下のような文言がある（下線は原文のまま）。政府の方針が決定する2か月前に、経済産業省がこのような文言を作っていたことになる。外国人受け入れにあたっては、各省庁が独自に動いていたことが分かる資料である。

　　今後、必要な法令の整備を行った上で、受入れに関する業種横断的な方針をあらかじめ「政府基本方針」として閣議決定するとともに、当該方針を踏まえ、法務省等制度主管官庁において業種の特性を考慮した業種別の受入れ方針（「業務別受け入れ方針」）を作成・決定し、これに基づき来年度以降、外国人材の受入れ開始を目指すことになる。

11月26日　第4回の「検討会」が開かれ、日本語教育機関の質の担保が扱われることになり、田尻が急遽出席することになった。

〇新しい入管法が成立

11月8日　第197臨時国会で「出入国管理及び難民認定法及び法務省設置法の一部を改正する法律」が可決された。これは、在留資格「特定技能1号」・「特定技能2号」の創設を扱ったものである。そこには、「外国人に対する支援に関する規定の整備」の他に、「登録支援機関に関する規定の整備」もあり、受け入れ機関は特定技能1号に対する支援を登録機関に委託すれば支援計画の適正な実施が確保される基準に適合するものとした。

12月17日　第5回の「検討会」が開かれ、「外国人材の受入れ・共生のための総合的対応策」の概要と本文の素案が示された。この段階では、本文は29ページで、施策は124である。第6回で最終案が示されている。

文部科学省で、第1回「夜間中学設置推進・充実協議会」が開かれた。この会議には、日本語教育の専門家が1人入っているが、日本語教育学会の「お知らせ」には出てこない。

〇「対応策」が示される

12月20日　第6回の「検討会」で、126項目の「外国人材の受入れ・共生のための総合的対応策」(以下、「対応策」と略装)が示された。以下に日本語教育に関わる主な項目を列挙する。《　》は施策番号を示す。

① 全国100か所に「多文化共生総合相談ワンストップセンター」を設置し、多言語翻訳アプリで11か国以上の多言語に対応する。《7》
② 「生活・就労ハンドブック」の作成。この対応策を受けて2019年4月10日に、入管庁の「外国人生活支援ポータルサイト」に「生活・就労ガイドブック～日本で生活する外国人の方へ～」が出ている。《9》
③ 外国人が防災・気象状況に容易にアクセスできるように、11か国語の「多言語辞書」や「Safetytips」を充実する。《29》
④ 「『生活者としての外国人』に対する日本語教育の標準的なカリキュラ

ム案」や「教材例集」などの活用促進。日本語教室空白地域解消のためのアドバイザー派遣。《48》
⑤　日本語教室設置困難地域の外国人のために8か国語対応のICT学習教材の開発。《49》
⑥　日本語教育を含む夜間中学の教育の充実。《52》
⑦　CEFRを参考にした日本語教育の標準や日本語能力の判定基準の作成。《53》
⑧　日本語教師のスキルを証明する新たな資格の整備。《54》
⑨　日本語教育機関についての法務省告示からの抹消基準として、厳格な数値基準を導入。《56》
⑩　教育の質の担保及び留学生の在籍管理のために2019年3月を目途に告示基準を改正。地方入国管理局における日本語教育機関の選定基準の見直し。《58》
⑪　日本語指導者や母語支援員の指導体制の構築。《61》
⑫　教師と外国人児童生徒や保護者との意思疎通のための多言語翻訳システムICTの整備。《62》
⑬　外国人の高校生等に対してのキャリア教育を始めとした支援。《64》
⑭　「外国人児童生徒受入れの手引き」を平成30年度中に改訂。《65》この「対応策」を受けて、2019年3月に改訂された。
⑮　「ビジネス日本語」等の教育プログラムを策定し、「留学生就職促進履修証明プログラム（仮称）」として文部科学省が認定。《71》
⑯　日本国内での生活・就労に必要な日本語能力を測るために、外国語能力判定の国際基準を踏まえた能力判定テストを導入。《107》
⑰　日本語教育の専門家の派遣を拡大し、現地語による日本語教育が可能な現地教師の育成。《109》

　全体的な方向性としては、外国人の在籍管理の徹底と日本語教育ではない**翻訳機器**による多言語対応である。
○「やさしい日本語」について
　2018年3月29日に公表された総務省消防局の「外国人来訪者や障碍者等が利用する施設における災害情報の伝達及び避難誘導に関するガイドライ

ン」では弘前大学社会言語学教室の「やさしい日本語」を活用としていたが、同じ消防庁の同年同月 27 日の「災害時外国人支援情報コーディネーター制度に関する検討会報告書」では多言語対応の災害時外国人支援情報コーディネーターを育成することになっていて、これ以降の「対応策」の施策では「やさしい日本語」の利用は出てこない。

○特定技能の「基本方針」と「運用方針」

12 月 25 日　第 3 回の「閣僚会議」が開かれ、「特定技能の在留資格に係る制度の運用に係る基本方針」（以下、「基本方針」と略称）、「特定技能の在留資格に係る制度の運用に関する方針」（以下、「運用方針」と略称）、「外国人材の受入れ・共生のための総合的対応策」が公表された。この閣僚会議は、わずか 15 分で終了した。その後、「外国人材の受入れ・共生のための総合的対応策」が閣議決定された。「基本方針」・「制度の意義」として、「深刻化する人手不足に対応するため、生産性向上や国内人材の確保のための取組を行ってもなお人材を確保することが困難な」分野において、「一定の専門性・技能を有し即戦力となる外国人」を受け入れる仕組みの構築。

「基本方針」
① 「1 号特定技能外国人」の在留期間は、通算 5 年を超えることができない。家族帯同はできない。技能水準は、分野別運用方針に定める当該産業分野の業務区分に対応する試験等により確認する。日本語能力水準は、分野所管行政機関が定める試験等により確認する。
② 「2 号特定技能外国人」の在留期間には上限がなく、家族帯同が可能。技能水準は、分野別運用方針に定める当該特定産業分野の業務区分に対応する試験等で確認。ここでは、日本語能力水準の確認は求めないとしている。後に述べるように、技能実習 2 号修了生から移行の場合は技能水準の確認も不要となる。
③ 特定技能外国人が大都市圏その他の特定の地域に過度に集中することを防止する措置を講じる。
④ 14 の特定産業分野が公表された。

「運用方針」
① 14分野の担当省庁、人手不足状況、人材基準、その他の重要事項（従事する業務・雇用形態）の一覧表が示された。
② 法務大臣・国家公安委員会・外務大臣・厚生労働大臣の連名で、14分野の運用方針が書かれた。

「運用要領」
① 「運用要領」には、技能水準試験の使用言語・実施主体・実施方法、実施回数・開始時期などや、日本語能力判定テストの実施主体・実施方法・実施回数（年6回程度）・実施時期などが書かれている。日本語能力判定テストは、国外実施を予定している。「運用要領」には実施国が書かれていないが、「対応策」では人材受け入れのニーズが高い国として、ベトナム・フィリピン・カンボジア・中国・インドネシア・タイ・ミャンマー・ネパール・モンゴルが挙げられている。

12月28日　「出入国管理及び難民認定法及び法務省設置法の一部を改正する法律の施行に伴う関係法令の整備に関する政令案（仮称）概要」が告示され、2019年1月26日締め切りでパブリックコメントの募集が出ている。受け入れ機関においては、「職業生活上、日常生活上又は社会生活上の支援を当該外国人が十分に理解することができる言語によって行うことができる体制を整備していること」とされ、その役目は登録支援機関に委託できることが書かれている。在留資格「特定技能」新設。

2.2　各府省の外国人労働者の受け入れ施策

(1)　文部科学省

○文部科学省内に受け入れの検討チームができる

2019年

1月16日　第1回の「外国人の受入れ・共生のための教育推進検討チーム」の会合が開かれた。これは浮島文部科学副大臣を座長としたチームで、全体は大臣官房国際課国際交流企画グループ外国人教育政策係が担当する。なお、この検討チームの事務局であ

　　　　　　　　　る大臣官房国際課が「外国人の受入れ・共生のための教育推進
　　　　　　　　　検討チーム報告」を『文部科学広報』第236号に載せている。
　　　　　　　　　田尻は、4月17日の第5回で西原鈴子氏や石井恵理子氏と共
　　　　　　　　　に発表した。田尻の中心的なテーマは、日本語教育機関の日本
　　　　　　　　　語能力に係る基準であった。
○高等部の学習指導要領改正
2月4日　　　　文部科学事務次官から「特別支援学校高等部学習指導要領の全
　　　　　　　　　部を改正する告示」及び2019年4月1日から「新特別支援学
　　　　　　　　　校高等部学習指導要領の特例を定める告示等の公示について」
　　　　　　　　　が通知された。この中の「その他の改善事項」には、「日本語
　　　　　　　　　の習得に困難のある生徒への教育課程について定めたこと」が
　　　　　　　　　ある。この通知により、高等部の学習指導要領も改正され、全
　　　　　　　　　学習指導要領での外国人児童生徒への教育の配慮が書き込まれ
　　　　　　　　　たことになる。
3月15日　　　各都道府県知事・各都道府県教育委員会教育長・各指定都市市
　　　　　　　　　長・各指定都市教育委員会教育長宛に文部科学省総合政策教育
　　　　　　　　　局長・初等中等教育局名で「外国人の子供の就学の促進及び就
　　　　　　　　　学状況の把握について」という通知が出された。
○日本語能力の試験についての調査
3月　　　　　文化庁委託で、「『平成30年度日本語教育総合調査』〜日本語
　　　　　　　　　の能力評価の仕組みについて〜報告書」が出ている。受託した
　　　　　　　　　のは、イノベーション・デザイン＆テクノロジーズである。
　　　　　　　　　これは、国内外で実施している第二言語及び外国語としての日
　　　　　　　　　本語の能力評価を調査したもので、16種の日本語の試験の概
　　　　　　　　　要と、その中の7種の試験の詳しい調査結果が出ている。
同月　　　　　文部科学省委託で日本語教育学会が受託した「外国人児童生徒
　　　　　　　　　等教育を担う教員の養成・研修モデルプログラム開発事業事例
　　　　　　　　　集モデルプログラムの活用」が出た。ここには、大学・教育委
　　　　　　　　　員会・国際交流協会での外国人児童生徒等教育を担う教員の養
　　　　　　　　　成・研修の事例が載せられている。

○専門学校での外国人留学生の調査

4月25日　大阪の日中文化芸術専門学校でのベトナム留学生165人の退学を受けて、柴山文部科学大臣が記者会見で「私立専門学校における留学生の受入れ状況の把握に関する都道府県の取組についての調査結果とそれを踏まえた一層の取組について」を発表した。それによると、留学生を受け入れている専門学校は971校あり、うち半数以上が留学生の学校は195校、うち90％が留学生の学校は195校、全生徒が留学生の学校は45校であった。

5月7日　東京福祉大学で留学生が143人所在不明となった件で、柴山文部科学大臣が調査を始めると言った。

5月8日　文部科学省の第122回初等中等分科会の「新しい時代の初等中等教育の在り方」に、「増加する外国人児童生徒等への教育の在り方」が取り上げられたが、ここでは「母語の指導」はあるが「日本語教育の指導」については触れていない。

(2) 法務省

2019年

1月19日　朝日新聞の記事に、法務省が新設の入管庁に外国人との共生を進める「在留担当支援官(仮称)」を置くことを決めたとあるが、これは法務省のホームページでは確認できない。近藤(2018)にあるように、一時期入管庁でも「支援」が検討された時期があったようであるが、現在部署名としては在留管理支援部となっていて、支援の対象は在留管理である。

○法務省で日本語教育機関の点検に関する会議が開かれる

1月24日　「法務省告示をもって定められた日本語教育機関の教育に係る定期点検及び客観的指標に関する協力者会議」(田尻も出席した)が開かれた。この会議については、2018年12月27日に文部科学省高等教育局長名で開催要項が決定している。この会議は、問題のある日本語教育機関を法務省告示校から抹消する客

観的な基準を決めようとするものであった。この会議の設置期間は3月31日までで、庶務は法務省入国管理局入国在留課・文化庁国語課の協力のもと高等教育局学生・留学生課が処理することになったが、実質的な進行は入管庁が行っているので、ここで扱うことにした。この会議の結論は、日本語教育機関の在り方を大きく左右するものとなる。

1月30日　上記会議の第2回目が開かれた。ここで、「新たな抹消基準としての日本語能力に係る試験の合格率等について(案)」が決められた。

2月8日　入国管理局のサイトに出ている「新たな外国人材の受入れについて」の「国内在留者を採用するケース」として、国内試験(技能・日本語)を合格した外国人」と並んで「技能実習2号を良好に修了した外国人(在留中)」がある。技能実習2号修了者が特定技能1号に移行できることを示した早い時期の資料であるが、現在は「更新」のため削除されている。なお、岡田(2019)に「『特定技能1号』における技能実習からの移行組が占めるとみられる割合」が出ている。

○「一元的相談窓口」の整備交付金

2月13日　ホームページに、「検討会」で決められた「対応策」の施策番号1の「一元的相談窓口」の「外国人受入環境整備交付金(整備)交付要領」が示された。交付対象は、外国人住民が1万人以上の市町村と、外国人住民が5千人以上で住民に占める割合が2.0%以上の市町村となっている。

ただし、東京都特別区では、外国人住民が1万人以上で住民に占める割合が6.0%以上の区となっている。対象経費は、一元的相談窓口体制の構築・拡充に必要な経費で、交付額は限度額1千万円で必要経費の全額である。原則として11言語(日本語・英語・中国語・韓国語・ベトナム語・ネパール語・インドネシア語・タガログ語・タイ語・ポルトガル語・スペイン語)以上で対応することになっている。同年7月24日現在で、84

自治体が交付を受けている。なお、運営費については、7月24日現在で93自治体が交付を受けている。

2月27日　第14回の出入国管理政策懇談会が開かれた。ここでは、「入管法等改正法の施行に向けた準備状況について」が報告された。それによると、出入国在留管理庁は出入国管理部と在留管理支援部に分かれることや、「外国人の受入れ環境調整担当官」を8局及び3支局に計13人配置予定であることがわかる。

○新しい技能実習制度の調査結果

2月29日　「技能実習制度の運用に関するプロジェクトチームの調査・検討結果」が公表された。これには、失踪事案・死亡事案の内訳、新制度の運用状況と失踪状況が示されている。2018年入国者で2019年2月末までの失踪率約2.3%に対して同時期の新制度での失踪率は約1.4%であったので、一定の効果があったとしている。

○出入国在留管理庁発足

4月1日　法務省外局として出入国在留管理庁が発足し、在留管理支援部が新設された。

4月10日　出入国在留管理庁のホームページに「外国人生活支援ポータルサイト」ができた。

○登録支援機関数

4月26日　特定技能1号を受け入れることができる8機関名が公表された。2019年8月16日には、1,712機関となっている。

○日本語教育機関の告示基準のパブリックコメント

　出入国在留管理庁が「日本語教育機関の告示基準の一部改正について」のパブリックコメント募集を出した。この告示基準の改正は、1月30日に出した「法務省告示をもって定められた日本語教育機関の教育に関する協力者会議」の「新たな抹消基準としての日本語能力に係る試験の合格率等について（会議の合議事項）」とは、大きく異なるものである。この協力者会議そのものは文部科学省が庶務を担当しているが、その結論としては法務省のパブリックコメントに示されたものとなっているので、この案件は法務省の説明

箇所で触れることにした。

(3) 経済産業省
2019 年

1 月 21 日　　経済産業省製造産業局総務課のサイト「外国人材（製造業）」に、「製造業における外国人材の受入れについて」は、「関係省庁で引き続き検討段階であるため、本日時点(1/21)で判明している最大限の情報提供となる旨、ご了承ください」という注意書が付いている。ここでも、経済産業省のフライング気味の情報提供が見られる。この段階では、製造業でも「在留期間の上限なし、家族帯同可」が想定されていた証拠となる資料である。同年 5 月段階では、この部分が削除されている。

(4) 厚生労働省
○外国人労働者雇用についての厚生労働省の考え

2019 年

1 月 21 日　　厚生労働省職業安定局外国人雇用対策課企画係から、「外国人労働者の雇用管理の改善等に関して事業主が適切に対処するための指針の一部を改正する告示(案)」のパブリックコメントが付された。使用言語に関しては、「待遇の相違の内容や理由等について説明する」とき、「法定の安全衛生教育を実施する」とき、「法定のストレスチェックや長時間労働者に対する面接指導をする」ときは、「母国語又は平易な日本語を用いる」とあり、「社内規定その他文書の多言語化」にも触れている。3 月 29 日に意見募集の結果が示された。日本にいる外国人は日本語を使うべきという意見や、日本語教育の必要性に触れた意見があった。

○「外国人雇用状況」の発表

1 月 25 日　　厚生労働省のホームページに、「『外国人雇用状況』の届出状況まとめ」が出た。外国人労働者数は 1,460,463 人で、前年

同期比 181,793 人（14.2％）増である。2007 年届出が義務化されて以降の労働者数と雇用事業所数でも過去最高となっている。国籍では、中国 384,119 人、ベトナム 316,840 人、フィリピン 164,006 人で、在留資格別では、身分に基づく在留資格 465,668 人、技能実習 308,489 人、資格外活動（留学）298,461 人である。外国人労働者を雇用する事業所のうち、労働者派遣・請負事業所数が増えている。

○「外国人介護人材」についての報告書

3月 　「平成 30 年度老人保健事業推進費等補助金老人保健健康推進事業」の 3 種の報告書が公表された。当初募集の「外国人介護人材の受入環境の整備に向けた調査研究事業【報告書】」は、三菱 UFJ リサーチ＆コンサルティングが受託したもので、EPA 介護職員や介護福祉士養成施設などへのヒアリングを行っている。追加募集の「外国人介護人材の介護技能及び日本語能力の評価方法に関する調査研究事業【報告書】」も、三菱 UFJ リサーチ＆コンサルティングが受託し、実践日本語コミュニケーション検定を行っているサーティファイが協力となっている。委員としては、日本介護福祉会の石本淳也氏と日本語教育研究所の西原鈴子氏を除けば、座長の西郡仁朗氏を含めて全て首都大学東京オープンユニバーシティ介護専門日本語講座関係者である。

同月 　3 次募集の「外国人介護人材の円滑な受入れに向けた支援の在り方等に関する調査・研究事業報告書」は、株式会社日本能率協会総合研究所が受託したもので、日本語教育専門家のヒアリングでは一般社団法人国際交流＆日本語支援 Y の橋本由紀江氏が対象となっている。

3 月 13 日 　13 日と 14 日に、フィリピンで特定技能介護分野の試験が行われた。厚生労働省の発表では、113 人受験した介護技能評価試験と介護日本語評価試験の合格率は、それぞれ 83.2％、85.8％であった。外務省の項で扱うべき国際交流基金日本語基礎テ

ストも同時に行われたのでここで触れておくが、受験者57人で、基準点と到達率は57.9%であった。因みに、336人受験した第2回の介護技能評価試験と介護日本語評価試験の合格率は、それぞれ41.7%、36.0%で、大幅に落ちている。国際交流基金日本語基礎テストは110人しか受験していないが、合格率は50.0%であった。2019年8月2日の法務大臣会見で、4月〜6月の特定技能1号在留者数は7月末現在44人となっているが、その内訳には触れなかった。第3回と第4回を併せた結果では、受験者196人の介護技能評価試験の合格率は38.3%で、受験者202人の介護日本語評価試験の合格率は24.3%とさらに落ちている。受験者270人の国際交流基金日本語基礎テストの合格率は25.6%とこれも落ちている。

○ EPA介護福祉士候補者から「特定技能1号」への移行可能

3月10日　「介護人材における新たな外国人材の受入れ（在留資格「特定技能」について）」というサイトの「外国人介護人材受入れの仕組み」に、EPA介護福祉士候補者として入国し、4年間にわたりEPA介護福祉士として就労・研修に従事した者は、「特定技能1号」への移行にあたり、技能試験・日本語試験は免除され、「特定技能1号」に移行することでさらに5年間就労が可能となる。5年の在留期間中に介護福祉士国家試験に合格した場合は、在留期間更新に制限なく就労ができることとなった。

(5)　農林水産省

○外食業特定技能測定試験の結果

2019年

4月25日　25・26日に東京と大阪で外食業特定技能測定試験の第1回国内試験が実施された。しかし、その結果は、2019年8月時点では、農林水産省や一般社団法人外国人食品産業技能評価機構のホームページには出てこない（Google検索で、5月21日の合格者発表が出て来るだけである）。現時点で確かめ得る資料

は、2019年7月19日の法務省出入国在留管理庁の「新たな外国人材の受入れ及び共生社会実現に向けた取組」というサイトを見るしかない。それによると、受験者数460人で合格者数347人である。5月21日の新聞各紙によると、3月22日の募集開始日には1,000人を超える受け付けがあったため26日も試験をすることになったが、実際の受験者は上記のとおり460人しかいなかった。内訳は、ベトナム207人、中国37人、ネパール30人、韓国15人、ミャンマー14人、スリランカ9人、フィリピン8人であった。因みに、第2回は6月24・27・28日に全国7都市で行われ、申し込み1,898人、受験者1,364人、合格者984人で、地域の合格率は、札幌の91.5%、岡山の61.0%と差が大きかった。ただ、国際交流基金日本語基礎テストは海外のみの実施なので、この国内での合格者は、日本語能力試験N4以上の試験に合格しないと特定技能1号とは認定されない。日本語能力試験は年2回しか行われず、受験料も5,500円必要である。

(6) 国土交通省
○宿泊業技能測定試験の結果

2019年

5月25日　2019年4月14日に実施された宿泊業技能測定試験の結果が公表された。受験者391人、合格者280人、合格率71.6%、とだけしか示されていない。観光経済新聞によれば、申し込みは761人で、受験者は留学生中心と見られるとしている。合格者の上位は、ベトナム131人、ネパール40人、中国（香港・マカオを除く）26人などである。

(7) 内閣官房
○関係閣僚会議幹事会の開催

2019年

3月22日　第1回の「外国人材の受入れ・共生に関する関係閣僚会議幹事会」(以下、「幹事会」と略称)が開かれた。この「幹事会」は、議長が内閣官房副長官(事務)で、副議長や構成員には多くの内閣官房や内閣府の担当者が参加している。「閣僚会議」よりもこの「幹事会」のほうが、実質的に事務レベル中心で施策を検討しているのが2回の日程を見るとわかる。公表内容については、「閣僚会議」での資料が正式のものとなっている。この「幹事会」では、特定技能制度の施行準備状況全体、各受け入れ分野別の状況、総合的対応策の進捗状況等の資料が扱われた。そこには、「大都市圏その他特定地域への過度な集中防止策」も出ている。

3月29日　第4回の「閣僚会議」が開かれた。ここでは、特定技能制度の準備状況、総合的対応策の進捗状況が議題として扱われた。そこには、「特定技能」で新設される試験の名称(国際交流基金日本語基礎テストや介護日本語評価試験)や国外実施予定時期が資料として出てくる。

(8) 内閣府

〇他省庁が取り組んでいる外国人労働者受け入れ制度と異なる規制改革推進会議の「意見」

2019年

4月22日　規制改革推進会議で、「日本で働く外国人材への『就労のための日本語教育』の枠組み整備に関する意見」(以下「意見」と略称)が扱われた。この「意見」は、従来の「検討会」や「閣僚会議」で扱われた内容とはかなり異なっている。この段階で内閣府の会議でこのような「意見」が出てくるということは、外国人労働者の受け入れに官邸主導で関わっていることの一つの証左と言える。以下では、これまでの経緯に触れつつこの流れを説明する。2018年10月12日に出された「規制改革推進会議第3期重点事項」には、日本語教育のことは全く出てこな

い。つまり、この期が始まる時点では、日本語教育を扱う予定がなかったにもかかわらず、4月段階で突然扱うことになったのである。2018年10月15日の同会議の「保育・雇用ワーキンググループにおける今期の主な審議事項」に、わずかに「日本で学ぶ留学生の就職率向上」が出てくるだけである。実際に留学生の就職を扱ったのは1つ前の第2期で、2月19日・3月5日・19日・28日にヒアリングが行われ、3月28日には日本語教育関係の遠藤織枝氏と神吉宇一氏が発表をした。これに対して、扱う予定がなかった外国人のテーマが、突然2019年3月12日の保育・雇用ワーキンググループで扱われた。日本語教育関係では西原鈴子氏と遠藤織枝氏が発表し、西原氏は「共生・協働センター」(仮称)とドイツの統合コースのことを、遠藤氏は地域の日本語教育と韓国の「雇用許可制」のことに触れた。3月22日には、衣川隆生氏が愛知県の事例を発表した。これに対し規制改革推進会議では、12日ただ一人参加していた安念座長ではなく、座長の太田弘子氏が発表し、記者会見も行っている。この「意見」は、保育・雇用ワーキンググループで発表した3人の日本語教育関係者の発表とは異なる内容であり、繰り返すが「検討会」や「閣僚会議」の内容とも大きく異なっている。

　「意見」の主だった内容は、以下のとおりである。
① 現在の日本語学校は、就労目的の日本語教育を担う組織としては必ずしも相応しくない。
② 国は、「外国人就労・定着支援研修事業」の日本語教育に基づき「就労に役立つ日本語教育」のガイドラインを示すべき。
③ ボランティア主体の日本語教育組織の多くは、地域社会との接点が少なく孤立している(田尻注：実際は地域社会と連携を取っているボランティアグループも多く存在する)。「多文化共生総合相談ワンストップセンター」に日本語教育機能を設ける。
④ 就労のための日本語教育者のためのプログラムを策定すべき。

⑤ 定年退職者の離職者や子育てを終えた方等を就労のための日本語教育者として育成すべき。
⑥ CEFRに準拠した就労におけるコミュニケーション能力を評価する仕組みを作り、日本国内で働くことに特化したCan-doリストを作成する。

5月20日　規制改革推進会議の「規制改革推進に関する第5次答申骨子」の「保育・雇用分野」には、「日本で働く外国人材の『就労のための日本語教育』の枠組み整備」がある。

6月6日　規制改革推進会議が「規制改革推進に関する第5次答申」を出した。

6月21日　「規制改革実施計画」が閣議決定され、「日本で働く外国人材の『就労のための日本語教育』の枠組み整備」が決められた。

(9)　内閣官房

○教育再生実行会議の動き

2019年

5月17日　第45回教育再生実行会議で、「技術の進展に応じた教育の革新、新時代に対応した高等学校改革について」の「1. 技術の進展に応じた教育の革新」の「(6) 特別な配慮が必要な児童生徒の状況に応じた支援の充実」が公表された。ここには、「日本語指導が必要な帰国児童生徒・外国人児童生徒に対して」、「国は、外国人児童生徒やその保護者との意思疎通の円滑化のため、多言語翻訳システムなどのICTの活用を促進する」となっている。この会議や参考資料として挙げられている公明党の提言には、多言語翻訳システムの活用が書かれている。自由民主党の提言には、日本語教育の資格の創設も書かれている。

○難民受け入れの制度の変更

5月17日　難民対策連絡調整会議の中の「第三国定住による難民の受入れ事業の対象拡大等に係る検討会」の「取りまとめ」が公表された。これにより、年30人程度の受け入れを来年度には倍増さ

せ、5年後をめどに年間100人以上の受け入れを行い、難民の居住国もタイやマレーシアに限定せず要件を撤廃する。また、家族世帯の受け入れだけでなく、単身者も受け入れる、としている。

3 要点をまとめる

　以上の施策を、流れがわかるように要点のみを整理する。
・2018年2月20日に、内閣府の経済財政諮問会議で外国人労働者の受け入れ制度の検討が決まり、官房長官と法務大臣が担当となった。
・「骨太の方針2018」と「未来投資戦略2018」が決められ、受け入れ業種毎に日本語能力を定めること、登録支援機関の仕組み、受け入れに関する方針は入管法の改正で行うこと、日本語教師の資格の創設、日系四世の受け入れなどが検討されることになった。
・「外国人材の受入れ・共生に関する関係閣僚会議」で、受け入れ施策の総合調整は法務省で行うことが決まった。
・「外国人材の受入れ・共生のための総合的対応策検討会」で、入管法の改正と在留資格「特定技能」の創設が示された。田尻も参加し、意見を述べた。
・新しい入管法が国会で可決され、「特定技能1号」と「特定技能2号」が創設された。
・126項目の「外国人材の受入れ・共生のための総合的対応策」が示された。
・2018年6月18日には『外国人材の受入れ・共生のための総合的対応策の充実について』で、「対応策」のより具体的な施策と共に、26の新しい施策が加えられた。
・2019年に入り、各省庁から施策が提出され始めた。制改革推進会議が各省庁の施策とは異なる「意見」を出した。
・文部科学省内に「外国人の受入れ・共生のための教育推進検討チーム」ができた。他の省庁では施策をまとめて法務省に提出するのに比べて、文部科学省の積極的な姿勢は評価できる(田尻もこの検討チームで意見を述べた)。

・2019 年 6 月 21 日に、参議院本会議で「日本語教育の推進に関する法律」が可決され、6 月 28 日に公布された。

参考文献

明石純一 (2010)『入国管理政策『1990 年体制』の成立と展開』ナカニシヤ出版
明石純一 (2020)「2018 年法改正と入国管理をめぐる歴史観」『移民政策研究』12 号
伊東祐郎 (2019)「日本語と日本社会をめぐる言語政策・言語計画」社会言語科学 22 巻 1 号　社会言語科学会
岡田豊 (2019)「外国人材の受入拡大と今後の課題」『現代思想』vol.47-5
近藤敦 (2018)「持続可能な多文化共生社会に向けた移民統合政策」『世界』2018 年 12 月号
日下部恵一郎 (2013)「事業仕分けを契機とした日本語教育振興協会の社会的位置づけの変化」『言語政策』9 号日本言語政策学会
佐々木倫子 (2006)「パラダイムシフト再考」国立国語研究所編『日本語教育の新たな文脈』アルク
田尻英三 (2019)「外国人労働者の受け入れに係る日本語教育施策―『日本語教育推進法に関する法律』成立までの経過―」『社会言語学』ⅩⅨ　「社会言語学」刊行会
日本語教育学会編 (2005)『新版日本語教育事典』大修館書店
春原憲一郎 (2009)「日本の言語政策と日本語教育の現在」春原憲一郎編『移動労働者とその家族のための言語政策』ひつじ書房
丸山茂樹 (2017)「日本語教育における日本語学校の位置づけ」田尻英三編『外国人労働者受け入れと日本語教育』ひつじ書房
山本冴里 (2014)『戦前の国家と日本語教育』くろしお出版

　なお、以下の文献は田尻英三編 (2017)『外国人労働者受け入れと日本語教育』(ひつじ書房) やひつじ書房のウェブマガジン「未草」を読んでいないので、本章の「参考文献」とはしない。ただ、先行研究として掲げておくのが礼儀と考えて文献名を列挙する。

朝山洋樹 (2023)「日本語教育と日本語学校のこれまで―法務省に告示された日本語学校に注目して―」『立命館産業社会論集』59 巻 1 号
二子石優 (2019)「『1990 年体制』成立を境にした日本国内の日本語学校の変遷」『一橋大学国際教育交流センター紀要』1 号
二子石優 (2024)「日本語学校の歴史的変遷とこれから―『日本語教育機関認定法』制定をめぐって―」『東洋大学国際教育センター紀要』2 号

第3章
「日本語教育推進法」成立の経緯

田尻英三

　超党派（国会議員が各党・各会派を超えて同一の目的を持って集まった議員集団）の日本語教育推進議員連盟により提出された「日本語教育推進に関する法律」は2019年5月22日に衆議院において、同年6月21日に参議院において全会一致で採択され成立した。

　この経緯については、田尻（2019）に詳しく述べているのでぜひ参照してほしい。なお、「未草」第39回で述べたように、本廣田鶴子・島田めぐみ・杉田千里・藤光由子・保坂敏子・増田朋子・谷部弘子（2021）の「日本語教師の国家資格化への諸課題」（『日本大学大学院社会情報研究科紀要』No.22）は先行文献である田尻（2019）や「未草」を見ずに書いた論文で田尻の論文ほど詳しい経過は書かれていない。杉本篤史の「憲法学と言語圏・現政策論」（2020『社会言語学』ⅩⅩ号）は法律学や言語権からのアプローチで特に田尻（2019）に書いた施策を補うものではない。「未草」第47回で述べたように、上村圭介の「日本語教師の資格制度創設における更新講習導入の『迷走』」（2023『社会言語学』ⅩⅩⅢ号）は、同じ『社会言語学』という学会誌に掲載されている田尻（2019）に触れていないし、新しく触れられた施策もない。そのような理由で、上記3論文は、ここでは参考文献としては扱わないこととする。

　この「日本語教育推進法」は、日本語教育の全体像を示す基本法である。この法律の成立は政府全体が関わるものとして、安倍総理大臣の指示の下、

内閣府に設置された経済財政諮問会議で取り扱われた。担当は、菅官房長官と上川法務大臣である。

　この法律が国会で取り扱われた経緯については、第7章に譲る。ここでは、政府内の会議の流れを説明することにする。なお、この法律に関係した施策についても書くこととする。参考のため再掲した箇所もある。

2018年

1月16日　浮島智子文部科学副大臣を座長とした「外国人の受入れ・共生のための教育推進検討チーム」が開かれた。4月17日の第5回に西原鈴子・石井恵理子と共に田尻も参加して、意見を述べた。この会については、『文部科学広報』第236号「外国人の受入れ・共生のための教育推進チーム報告」として掲載されている。

2月20日　第2回経済財政諮問会議で、「未来投資戦略2017」の閣議決定に基づき外国人労働力と外国人材受け入れについて検討が始まった。
　この会議では、内閣府の資料として生産年齢人口等の推移、有効求人倍率の推移、我が国における外国人労働者数の推移が示され、上川法務大臣から「外国人材の受入れの現状等について」として、外国人労働者受け入れの基本的な考え方として、「専門的・技術的分野の外国人」は「積極的に受入れ」、「上記以外の分野の外国人」は「様々な検討を要する」としていて、基本的には「経済・社会基盤の持続可能性を確保していくため」のものであるとしている。当初は、必ずしも人手不足対策という狙いはなかったものと思われる。外国人材の受け入れの要望としては、2016年の日本経済団体連合会と2017年の日本商工会議所・東京商工会議所の資料も付されている。

2月23日　内閣官房に「専門的・技術的分野における外国人材受入れに関するタスクフォース」が設置された。この会議は5月20日に結論を出している。そこでは、就労を目的とした新たな在留資

格の創設と、日本語能力水準（この会議以前はこの語が使われた例はない）はN4が原則で、受け入れ施策ごとに定めるとなっている。

　これらの会議で分かるように、この時期の外国人受け入れ施策には日本語教育の専門家は一部を除いてほとんど関わっていない。

2月22日　　内閣府の第43回規制改革推進会議で、「日本で働く外国人材への『就労のための日本語教育』の枠組み整備に関する意見」（以下「意見」と略称）が扱われた。この「意見」は、従来の「検討会」や「閣僚会議」で扱われた内容とかなり違っている。例えば、2018年10月12日の「規制改革推進会議第3期　重点事項」には、日本語教育は全く扱われていない。2018年10月15日の同会議の「保育・雇用ワーキンググループにおける今期の主な審議事項」に「日本で学ぶ留学生の就職率向上」が出て来るだけである。しかし、実際に留学生の就職を扱ったのは1つ前の第2期で、2月19日、3月5日・19日・28日で、日本語教育関係者も発表をしている。ここで発表された内容と「意見」とは大きく異なっている。

<u>つまり、この「意見」から官邸主導で外国人労働者受け入れの動きが大きく変わったことになるのである。</u>

「意見」の主だった内容は、以下のとおりである。

① 　現在の日本語学校は、就労目的の日本語教育を担う組織としては、必ずしも相応しくない。

② 　国は、「外国人就労・定着支援研修事業」の日本語教育に基づき「就労に役立つ日本語教育」のガイドラインを示すべきである。

③ 　ボランティア主体の日本語教育組織の多くは、地域社会との接点が少なく孤立している（田尻注：地域社会と連携を取っているボランティアグループも多く存在する）。

④ 　「多文化共生総合相談ワンストップセンター」に日本語教育機能を設けるべきである。

⑤ 　「就労に役立つ日本語教育」のガイドライン（田尻注：この時点ではで

きあがっていない)に沿って、標準プログラムを策定すべきである。
⑥ 定年退職者等の離職者や子育てを終えた方等がセカンドキャリアとしての就労のための日本語教育者として活躍できるよう、その能力に相応しい就職先を斡旋すべきである。
⑦ CEFRに準拠した能力達成度を精緻化し、就労におけるコミュニケーション能力を定義した仕組みが必要である。そのために、国内で働くことに特化したCan-doリストを作成し、各企業が活用できる「ひな形」として提供すべきである。

<u>外国人の就労に関する大きな枠組みが、この会議で突然示されたことに注目してほしい。</u>

5月29日　外国人集住都市会議から6市が脱退した。一方で外国人受け入れの機運が上がっているにも関わらず、費用対効果などの観点から地方自治体での外国人受け入れ体制はこの会議設立当初より次第に後退している印象を受ける。

6月15日　「骨太の方針2018」と「未来投資戦略2018」が公表された。「骨太の方針2018」には、「従来の外国人材受入れの更なる促進」のために日本語教育機関での充実した日本語教育や在留の環境整備を図ると書かれている。「未来投資戦略2018」には、外国人児童生徒に対する日本語指導充実のためのモデルプログラムの開発・普及や、日本語教師養成・研修プログラム開発と日本語教師のスキルを証明する資格の創設が書かれている。

7月24日　内閣官房・法務省が庶務を行う「外国人材の受入れ・共生に関する関係閣僚会議」(以下「閣僚会議」と略称)が首相官邸で開かれた。この「関係会議」で示された「総合的対応策」には、「生活者としての外国人に対する支援」として日本語教育に言及がある。また、「海外における日本語教育の充実」という項もある。

9月13日　第1回の「外国人材の受入れ・共生のための総合的対応策検討会」(以下「検討会」と略称)が開かれた。この「検討会」で、日本語教育関係では「日本語教育の充実、日本語教育機関の適

	正な管理及び質の向上」と「外国人児童生徒の教育の充実」が書かれている。
10月12日	「閣僚会議」では、新たな在留資格「特定技能」の創設が書かれた。この後、わずか3か月半でこの在留資格が閣議決定された。
10月24日	第3回の「検討会」が開かれ、<u>田尻が「関係者ヒアリング」に日本語教育の専門家として意見を述べた。法務省関係で日本語教育の専門家が発言できたのは、この会議だけであった。</u>田尻は、文部科学省内に日本語教育の担当部署を置くことや、日本語教師の資格を名称独占の国家資格とすることなどに言及した。田尻の発言内容は、田尻（2019）に出ているので、ぜひ見てほしい。田尻は、この次の「検討会」にも参加している（議事録参照）。
11月2日	入管法の改正が閣議決定されたが、マスコミで報じたものは無かった。入管法改正案は12月8日の臨時国会で成立し、特定技能1号・2号が創設された。この改正により、外国人労働者受け入れの流れが一層加速するようになった。

参考文献

田尻英三（2019）「外国人労働者の受け入れに係る日本語教育施策―『日本語教育推進法に関する法律』成立までの経過―」『社会言語学』ⅩⅨ 「社会言語学」刊行会

第4章
「日本語教育推進法」の説明

田尻英三

　「日本語教育推進法」は、文部科学省の「日本語教育の推進に関する法律について」というサイトに出ている。
　この法律の「概要」というサイトもあるが、法律を読まずに「概要」だけを読むと重要な情報を見落とすこともあるので、注意が必要である。
　以下では、法律を逐条的に説明する。また、大事な項目は田尻が(注)で説明を加える。以下では法律の説明を理解しやすいように、田尻が本文の表現を変えているので、他の文献等に法律の条文を引用する場合は必ず原文に従ってほしい。

第一章　総則
○目的(第一条)
日本語教育の推進が、日本に居住する外国人の日常生活及び社会生活を円滑に営むことができる環境の整備に資するとともに、諸外国の理解と関心を深かめる上で重要である。そのために、基本理念を定め、国・地方公共団体・雇用主の責務を明らかにする。この法律の目的は、多様な文化を尊重した活力ある共生社会の実現に資するとともに、諸外国との交流促進並びに友好関係の維持発展にある(田尻注：日本語教育の目的を書いたものとして重要な事項である)。
○定義(第二条)
「外国人等」とは、日本語に通じない外国人及び日本の国籍を有する者であ

る(田尻注：日本語教育の対象者の国籍は問わないということを言っている)。「日本語教育」とは、外国人等が日本語を習得するために行われる教育その他の活動(日本語の普及を図る活動を含む)をいう(田尻注：法律で「日本語教育」を定義したものとして、日本語教育専門家には特に意識してほしい)。

○基本理念(第三条)

① 外国人等に対して、その希望・状況・能力に応じた日本語教育を受ける機会が最大限確保されなければならない。
② 日本語教育の水準の維持向上を図る。
③ 外国人等に係る教育・労働・出入国管理施策並びに外国政策との有機的な連携を図る。
④ 国内の日本語教育が地域の活力の向上に寄与するものとの認識で行われるべきである。
⑤ 海外における日本語教育を通じて諸外国の理解と関心を深め、交流を促進し、友好関係の維持発展に寄与するものとして行う。
⑥ 日本語を学習する意義について外国人等の理解と関心が深められるように行う。
⑦ 日本に居住する幼児及び学齢期(満6歳に達した日の翌日以降で最初の学年の初めから満15歳に達した日の属する学年の終わりまで)の外国人等の家庭において使用される言語の重要性に配慮すべきである(田尻注：ここでは日本語教育の推進について述べているので、外国人児童生徒の母語教育について述べている訳ではない。実際の運用に際しては、今後学齢期を外れる子どもについても柔軟に対応することを期待する)。

○国の責務(第四条)

国は、基本理念にのっとり、施策を策定し、実施する責務を有する(田尻注：日本語教育を行う責務があるものの1つとして、国にその責務があるとしている)。

○地方公共団体の責務(第五条)

地方公共団体は、基本理念にのっとり、国との役割分担を踏まえ、地域の状況に応じた施策を策定実施する責務を有する(田尻注：ここで触れられてい

るように、日本語教育が必要な地域の日本語教育の体制整備はこれからの重要な問題である)。
○事業主の責務(第六条)
外国人等を雇用する事業主は、基本理念にのっとり、国又は地方公共団体が実施する施策に協力するとともに、雇用する外国人等及びその家族に対する日本語学習の機会の提供支援に努めるものとする(田尻注:項目名は「責務」となっているが、法律では努力を要請しているだけなので「就労」分野における日本語学習支援への働きかけは弱い表現になっている)。
○連携の強化(第七条)
国及び地方公共団体は、日本語教育が適切に行われる関係省庁相互間その他関係機関、日本語教育を行う機関(日本語教育を行う学校(学校教育法一条校・専修学校・各種学校を含む)、外国人等を雇用する事業主、外国人等の生活支援を行う団体等の連携強化・体制整備に努めるものとする(田尻注:この基本法である「日本語教育推進法」ではいわゆる日本語学校等には触れていないが、個別法である「日本語教育機関認定法」では新たな制度として日本語学校等を認定することになっている)。
○法制上の措置、資料の作成及び公表(第八・九条)
必要な法制上・財政上の措置を講じ、施策に関する資料の作成・公開を行う(田尻注:日本語教育に必要な法律や財政上の措置をすると言っている)。
第二章　基本方針等
○基本方針(第十条)
① 日本語教育に関する施策を推進するための基本方針を定める。
② 基本方針では、基本的な方向性・推進の内容・推進に関する需要事項を定める。
③ 文部科学大臣及び外務大臣は、基本方針案を作成し、閣議の決定を求める。
④ 文部科学大臣及び外務大臣は、基本方針の作成に当たって関係行政機関の長と協議する(田尻注:実務者の会議として日本語教育推進会議がある)。
⑤ 文部科学大臣及び外務大臣は、閣議決定があった時は遅滞なく公表しな

⑥　政府は、日本語教育を取り巻く環境の変化、施策の実施状況についての調査を踏まえ、おおむね 5 年ごとに基本方針を検討し、必要があれば変更する（田尻注：日本語教育は、主として文部科学大臣と外務大臣が所管する。おおむね 5 年ごとに基本方針の検討が行われるので、現在決められつつある施策について 5 年間程度は変更しないことになる）。

○地方公共団体の基本的な方針（第十一条）

地方公共団体は、基本方針を参酌し、地域の実情に応じ、日本語教育の施策を推進するための基本方針を定めるように努める（田尻注：地域における日本語教育の基本方針を定めるように努力義務を課している）。

第三章　基本的施策

第一節　国内における日本語教育の機会の拡充

○外国人等である幼児・児童・生徒等に対する日本語教育（第十二条）

①　国は、外国人等である幼児・児童生徒等に対する生活や教科の指導等の充実のため、指導の充実を可能とする教員等（教員及び学校で必要な支援を行う者をいう）の制度の整備、教員等の養成研修、その他必要な施策を講ずるものとする（田尻注：将来は、児童生徒への日本語教育を登録日本語教員の活用を含めて検討する必要がある）。

②　国は、外国人等である幼児・児童生徒等の日本語習得の重要性について保護者の理解を深める活動を行う（田尻注：この点は、今後の問題である）。

○外国人留学生等に対する日本語教育（第十三条）

①　国は、大学及び大学院に在学する外国人留学生等が日本語能力の必要な職業に就くことや日本で教育研究を行うこと等を希望するものに対して、就業・教育研究に必要な日本語教育の充実を図るための施策を講ずる（田尻注：この条文により、国が一定の日本語能力が必要な留学生等に対して日本語教育の充実を図る施策を講じる必要性があることが書き込まれた。そのための予算要求もできるようになったのである）。

②　国は、外国人留学生等（大学及び大学院に在学するものを除く）に対して就業又は進学に必要な日本語教育の充実を図るための施策を講ずる（田

尻注：この条文により、日本語教育機関等に在学する留学生への施策の必要性も書き込まれた）。

〇外国人等の被用者に対する日本語教育（第十四条）
① 国は、事業主が雇用する外国人等に対して、日本語学習の機会を提供するとともに、研修等による専門分野の日本語教育の充実を図ることができる支援を行う（田尻注：この条文では、国は事業主に対する支援をすることになっているだけである。今後の支援状況を注視したい）。
② 国は、事業主等が技能実習生に対して、日本語能力向上の機会を提供できるように教材開発その他の日本語学習に関する支援を行う（田尻注：現在、技能実習制度の見直しが行われており、新しい育成就労制度でどの程度の日本語学習支援が行われるかは、現時点では不明である）。
③ 国は、定住者等（田尻注：日系3世、中国残留邦人、第三国定住難民等）が就労に必要な日本語能力を習得できるよう必要な施策を講ずる（田尻注：田尻は定住者等に対して、現在十分な施策が講じられているとは思っていないので、今後の施策を注視したい）。

〇難民に対する日本語教育（第十五条）
国は、難民認定を受けている外国人及びその家族並びに政府の方針により日本に受け入れたものが定住に必要な基礎的な日本語を習得できるように、必要な施策を講ずる（田尻注：日本は世界的に見ても難民認定率が低いことが指摘されている。ウクライナについては、「避難民」という枠組みで受け入れ、今後は「補完的保護対象者」と認定されれば「定住者（5年）」への在留資格変更可能という破格な対応をしている。田尻は、難民申請中の外国人家族に対する支援は不十分と考えている。今後の施策を注視したい）。

〇地域における日本語教育（第十六条）
国は、地域における日本語教育の機会の拡充を図るため、日本語教室の開始及び運営の支援、日本語教室に従事する者の養成と教材の開発支援、環境の整備その他必要な施策を講ずる（田尻注：現時点では国の地域日本語教室への支援は十分とは言えず、今後の地方公共団体との連携を注視したい）。

〇国民の理解と関心の増進（第十七条）
国は、外国人等に対する日本語教育について国民の理解と関心を深めるよ

う、広報活動その他の必要な施策を講ずる（田尻注：現時点では国民の理解や関心が深まっているとは言えない。今後の施策を注視したい）。

第二節　海外における日本語教育の機会の拡充

○海外の外国人等への日本語教育（第十八条）

① 国は、海外の日本語教育が日本に対する理解と関心の増進、日本企業への就職の円滑化に寄与するものなので、現地における体制の整備の支援、海外で日本語教育に従事する者の養成や教材開発への支援など必要な施策を講ずる（田尻注：国際交流基金の外国での日本語教育支援の予算は減っているので、今後の増額を期待している）。

② 外国人等であって日本へ留学を希望するものが日本での必要な水準の日本語を習得できるよう必要な施策を講ずる（田尻注：東アジア・東南アジア諸国などの送り出し国の日本語教育について述べたいことはたくさんあるが、この『取り組み』の対象から外れるので、ここでは触れないことにする）。

○海外に在留する邦人の子や、海外に移住した邦人の子孫に対する日本語教育（第十九条）

国は、海外の在留する邦人の子、海外に移住した子孫等に対する日本語教育を支援する体制の整備その他の施策を講ずる（田尻注：この条文は母語教育・継承語教育を指しているが、具体的な支援は今後のことになる。この項目を立てた意味はある）。

第三節　日本語教育の水準の維持向上

○日本語教育を行う機関の水準の維持向上（第二十条）

国は、日本語教育を行う機関の水準の維持向上のために、日本語教育に従事する者に対する研修の機会の確保その他の必要な施策を講ずる（田尻注：日本語教育機関での日本語教員への研修は、すでに2024年度予算に計上されている）。

○日本語教育に従事する者の能力・資質の向上（第二十一条）

① 国は、日本語教育に従事する者の能力・資質の向上や待遇の改善が図られるように、養成研修体制の整備、日本語教師の資格に関する仕組みの整備、日本語教師の養成に必要な専門的な知識・技能を有する者の養成

その他の施策を構ずる（田尻注：日本語教育に関する専門的な知識・技能を必要とする業務に従事する者を「日本語教師」と呼び、そうでない者は「日本語教育に従事する者」と呼んで区別している。日本語教員を国家資格として登録することにした条文。日本語教師の養成・研修は2024年度予算で措置されている）。

② 外国人である日本語教師の海外における要請を支援するために必要な施策を講ずる（田尻注：国際交流基金が行っている事業）。

〇教育課程編成の指針の作成（第二十二条）
国は、日本語教育を受ける者に適切な教育が行われるように、教育課程編成の指針の策定、指導方法・教材の開発普及その他の必要な施策を講ずる（田尻注：すでに日本語教育機関を認定する際の教育課程編成のための指針は示されている）。

〇日本語能力の評価（第二十三条）
国は、日本語教育を受ける者の日本語能力の評価方法の開発その他必要な施策を講ずる（田尻注：「日本語教育の参照枠」の利用検討がこれに当たる）。

第四節　日本語教育に関する調査研究

〇日本語教育に関する調査研究（第二十四条）
国は、日本語教育の実態（海外を含む）、効果的な日本語教育の方法、試験その他の日本語能力の評価方法等について、調査研究その他の必要な施策を講ずる（田尻注：海外の日本語教育については、3年ごとに国際交流基金が調査を行っている。「日本語教育の参照枠」と各種の日本語試験との対応は今後行われると考えられる）。

〇日本語教育に関する情報の提供（第二十五条）
国は、外国人等のために日本語教育に関する情報を集約し、それを閲覧できるための措置や相談体制の整備の助言その他の必要な施策を講ずる。

第五節　地方公共団体の施策

〇地方公共団体の施策（第二十六条）
地方公共団体は、国の施策を勘案し、地域の状況に応じた必要な施策を実施するように努める（田尻注：実際には地域ごとに取り組みの充実度に差がある）。

〇日本語教育推進会議（第二十七条）
① 政府は、文部科学省、外務省その他の関係行政機関相互の調整を行い、日本語教育の総合的、一体的、かつ効果的な推進をはかるために日本語教育推進会議を設ける（田尻注：この条文に基づき、関係省庁間で日本語教育施策を検討する機能として日本語教育推進会議が設けられた）。
② 関係行政機関は、日本語教育に関し専門的知識を有する者、日本語教育に従事する者及び日本語教育を受ける者によって構成する日本語教育推進関係者会議を設け、その意見を聴くものとする（田尻注：田尻も参加している日本語教育推進関係者会議で、直接関係省庁の対応について聴くことができるようになった。この会議の日本語教育における重要性を認識してほしい）。

〇地方公共団体に置く日本語教育の推進に関する審議会等（第二十八条）
地方公共団体に、第十一条に規定する基本的な方針その他の日本語教育の推進に関する事項を調査審議するために、条例で定めるところにより、審議会その他の機関を置くことができる（田尻注：今後各地方公共団体でこのような会議が設置されることが期待できる）。

附則
〇施行期日（第一条）
この法律は、公布の日から施行する（田尻注：2019年6月28日）。
〇検討（第二条）
国は、次の掲げる事項その他日本語教育機関に関する制度の整備に検討を加え、その結果に基づき必要な措置を講ずる（田尻注：ここでは適格性を有する認定日本語教育機関を指す）。
① 日本語教育を行う機関のうち当該制度の対象となる機関の類型及び範囲
② 外国人留学生の在留資格に基づく活動状況把握に係る日本語教育機関の責務の在り方
③ 日本語教育機関の日本語教育の水準維持向上のための評価制度の在り方
④ 日本語教育機関における日本語教育に対する支援の適否及びその在り方
　（田尻注：第1回の認定日本語教育機関の申請は、2024年3月1日から15日まで事前相談予約をして、4月5日から5月10日の事前相談を経て、

5月17日が申請締め切りとなっている。2024年10月30日に第1回の認定申請の審査結果が公表された。なお、2回目の申請のための事前相談予約は8月6日から9日で、事前相談は9月2日から10月24日までで、申請は10月18日から31日までである。認定は2025年春頃を予定している。1回目の審査で認定されなかった機関はこの年度の再申請はできない)。

第 5 章

外国人の在留資格と日本語能力

田尻英三

　このテーマについては、田尻(2023)に書いていて、ここでも一部記述が重複する部分がある。ただし、データは最新の資料を加え、記述の仕方も変えた箇所も多く、以下は本書として新しく書き直した文章であることをお断りしておく。

1　在留資格と日本語教育の関わり

　在留外国人にとって「出入国管理及び難民認定法」(以下、「入管法」と略称)は、最も重要な法律である。
　外国人の在留資格を考える時には、有名なマクリーン事件を知らなければいけない。『行政書士の判例集』(2024)によれば、以下のとおりである。
　アメリカ国籍のロナルド・アラン・マクリーン氏は1年の在留許可を受けて日本に滞在していたが、ベトナム戦争反対等の政治活動に参加したことを理由に法務大臣から在留期間の更新を拒否された。そのためマクリーン氏が1970年に不許可処分の取り消しを求めて訴訟を起こし、1978年に判決が出た。判決では、我が国に在留する外国人は、憲法上我が国に在留する権利ないし引き続き在留することを要求することができる権利を保障されているものではない、となったのである。つまり、「外国人に対する憲法上の基本的人権の保障は、外国人在留制度の枠内で与えられているに過ぎないと解するのが相当」となり、外国人の在留には入管法が大きな意味を持つこととなっ

た事件である。念のために言えば、国際慣習法上は外国人の入国は受け入れ国が自由に裁量できるとされている。在留外国人について考える時には、「入管法」がいかに大きな意味を持つかをまず理解してほしい。以下に一例を示す。

　2024年5月21日に衆議院を通過し、参議院で審議され、2024年6月14日成立、6月21日公布の「出入国管理及び難民認定法及び外国人の技能実習の適正な実施及び技能実習生の保護に関する法律の一部を改正する法律」の第二十二条の四（田尻注：「在留資格の取消し」を規定している）の八号では「永住者の在留資格をもって在留する者が、この法律に規定する義務を遵守せず（中略）、又は故意に公租公課の支払いをしないこと」とある。「公租公課」とは、吉国他（2001）『法令用語辞典』によれば、「公租公課」は国又は公共団体が公の目的のために課すものの総称で、「公租」とは例えば国税・地方税等を指し、「公課」とは例えば各種の社会保険料・納付金・公共組合の組合費等を指すとある。つまり、永住権を持っている在留外国人でも上記のいずれかを納付しない時には永住権を取り消されることになるのである。この法案が成立すれば組合費等を滞納した場合永住権が取り消される、ということにもなり、在留外国人にとって大きな意味を持つ法律である。この法律には、衆議院の修正案として第二十五条に「永住者の在留資格をもって在留する外国人の適正な在留を確保する観点から、同号に該当すると思料される外国人の従前の公租公課の支払状況及び現在の生活状況その他の当該外国人の置かれている状況に十分配慮するもの」が付されている。5月24日のNHKニュースによれば、厚生労働省は在留外国人の保険料納付状況を2024年度初めて調査することになったということである。この法案は閣法なので、政府は在留外国人の保険料納付状況の実態を把握しないまま法案を提出したことになる。

　在留資格は、入管庁の「在留資格一覧」というサイトに出て来る。ここに挙げられている在留資格を見ても、どの在留資格が日本語教育を義務付けているか義務付けていないか、または書かれていないかなどはわからない。各々の在留資格の中身を詳しく調べて初めてわかることである。つまり、建前としては、外国人の受け入れに当たって日本語教育の時間数などは、認定

の必要事項になっていなのが現実である。

　まず、日本に在留する外国人全体について説明することにする。日本に在留する外国人は、2024年6月末現在で約359万人に達し、日本の総人口の約2.9％になっている。

　在留資格は全部で29種類あり、活動内容で25種類、身分や地位に応じた資格が4種類ある。

　日本に住む外国籍の在留資格で最も多いものは、「身分または地位に基づく在留資格」の中の「永住者」であり、日本に住む外国籍の人の約3割がこれにあたる。「永住者」には2種類あり、「一般永住者」は原則10年日本に住む外国籍の人が申請できる在留資格である。一般的には高い日本語力を持っているので、日本語教育の対象になっていない。「特別永住者」は、アジア・太平洋戦争後に外国籍に変更させられた、いわゆる在日韓国・朝鮮人の人たちなどを指す。この人たちの中には、現在夜間中学に通って日本語習得に励んでいる多くの人たちがいる。

　「定住者」という在留資格は、ミャンマーやインドシナの第三国定住難民・日系人・日系人の配偶者など、地域の日本語教室に通っている多くの人たちの在留資格である。このうち、南米からの日系人の在留資格となったのは、1989年の入管法改正以降である。中国残留邦人やその配偶者や20歳未満の実子も同じ在留資格で日本語教育が必要な人たちである。

　そのほかにも、「日本人の配偶者」・「永住者の配偶者」など、日本語教育が必要な多くの人たちがいる。

　ロシア侵攻以後のウクライナからの入国者は、「補完的保護対象者」という在留資格上特別扱いを受けているが、そのほとんどの人には日本語教育が必要である。

　以上述べた以外に、在留外国人の処遇を知るもう1つの仕組みを概説する。

　入管庁の資料に「外国人労働者数の内訳」というものがある。そこでは、留学生も「資格外活動（留学生のアルバイト等）」として外国人労働者数にカウントされている。この制度ができた当初は、週20時間（現在は28時間）のアルバイトをしながら学校に通えるのはすばらしいという新聞記事も出て

いたが、本来は留学生のアルバイトを労働者にカウントしてはいけないもので、このような点からも外国人労働者の受け入れが在留資格と内容的にも合致していないことがわかる。ちなみに、留学生の資格外活動は、住居地を管轄する地方出入国在留管理官署で包括許可を受ける必要がある。

　就労目的で在留が認められる者はいわゆる専門的・技術的分野の人であり、高度専門職ではポイント制（日本語能力試験 N1 合格など）などの優遇措置もある。

　特定活動は、EPA 外国人看護師・介護福祉士候補者などで、EPA には特別の日本語教育体制が取られている。

　技能実習制度では、日本語教育の時間は設定されているが実施形態のチェックはないのが実情である。団体監理型の受け入れでは、多くの問題点が指摘されている。古川元法務大臣はこの制度を変えようと着手したが、次の葉梨元法務大臣は消極的な態度を示した。齋藤元法務大臣は制度変更を目指した有識者会議を立ち上げたが、その有識者会議には日本語教育の専門家は入っていない。2022 年 12 月 14 日に立ち上げられた法務省の「技能実習制度及び特定技能制度の在り方に関する有識者会議」の資料は、外国人労働者問題を考える時の必読の資料である。2024 年 6 月 14 日、技能実習制度に代わる育成就労制度が参議院で可決された。可決された法律では、育成就労制度での日本語能力については「詳細は主務官庁で定める」となっていて、明瞭な基準は示されなかった。今後どのような「詳細」が決められるかに注目したい。

　以上述べたことからわかるように、外国人労働者にとって最も大事な在留資格と日本語教育の必要性はセットになっていないことをまず理解していただきたい。以下では、田尻の情報収集に基づいて、在留資格と日本語教育の関連を説明する。

2 在留資格上日本語学習をすることになっている外国人

2.1 留学（就労が認められない在留資格者）

　2010 年の入管法の改正で日本語教育機関に在籍している「就学生」と大学や専門学校に在籍している「留学生」が在留資格「留学」に統一されたが、それまでは日本語教育が必要とされる「留学生」は「就学生」と呼ばれていた外国人を指していた。大学や専門学校に入学する外国人は、すでに日本語能力の評価（独立行政法人日本学生支援機構の「日本留学試験」や独立行政法人国際交流基金と公益財団法人日本国際教育支援協会の「日本語能力試験」など）を受けていることになっているので、入学後は在留資格としての日本語能力は問われない。ただし、認定日本語教育機関の入国時には日本語能力試験 N2 レベルが 1 つの基準となっている。かつて日本の大学入学には日本語能力試験が使われていたが、それが日本留学試験に代わっていった経過についてはここでは触れない。今回、文部科学省の新しい制度では、大学進学目的の大学留学生別科も日本語教育機関の認定審査の対象になっている点は大きな変更点であることを指摘しておく。大学入学後の日本語教育はそれぞれの大学のカリキュラム構成に任されているので、実際には授業内容や担当者の教員要件に多くの問題点があることをかつての授業担当者の一人として指摘しておく。2019 年 6 月 11 日に文部科学省と入管庁が出した「留学生の在籍管理の徹底に関する新たな方針対応」でも、多くの所在不明者を出した大学への対応は、在籍管理の厳重化だけであった。その後に出された「参照基準（ガイドライン）」でも、チェックする対象は授業時間数や教員数だけとなっている。現在の在籍中の留学生については、入管庁は在籍管理を重点的にチェックしている。2024 年 4 月 4 日にも、文部科学省は「外国人留学生の適切な受入れ及び在籍管理の徹底等について」という通知を出している。

　大学や専門学校の教育内容に関する事柄はここではこれ以上踏み込まないが、日本の大学や専門学校が世界中の留学生を呼び込むためにはそれぞれの機関の自己検証が必要である点だけは指摘しておく。

　大学に入学するためには、78 国立大学 56 公立大学 345 私立大学では受験

科目として 2002 年より「日本留学試験」を課している。この試験は「日本の大学で勉学に対応できる日本語力（田尻注：「アカデミック・ジャパニーズ」と呼ばれている）」を測定するために読解・聴読解・聴解・記述（田尻注：入試判定に利用している機関は少ない）の科目を課している。ただ、この試験は「大学入学後の日本語力の不足を補うために、日本語補習が不可欠となる」としているが、各高等教育機関では「それ（田尻注：日本語補習に関する学内整備）に関する施策を早急に検討する必要がある」となっているだけである。この記述は 2025 年 1 月現在でも残されており、「日本語留学試験」施行後どのような検討が行われたかについて検証された資料はない。また、この試験は当初国外での受験者を想定していたが、2024 年度の受験者は国内 33,953 人、国外 10,345 人となっていて、当初の目的との乖離が見られる。つまり、現在の日本語教育の世界で「日本留学試験」がどのように位置づけられるかは明確であるとは田尻には思えない。それは、「アカデミック・ジャパニーズ」というスケールを用い、入学後の補習の体制もはっきりしないまま留学生の入学試験に用いられていることになっているからである。この点に関する日本語教育機関や高等教育機関からの問題提起は、今に至ってもなされていない。

2.2　外国人労働者（就労が認められる一部の在留資格者のみが対象）

　いわゆる高度人材と呼ばれる外交・教授・芸術などの在留資格は、日本語能力の高さは問われない。この分野の人たちには一部にポイント制があり、日本語能力の高さ（日本語能力試験の N1 取得など）によって、「永住」への在留資格移行の優遇措置が取られている。上記以外の分野では、建前上日本語能力の必要性には言及しながら、受け入れに当たっては日本語学習時間などの明確な規定はない。技能実習制度など、日本で働きながら過多な就業時間やそれに伴う給料の不払いなどに対して訴える日本語力がないことなど、多くの在留外国人労働者の就労環境の酷さはすでに指摘されている。日本語教育関係者は、「就労」分野の外国人の日本語教育について関心が足りないと田尻は感じている。

以下、制度ごとに問題点を列挙する。

○　技能実習制度

（2024 年に育成就労制度が国会で成立したが、施行に 3 年以内となっていて、しばらくは現状のままでこの制度は使われるので、現在での問題点と捉えてここで扱う。）

　技能実習制度は 1993 年に作られ、開発途上国の経済発展を担う人作りに協力するという趣旨で作られている。在留資格「技能実習」は、2010 年に設けられた。外国人技能実習制度については、共管の機関である入管庁と厚生労働省のサイトに「外国人技能実習制度について」（2022 年 4 月 25 日改訂）が出ている。

　受け入れ形態としては、団体監理型と企業単独型があり、その中では団体監理型が 98.6％を占めていて、しばしば人権侵害の事例がマスコミに報じられている。その問題を解決するために、2016 年に「外国人の技能実習の適正な実施及び技能実習生の保護に関する法律」が国会で成立し、その後政令・省令・告示などで詳細が決められた外国人技能実習機構を創設したが、現在まで問題解決には至っていない。

　入管庁の「技能実習生の入国・在留管理に関する指針」にも、「日本語教育の重要性」という項目はあるが、そこには「監理団体は、そのため（田尻注：技能実習を効果的で安全に行うため）の十分な体制と講習評価を整えなければなりません」とあるだけで、講習の各科目の時間数やその割合は書かれていない。入管庁・厚生労働省の「技能実習制度　運用要領」でも、入国後の講習は「実習実施者において適宜定められることとして差し支えありません」と書かれていて、制度上はどのような日本語講習が行われていてもかまわないという仕組みになっている。最近は、日本語学習を事業所の近くにある地域の日本語教室に任せっぱなしという例も多く見られ、日本語ボランティアの過重な負担となっている。技能実習生の日本語学習の問題は、技能実習制度そのものを作り直さなければ根本的な解決にはならない。日本語教育の専門家という人たちからは、この問題に関する意見は聞かれない。

　技能実習制度が育成就労制度と変わり、外国人技能実習機構が外国人育成

就労機構に変わっても、現場でどのような改正が実質的に行われるかは、今後の問題である。

○　育成就労制度

2024年6月14日に参議院で可決された。この制度については、第10章で扱う。

○　特定技能制度

特定技能制度は2019年に作られ、対象となる外国人労働者は「人材を確保することが困難な状況にある産業上の14分野に限り、一定の専門性・技能を有し即戦力となる外国人」となっていて、入国時から労働者として受け入れる制度となっている。受入れ分野は、内容も変更され、現在は16分野となっている。資料は、入管庁の以下のサイトに出ている。

https://www.moj.go.jp/isa/applications/ssw/index.html

当初は問題の多い技能実習制度に代わるものとして作られた。しかし、2019年4月から2024年3月までで343,500人の受け入れを予定していたが、2022年6月末現在87,471人に留まっていたため、2022年8月30日の閣議決定により2023年末までの当面の受け入れ数を最大59,000人とする受け入れ見込み数の変更を行った。分野別の受け入れ見込み数も変更されている。2022年12月14日に開かれた第1回の「技能実習制度及び特定技能制度の在り方に関する有識者会議」の配布資料3では、2022年9月末現在特定技能1号在留者は108,699人であるが、特定技能2号在留者はわずか3人である。特定技能1号の約60％は、ベトナム人である。2024年6月現在では、特定技能1号は310,897人、特定技能2号は986人となっている。2024年6月23日付けの日本経済新聞には、イオンが店舗の惣菜製造業務として2030年までに特定技能の外国人4,000人を受け入れると発表した記事が掲載されている。

日本入国の際に使われる「日本語能力水準」は、「ある程度日常会話ができ、生活の支障のない程度を基本とし、業務上必要な日本語能力」としか規定されていないあいまいな基準となっている。この水準が具体的になったの

は 2022 年 4 月 26 日の閣議決定で、「日本語能力水準は、分野別所管行政機関が定める試験等により確認する」となったことを受けて、各分野別に定められた「特定技能の在留資格に係る制度の運用に関する方針」で初めて、特定技能の日本語能力水準は、国際交流基金日本語基礎テスト・日本語能力試験 N4 以上・日本語教育の参照枠 A2 以上の水準と認められるものと決められた。2022 年 8 月 30 日の法務大臣・国家公安委員長・外務大臣・厚生労働大臣・国土交通大臣の「『特定分野に係る特定技能外国人受入れに関する運用要領―宿泊分野の基準について―』の一部改正について」で、宿泊分野でも同様の水準が使われることになった。介護・宿泊分野での業務に日本語能力試験 N4 程度で携われるかは心もとないが、特に、公開されている限りの国際交流基金日本語基礎テストのレベルでは、田尻は業務を遂行できるとは思えない。

　以下に特定技能 1 号の対象分野別に日本語試験のレベルを示す。

① 　介護
　　国際交流基金日本語基礎テスト又は日本語能力試験 N4 以上、これに介護日本語評価試験合格が必要。2022 年度の介護日本語評価試験の実施状況は、以下のサイトに示されている。
　　https://www.mhlw.go.jp/content/001140906.pdf（「令和 4 年度介護技能評価試験・介護日本語評価試験実施状況報告書【介護分野】」）
　　2023 年度以降の各国別の日本語評価試験の結果は、以下のサイトに順次示されている。
　　https://www.mhlw.go.jp/stf/newpage_000117702.html（「介護分野における特定技能外国人の受入れについて」）

② 　ビルクリーニング、工業製品製造業、建設、造船・舶用工業、自動車整備、航空、宿泊、農業、漁業、飲食料品製造業、外食業、林業、木材産業、国際交流基金日本語基礎テスト又は日本語能力試験 N4 以上

③ 　自動車運送業、鉄道
　　国際交流基金日本語基礎テスト又は日本語能力試験 N4 以上。ただし、タクシー運転手、バス運転手、鉄道の運輸係員は、日本語能力試験 N3 以上

なお、技能実習 2 号を修了した外国人は、特定技能への移行にあたり日本語力は問われない。
　この分野の外国人労働者には、日本国内での日本語学習は必要ないということが制度上決められているが、田尻はこれらの試験合格だけでは制度運営上問題が起きると考えている。就業時の継続的な日本語学習支援が必要と考える。
　この分野の資料としては、石橋(2019)がある。

〇　特定活動

　この分野には、EPA の看護師・介護福祉士及びその候補者、ワーキングホリデー、家事使用人、日系四世、大学等を卒業した留学生で就職活動をしている人たちが入る。以下では、社会的に注目されている分野のみを扱うにとどめる。なお、日系四世については、別に項目を立てて扱う。

EPA に基づく外国人看護師・介護福祉士候補者
　この分野の受け入れ調整機関は国際厚生事業団 JICWELS であるが、日本語教育については受け入れ国ごとに体制が違う。
　インドネシア
　　訪日前研修 6 か月を修了し、日本語能力試験 N4 程度の人のみ入国。入国後の研修は 6 か月(研修中の在留資格は特定活動)。
　フィリピン
　　訪日前研修 6 か月を修了し、日本語能力試験 N4 以上の人のみ入国。入国後の研修は 6 か月(研修中の在留資格は特定活動)。
　ベトナム
　　訪日前研修 1 年を修了し、日本語能力試験 N3 の人のみ入国。入国後の研修は 2.5 か月(研修中の在留資格は特定活動)。
　日本の国家試験の合格率には、国ごと(つまり制度ごと)に明瞭な差が出ている。ただし、看護師と介護福祉士の公表されている合格率の数字の出し方は違いがある。看護師については入国年度の合格率を示す。

EPA 看護師候補者の国家試験合格率

	インドネシア	フィリピン	ベトナム
2020 年	0%	2.9%	12.5%
2021 年	0%	10.0%	15.4%
2022 年	0%	11.1%	33.3%
2023 年	0%	0%	9.1%

EPA 介護福祉士候補者の国家試験合格率

	インドネシア	フィリピン	ベトナム
2020 年	36.5%	34.7%	92.1%
2021 年	27.2%	25.3%	83.9%
2022 年	63.8%	54.7%	96.1%
2023 年	22.2%	21.3%	86.4%

　2024 年 11 月 25 日の第 8 回日本語教育推進関係者会議で、田尻が EPA 看護師の定着率を質問した。後日厚生労働省から EPA 介護福祉士の入国者数と合格者数が田尻に示された。厚生労働省によると、EPA での帰国者数は把握していないとのこと。厚生労働省の資料により、田尻が各国の合格者総数の入国者数に対する比率を計算したものを示す。

　　インドネシア　33.8%　　フィリピン　28.8%　　ベトナム　60.0%

　国家試験の合格率を見ればベトナム方式が効果的であることが分かる。
　せっかくこのように合格者を出しても、平野 (2019) の調査によれば、合格者の中に多くの帰国者が出ていることがわかる。これでは、EPA での受け入れは日本での看護師・介護福祉士不足のための対策とはなっていない。この分野の日本語教育に携わっている人たちは、国家試験合格者数を上げることに注力しているようにみえる。
　平野 (2019) で示されている帰国者の数値を上げておく。

看護師帰国者　　　インドネシア　67.2%　　フィリピン　42.4%

　　　　　　　　　　ベトナム　58.3%

介護福祉士帰国者　インドネシア　34.4%　　フィリピン　30.6%

　　　　　　　　　　ベトナム　32.8%

○　介護分野

　外国人の介護分野への受け入れには、次の4つの仕組みがあり、複雑でわかりにくいものとなっている。
① EPAに基づく外国人介護福祉士候補者で、資格は看護系学校卒業生と同じ。日本での研修修了時の日本語能力はN3程度とされている。
② 在留資格「介護」は、介護福祉士養成学校卒業生が受けられる。養成学校の入学要件はN2程度となっているが、実際にはそれ以下の外国人も受け入れていることが知られている。
③ 在留資格「技能実習」は、送り出し国で同種の業務経験がある者となっている。
　日本語能力は、入学時N4、1年後はN3程度となっている。ただし、一定要件下ではN4でも在留可能となっている。
④ 在留資格「特定技能1号」は、「介護技能評価試験」と、日本語能力では国際交流基金の「日本語基礎テスト」・日本語能力試験のN4以上のいずれかと「介護日本語評価試験」の合格が必要である。

　介護分野だけでもこのように日本語能力に差がある4つの仕組みを作ったのでは、現場での混乱が起こる。ちなみに、技能実習と特定技能の資格では訪問介護ができず、コロナ禍での人手不足に一層拍車をかけたことは記憶に新しい。2024年度になって訪問介護ができるような制度の検討が行われている。

○　日系四世

　2018年7月に始まったこの制度は当初年間4,000人を見込んでいたが、2022年末で128人しか入国していないことで、2023年末に「日系四世の更なる受入れ制度」を創設した。在留期間5年で「定住者」の資格を得ること、受入サポーターの要件緩和、入国時の年齢を30歳から35歳に引き上げる

ことなどが決められた。ただ、就労が許可されるのは、日本文化等を習得する活動を行っていることを前提としている。

　この資格で1年を超えて在留しようとする場合には日本語能力試験N4相当が必要で、3年を超えて在留しようとする場合には日本語能力試験N3相当が必要とされる。この場合には、日本語能力試験以外にも、J.TEST実用日本語検定や日本語NAT-TESTも利用できる。5年を超えて在留資格「定住」を得ようとする場合には、日本語能力試験N2相当が必要とされる。

　このほかにも、外国人労働者への日本語教育には多くの問題点があるが、ここではその全てを扱う余裕はない。日本政府は、外国人労働者の受け入れにあたって「移民政策を取る考えはない」（2024年5月24日での参議院本会議での岸田総理の発言）という前提のもと、外国人受け入れについては対症療法的な対応しかしてこなかったことが多くの問題を生むことになっている。また、日本語教育関係者は、外国人労働者への日本語教育についての問題意識を全体として共有しているとは思えない。この点が日本国内の外国人労働者の日本語教育での問題解決を遠のかせている一因と田尻は考えている。

3　在留資格上は日本語教育が必須となっていない外国人

　このテーマを考えるにあたって手塚（2005）は大変に有用な著作であるが、現在は絶版となっている。どなたか手塚の志を受け継いでくれる人はいないのであろうか。

○　高度専門職1号・2号
　高度人材ポイント制で決められたポイントの所得が要件である。そのポイントの中には、学歴や年収などの他に、以下のような日本語能力も要件となっている。
・外国で日本語専攻又は日本語能力試験N1合格
・日本の大学卒業又は日本語能力試験N2合格

高度外国人材の活動類型は、高度学術研究活動、高度専門・技術活動、高度経営・管理活動に分けられる。

○　技術・人文知識・国際業務
　日本の大学を卒業した外国人留学生が日本で就労する場合に多く取得する在留資格である。この場合に、企業で多くの場合求められるものに、ビジネス日本語能力というものがある。この能力を持っていることが入社時に必要だとしている前提で、入社後の日本語研修は想定していないのが日本の企業の現状である。実際に留学生を採用した企業へのアンケートで最も問題があるとされるのは、日本語能力、特にビジネス日本語能力の不足とされている。しかし、日本企業が問題にしているのは日本語能力の不足ではなく、日本人と外国人のコミュニケーションの不慣れによるものであると田尻は考えている。日本人の新入社員でも最初は企業内でのコミュニケーションに苦労しているはずで、外国人だけにこのような能力を要求するのはグローバル企業とは言えず、是正すべきは雇用する日本人側の意識改革である。
　経済産業省では、2021年4月26日に「日本人社員も外国籍社員も職場でのミスコミュニケーションを考える」という動画教材を公開しているが、田尻には、従来行われてきた日本式のコミュニケーションを外国人に理解させようとしているものにしか見えない。このようなことを繰り返しているようでは、日本の企業は本当に自分の会社に必要な外国人を採用したいのかと疑ってしまう。メルカリのような企業がインドまで行って、英語による社員募集を行っているテレビ番組（「ガイアの夜明け」）があった。
　田尻は、外国人が日本社会に適応できるためには2つの「日本語の壁」があると考えている。1つは、漢字・ひらがな・かたかな・アルファベットを混用する複雑な表記システムを持つ日本語の使用能力の壁である。もう1つは、日本式のコミュニケーションのやり方が当たり前と思っている日本人の意識の壁である。今必要とされているのは、外国人に日本式のコミュニケーションを押し付け日本人化しようとする日本人の側の意識改革である。
　ビジネス日本語については一部の日本語教育機関や大学の講座で開講されているが、その効果を検証した研究はGoogle検索では出てこない。ただ

し、ビジネス日本語テストの論文はある。2011年8月には、海外技術者研修協会AOTS日本語教育センターから経済産業省のアジア人財資金構想プロジェクトの成果として「教育機関のための外国人留学生ビジネス日本語教育ガイド」が公開されているが、効果の検証については検索しても出てこない。

　BJTビジネス日本語能力テストは、現在では在留資格認定・就職支援のための「特定活動」認定・高度人材ポイント制などに利用されているが、利用範囲が限られていることから、BJTのレベルがビジネス日本語能力全般の水準を示しているとは考えられないと田尻は考える。ちなみに、田尻は「高度人材」という用語に違和感を持っている。人間に「高度」や「低度」があるとは思えないし、「人材（人財も同様）」という用語には人間を企業で有用であるかどうかで計ろうとする考えがあるように思える。

〇　経営・管理
　所属機関の制限がある。決められた機関に就職するためにはかなりの日本語力が必要である。

〇　法律・会計事務
　日本の弁護士や公認会計士などの資格が必要である。国家試験合格のためには、かなりの日本語力が必要である。

〇　医療
　日本の医師・歯科医師・看護師の資格が必要である。国家試験合格のためには、かなりの日本語力が必要である。

〇　教育
　小学校などの常勤の外国語教育に就く場合には、日本の教員免許が必要である。日本の大学での免許取得のためには、かなりの日本語力が必要である。

◯　永住者・定住者等（身分や地位に応じた在留資格）

　この分野は、過去の日本の歴史で外国人が日本に住むにあたって、必要な受け入れ体制を作ってこなかったために日本での生活で不公平な境遇に置かれている人たちが含まれている分野である。現在まで、この人たちに対して日本語習得の支援体制は作られてきていない。特に、「特別永住」の分野の在日韓国朝鮮の人やアジア・太平洋戦争後の台湾籍の人たちの歴史は、日本に住む外国人の問題に興味のある人は知っておくべき事柄である。この点については多くの参考図書があるが、本章の主旨とは外れるので、ここでは扱わない。

◯　外国人児童生徒の日本語教育

　この分野は、日系人などの在留資格「定住」の子どもや中国残留邦人の子どもが含まれている。法律上では、日本国憲法第 26 条第 2 項により、保護する子女に普通教育を受けさせる義務を負うのは「国民」となっていて、外国人児童生徒の保護者は保護する子どもの就学義務は負っていないことになっている。つまり、小中学校はある種の「好意」によって受け入れているので、受け入れなくても問題はないという制度になっているのである。公立の義務教育学校へ就学を希望する場合には、国際人権 A 規約 13 条や児童の権利条約 28 条を踏まえて、日本人児童生徒と同様に無償で受け入れることになっている。それに伴って、教科書の無償配布及び就学援助を受ける機会を保障しているのである。

　2017 年告示の小学校学習指導要領・中学校学習指導要領、2018 年告示の高等学校学習指導要領では、「海外から帰国した児童や日本語の習得に困難のある児童の指導」（田尻注：中学校及び高等学校では「児童」ではなく「生徒」となっている）が書き込まれていることは、教員の間でもほとんど知られていない。このことは、同解説にも詳しく書かれているので、学校関係者はぜひとも参考にしていただきたい。外国人児童生徒等の指導が学習指導要領に書き込まれた意味は大きいと、田尻は考えている。

　2013 年 5 月 31 日に出された「日本語指導が必要な児童生徒を対象とした指導の在り方に関する検討会議」（田尻注：この会議にはいわゆる日本語教

育の専門家と言われる人は一人も入っていない)の報告書「日本語指導が必要な児童生徒に対する指導の在り方について(審議のまとめ)」では、「日本語指導担当教員(主たる指導者)」は「教員免許を有する教員(常勤・非常勤を含む)」となっていて、「日本語指導補助者、日本語指導や教科指導の補助を行う支援者、子どもの母語のわかる支援者」は「必置ではない」とされている。本来、学校教育法では教員免許を持っている者が教育をつかさどることになっているので、この報告書により、改めて学校教育現場では教員免許を持っている者のみが教育を担当することが示された。この結果、現在に至るまで日本語教員は学校教育における外国人児童生徒の教育に単独では関われないことになった。この検討会議が出来てから報告書が出来上がるまでの間に、日本語教育の専門家という人たちのこの点に異議を唱える動きを示すものは検索サイトには出てこない。

　2021年9月に出された「高等学校における日本語指導の在り方に関する検討会議」(田尻注：この会議には日本語教育の専門家である浜田麻里氏が入っている)の報告書「高等学校における日本語指導の制度化及び充実方策について」では、「日本語指導の専門知識を有する外部人材も積極的に活用すべき」となり、上の報告書よりは日本語教員が関われるようにはなっているが、基本的には教員免許を持たない日本語教員が単独では教壇に立てないという事態は変わっていない。

　2019年3月に文部科学省総合教育政策局男女共同参画共生社会学習・安全課(田尻注：国際教育課がなくなったための名称変更である)が出した「外国人児童生徒受入れの手引き　改訂版」では、多くの日本語教育の専門家が参加したJSLカリキュラムについては簡単にしか扱われていない。また、2014年に東京外国語大学が委託した「学校教育における利用可能な日本語能力の測定方法の開発」事業の「外国人児童生徒のためのJSL対話型アセスメントDLA」は、この手引きには一部しか引用されていない。このように、日本語教育の専門家と呼ばれる人たちが作った資料は、文部科学省の学校教育現場での指導には推奨されていないことがわかる。この点についての日本語教育関係者からの反応は情報検索サイトでは出てこない。

　2022年10月18日に、文部科学省総合政策教育局国際教育課(田尻注：ま

た元の課名に戻った)が、「日本語指導が必要な児童生徒の受入状況に関する調査（令和3年度）」(以下「調査」と略称)の結果を公表した。この「調査」は本文が39ページもあるが、初めて公表された調査結果もあり、日本語教育関係者にはぜひとも全文を読んでいただきたい。2012年から始まった日本国籍で日本語教育が必要な児童生徒数も引き続き公表されていて、外国籍・日本国籍児童生徒共に増加しているのがわかる。この「調査」では、外国人児童生徒への「特別の教育課程」による日本語指導以外にも、「学校で何らかの日本語指導を行うこと」を「特別の配慮に基づく指導」と呼んで、外国人児童生徒への日本語教育の一部として扱っている。外国人児童生徒への教育としては double limited の問題もあるが、ここでは扱われていない。今回の「調査」では、特別支援学級で日本語指導が必要な児童生徒数や日本語指導が必要な中学生の進学率が報告されている。日本語指導が必要な中学生で高等学校へ進学した生徒の進学率は89.9％で、日本人の全中学校の進学率99.2％より少ないことがわかる。この「調査」では、大学などへの進学率や就職者における非正規就職率も公表されている。

　文部科学省内で国際教育課という名称が復活したことは意味がある、と田尻は考えている。その点でも、文部科学省総合教育政策局に日本語教育課ができたことの意味は大きい。

　なお、外国人児童生徒の日本語教育については、第12章の浜田論文に詳しく書かれている。

○　永住者

　一般永住者の在留資格としてすでに一定の年数（田尻注：10年と言われている）日本に在留していることが条件なので、日本語支援は必要がないとされている。国籍は、中国が最多である。

　特別永住者は年々減少していて行政支援の対象となっていないが、実際には日本語能力が十分ではない人も多いため、今でも夜間中学などで日本語学習を続けているのが現状である。国籍は韓国が最多で、次いで朝鮮、台湾の順になっていて、その他の国籍の人もいる。

○ 定住者

　現在日本に住んでいて最も日本語教育が必要な人たちで、文化庁などでは「生活者」という枠で支援体制を考えている。この分野の人たちへの日本語教育は、日本語ボランティアで支えられている。

　この分野には第三国定住難民の人たちが入っているが、日本は世界的に見ても難民受け入れ数が極端に少ないので、この分野の日本語教育は支援者の個人的な援助に頼っているのが現状である。

　中国残留邦人は、第一次の帰国の際には社会的に大きなニュースとして扱われたが、その後はごく稀にドキュメント番組で扱われる程度で、日本語支援は十分ではない。

参考文献

石橋亜沙子（2019）「新たな在留資格の『特定活動』の創設について」『RESEARCH BELEAU』16

近藤彩（2023）「就労を目的とした日本語教育の課題と協働のためのリソース―共に豊かに生き、働くために―」『小出記念日本語教育学会論文集』31　小出記念日本語教育学会

田尻英三（2023）「外国人の受け入れと日本語教育の関わり―外国人受け入れ政策の現状と日本語教育の未来像―」『小出記念日本語教育学会論文集』31　小出記念日本語教育学会

手塚和彰（2005）『外国人と法　第3版』有斐閣

伴野崇生（2023）「難民支援としての日本語教育・難民を対象とした日本語教育」『小出記念日本語教育学会論文集』31　小出記念日本語教育学会

平野裕子（2019）「外国人看護師の受入れと日本」『医学会新聞』2019年9月23日

平野裕子・米野みつよ編（2021）『外国人看護師　EPAに基づく受入れは何をもたらしたのか』東京大学出版会

吹原豊（2021）『移住労働者の日本語習得は進むのか―茨城県大洗町のインドネシア人コミュニティにおける調査から―』ひつじ書房

真嶋潤子編（2021）『技能実習生と日本語教育』大阪大学出版会

吉国一郎・角田禮次郎・茂串俊・味村治・工藤敦夫・大出峻朗・大森政輔・津野修編（2001）『法令用語辞典　第8次改訂版』学陽書房

TAC株式会社（2024）『行政書士の判例集』TAC出版

第 6 章

日本語教師養成の歴史概要

田尻英三

　この概要については、『新版　日本語教育事典』(2005 年　日本語教育学会編　大修館書店) の「日本語教育史年表」と『国語政策百年史』(2006 年　文化庁　ぎょうせい) を利用したが、『新版　日本語教育事典』の記述に問題がある箇所もあり、以下でそれを指摘しておいた。
　また、「未草」第 39 回で説明したが、『社会を築くことばの教育：日本語教員養成のこれまでの 30 年、これからの 30 年』(2022 年　大学日本語教員養成課程研究協議会編　ココ出版) の山本忠行「第 1 章　日本語教員養成の変遷」には、日本語教師養成に大きな役割を果たした大学日本語教師養成研究協議会 (以下、「大養協」と略称) の発足当時の記述を始め、重要な情報が掲載されていない箇所も多く、以下ではそれを補って説明した。この論文の問題点についてはウェブマガジン「未草」第 39 回に書いている。
　かつては、「大養協」が政府の日本語教育施策と関わってきたのである。
　なお、この原稿の一部は、2006 年の韓国日本語教育学会で講演した「日本における日本語教員養成の現況と課題」の内容と重複する箇所がある。

1954 年　国際基督教大学で日本語専攻課程が発足する。翌年同課程が設置された。『新版　日本語教育事典』の「日本語教員養成」の項にある「1980 年代半ばより、大学において日本語教員養成が行われるようになった」という記述は間違いである。
1962 年　「外国人のための日本語教育学会」が発足する。また、早稲田大学

	語学教育研究所も開設された。
1964年	文部省主催で「外国人のための日本語教育学会」協力のもと、「日本語教育研修会」が開催された。
1974年	朝日カルチャーセンター新宿校で日本語教師養成講座が開講された。
1976年	文化庁の日本語教育推進施策調査会が「日本語教員に必要な資質能力及びその向上のための方策について（報告）」を公表した。また、国立国語研究所に日本語教育センターが発足する。天理大学に日本語教員養成課程が設置される。文化庁が第1回日本語教育研究協議会を開催した。
1977年	財団法人日本語教育学会が発足した。
1979年	国立国語研究所で日本語教師長期専門研修コースが開設された。
1981年	「金沢を世界にひらく市民の会」が日本語教師養成講座を開いた。
1983年	21世紀留学生政策懇談会が「21世紀への留学生政策に関する提言」を発表した。これは、当時の中曾根康弘内閣総理大臣の指示に基づき、留学生政策の長期的視野からの検討を行い、21世紀初頭に提言当時のフランスを参考にして、約10万人の留学生を受け入れる政策を推進するよう、内閣総理大臣及び文部大臣に提言したものである。「留学生10万人計画」と呼ばれた。<u>これが、政府の方針として日本語教育関係が取り上げられた最初のものである。</u>
1984年	留学生問題調査・研究に関する協力者が「21世紀への留学生政策の展開について」が公表した。これにより、留学生政策の長期的指針が取りまとめられた。
1985年	文部省の「日本語教育施策の推進に関する調査研究会」が「日本語教員養成等について」を発表した。これによると、21世紀初頭の日本国内における日本語学習者数を142,500人と予想し、そのために必要な日本語教員数を24,900人と試算した。<u>これだけの教員を養成するために、国立大学に日本語教員養成課程を設置することにした。また、主専攻・副専攻や民間の養成機関における標準的な教育内容の基準や教員検定試験の必要性にも言及した。</u>

これ以降、私立大学にも多くの日本語教師養成課程が設立されるようになった。筑波大学と東京外国語大学に日本語教員養成のための学科が設置された。

1986年 広島大学に日本語教育学科が設置された。この年にアルクから『日本語ジャーナル』が発刊された（2003年休刊。インターネット配信として続いている）。

1987年 文部省の「日本語教育検定制度に関する調査研究会」が「日本語教育検定制度について」を公表した。この試験は、文部大臣が認定し、財団法人日本国際教育協会が実施した。アルクによる日本語教師養成通信講座も開講した。

1988年 アルクの『月刊日本語』が発刊される。日本語国際教育協会が、第1回「日本語教育能力検定試験」を実施した。

中国の上海で日本語学校関係者と言われる3人が、軟禁された。いわゆる上海事件である。佐々木明（2004年）に詳しい事情が書かれている。この事件の原因は、入学許可申請をした多くの人にビザが下りなかったからと言われている。これにより、文部省の「日本語学校の標準的基準に関する調査研究協力者会議」が「日本語教育施設の運営に関する基準」を発表した。

1989年 国際交流基金　日本語国際センターが埼玉県北浦和に開設された。業務内容は、海外日本語教師長期研修、海外日本語教師短期研修、在外邦人日本語教師研修などである。

出入国在留管理及び難民認定法（以下、「入管法」と略称）の改正が行われた。文部大臣・法務大臣・外務大臣の許可のもと、財団法人日本語教育振興協会が発足した。

「入管法」が改正された。

1990年 改正「入管法」が施行され、多数の日系人が入国するようになった。当時、日系人が多数入国することは、想定していなかったようである（明石（2010）による）。

1991年 第1回の「大養協」が開催された。発足当時の理事は、奥田邦男・駒井明・才田いずみ・椎名和男・徳川宗賢・戸田昌幸・豊田豊子・

水谷信子と田尻である。

国立国語研究所の鮎澤孝子の「4年制大学における日本語教員養成の現状」が報告された。

1992年　文部省の21世紀に向けての留学生政策に関する調査研究協力者会議の報告書「21世紀を展望した留学生交流の総合的推進について」が公表された。

田尻も参加した文部省科学研究費補助金により「大学における日本語教員養成課程の現状と課題」が報告された。

1993年　文化庁の第19期国語審議会で「現在の国語をめぐる諸問題」が報告された。これは、国際社会における日本語教育を検討したものである。

国際交流基金が、「大韓民国高騰学校日本語教師研修」と「中国大学日本語教師研修」を開始した。

文部科学省科学研究費の細目に「日本語教育」が採用された。

1995年　田尻も参加した日本語教育学会の『ひろがる日本語教育ネットワーク　最新事例集』が刊行された。

1996年　田尻も参加した1994・1995年度科学研究費報告書「日本語教員養成課程の現状とその将来の展望についての総合的研究」（研究代表者　徳川宗賢）でまとめられた「日本語教員養成の現状分析とその将来の展望」が公刊された。ここには、「有識者アンケート」として、専門家88人（回収率64.2％）、有識者47人（回収率43.9％）のアンケート結果が示されている。研究分担者は、「大養協」のメンバーである。この報告書が、この時点での全国の日本語教員養成課程の唯一の全国調査報告書である。この頃は、「大養協」の大会にも文部省や文化庁の職員が参加していて、「大養協」の目指す方向性もはっきりしていた。

2000年　日本語教育学会フォーラム「日本語教育政策の新しい動き」は開かれた。このフォーラムで、次年度公開予定の「日本語教育のための教員養成について」の骨子案が配布された。

文化庁の「日本語教員の養成に関する調査研究協力者会議」が「日

本語教育のための教員養成について」を公表した。そこには、「日本語教育において必要とされる教育内容」として、コミュニケーションを3領域区分に分けて示している。これは、現在の「必須の50項目」の原型と言える。また、ここでは日本語教育能力検定試験の概要も示された。この時点では、学習内容の多様化を受けて主専攻や副専攻の区別を設けず教育内容は各大学が決めるとした。この方向性が結果的に日本語教員養成課程の質の担保を損なうものとなり、今回の「日本語教育機関認定法」へとつながることになった。この点は、第9章で改めて説明する。

なお、この「日本語教育のための教員養成について」の中で、「大臣認定を行う制度の根拠が省令以上の規定に基づくものではなく、『公益法人基準』において期限とされる平成12年度をもって廃止される」と書かれていて、2000年に文部大臣認定ではなくなることが明記されていた。

2001年 田尻も参加した文化庁委嘱の「日本語教員養成課程調査研究委員会」（代表　佐治圭三）による「大学日本語教員養成課程において必要とされる新たな教育内容と方法に関する調査研究書」が公開された。

文部科学省補助事業として「今後の日本語学校の教員養成のあり方を考える」が公開された。参加したのは、青山スクールオブジャパニーズ、I.C.NAGOYA、イーストウエスト日本語学校、京都日本語教育センター、コミュニカ学院、札幌国際日本語学院、東京中央日本語学院、福岡日本語センターであった。

文化庁の「日本語教育のための試験の改善に関する調査研究協力者会議」が「日本語教育のための試験の改善について～日本語能力試験・日本語教育能力検定試験を中心として～」を公表した。ここには、この試験が文部科学大臣認定ではなくなる代わりに「日本語教育学会との連携が積極的に行われることが望まれる」と書かれていて、実際に一定期間に日本語教育学会の認定となっていた。しかし、ある時期から日本語教育学会は認定しなくなり、その理由は学

会のホームページにも出ていない。「日本語教育機関認定法」での「日本語教員試験」は、経過措置期間を経て登録日本語教員になるために必要な試験ということになり、日本語教育能力検定試験実施当初のように一種の公的性格を持つことになる。

国立国語研究所が「平成12年度日本語教育の教師教育の内容と方法に関する調査研究」として「日本語教員養成における実習教育に関する調査研究」を公刊した。

2002年　日本語教育学会が平成14年度文化庁日本語教育研究委嘱による「日本語教員養成における実践能力の育成及び評価にかかわる基礎的調査研究」を公刊した。

日本語教育振興協会が新宿日本語学校その他の機関による「日本語学校における教員養成の実践力とは何か」を刊行した。

日本語教育学会が當作靖彦編の「日本語教育の専門能力研究　アメリカの現状と日本への提言」を刊行した。

文化庁国語課が「諸外国における外国人受入れ施策及び外国人に対する言語教育施策に関する調査研究報告書」を公刊した。

2004年　日本語教育学会が2003年度日本語教育研究委嘱による「日本語教員養成における実践能力の養成及び評価にかかわる基礎的調査研究」を報告した。

<u>この時期は、日本語教育学会が日本語教育施策に積極的に関わっていた。</u>

2005年　中川良雄その他による科学研究費研究成果報告書「日本語教員養成における実践能力の育成と教育実習の理念に関する調査研究」が公刊された。

2009年　2009年7月10日から途中数か月の空白期間を経て2011年3月26日まで13回の「日本語教員等の養成・研修に関する調査研究協力者会議」(田尻も参加)が文化庁で開かれた。

2012年　上記の会議の報告書「日本語教員等の養成・研修に関する調査結果について」が公表された。これは、大学・日本語学校・地域の日本語教室などにおける日本語教員等の現状等を調査したもので、調査

結果そのものには一定の価値があった。この時点でも、大学の日本語教員養成課程修了者の8％しか日本語教員になっていない。

2018年　文化庁文化審議会国語分科会で「日本語教育人材の養成・研修の在り方について（報告）」が報告された。これは、活動分野のうち、「生活者としての外国人」、留学生、児童生徒等に対する日本語教師についての検討結果である。<u>「日本語教師【養成】における教育内容」の50項目が挙げられている。この50項目が、登録日本語教員養成機関に必須の50項目の基となっている。</u>

2019年　文化庁文化審議会国語分科会で「日本語教育人材の在り方について」（報告）改訂版」がとりまとめられた。これは、上記の報告に、就労者、難民等、海外に赴く日本語教師の求められる資質・能力に応じた教育内容やカリキュラムが追加されたものである。<u>したがって、ここに書かれている内容が、今後の日本語教員の関わる将来像を示していると考えられる大変大事な資料と言える。</u>

　以上が、大学等での日本語教師養成課程の概略史である。2004年の日本語教育学会の報告以降、2009年の会議が当初の目的とは違った報告書をまとめた以外は、田尻が知る限り特にまとまった動きはなく、2018年になってから大きく動き始めたことが分かる。

　2019年以降の日本語教員養成の経緯については、第9章で扱う。

参考文献
明石純一（2010）『入国管理政策「1990年体制」の成立と展開』ナカニシヤ出版
駒井洋（2016）『移民社会学研究　実態分析と政策提言　1987–2016』明石書店
佐々木明（2004）『金色の夢』凡人社

第7章
日本語教育推進議員連盟の役割

衆議院議員　浮島智子

この章は政府資料を引用することが多いので、元号を使用する。

1　議連創設時の背景・経緯

　日本語教育推進議員連盟は、超党派の議員連盟として、平成28年11月に設立された(以下、「日本語教育推進議連」と略称)。会長は河村建夫(衆・自民)、中川正春(衆・民進会長代行)、笠浩史(衆・民進)幹事長、馳浩(衆・自民)事務局長、私は、副会長に就任した。

　国内の外国人は昭和60年末に約85万から飛躍的に増加し、「日本語教育推進議連」創設時の平成28年は約238万人となり、また、同年、外国人の技能実習法が公布された年であった。更には、様々な業界における人手不足を背景に、平成31年4月には改正入管法が施行され、新たな在留資格である「特定技能」の受入れが始まった。日本で働くことや生活を送る上で必要な日本語を学習する外国人の学習目的は多様化し、このような状況に適切に対応した日本語教育のきめ細かな支援の必要性が一層高まった。その後、新型コロナウイルス感染症の影響による入国制限のため、一時的に在留外国人は減少したが、コロナ収束後の令和5年末では341万人となるなど増加傾向が加速している(図1)。

　このような中で、日本語学習者も増加傾向にあり(図2)、国内で増え続ける外国人就労者、学校を含めた子供の学びや生活に必要な日本語教育を適切

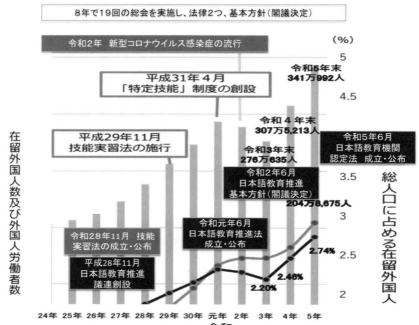

図1　在留外国人数・外国人労働者数の推移と日本語教育関係施策の動向
出典：在留外国人数は、出入国在留管理庁「在留外国人統計」による。
　　　外国人労働者数は、厚生労働省「『外国人雇用状況』の届け出状況まとめ」による。
　　　総人口に占める在留外国人の割合は、総務省「人口推計」による。

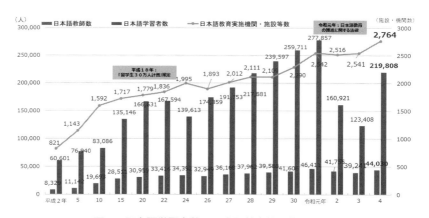

図2　日本語学習者数・日本語教育機関等の推移
出典：文化庁「国内の日本語教育の概要」より作成

に推進することが強く求められていたが、一方で、日本語を学ぶ場や教師が不足しているなど課題が山積していた。

2　日本語教育推進法の検討

　このように国内外で日本語を学びたい人や、学ぶ必要がある人々が増えていく中で、「日本語教育推進議連」は、政府、地方自治体、企業、学習者、学校にわたる日本語教育の課題を捉え、日本語教育を適切に行うという時代の要請を受けて法制度や予算支援などを着実に進め安心して日本語を学ぶ環境づくりを進めていく役割を果たす必要があると考えている。

　「日本語教育推進議連」発足後、集中して議員立法に取り組んだ結果、令和元年6月28日に「日本語教育の推進に関する法律」(以下、「日本語教育推進法」と略称)が成立し、その法律に基づいて令和2年6月23日に「日本語教育の推進に関する施策を総合的かつ効果的に推進するための基本的な方針」(閣議決定)(以下、「基本方針」と略称)がとりまとめられ、関係省庁による施策が進められている。

3　「日本語教育推進法」のポイント

　「日本語教育推進法」が成立した背景については以下の二つがあげられる。一つは、日本国内における日本語教育の必要性である。当時は、外国人労働者も増加し、日本語教育は、地方自治体や受け入れ先の学校・企業が対応している状態で、ボランティア頼りのところも多く、状況の改善が求められていた。二つ目は、海外における日本語教育の必要性である。国際交流基金などが海外における日本語教育の普及などを担っているが、海外の日本語教育の普及や、日本にルーツを持つ子どもなどに対する日本語教育へのニーズも高まっていた。これらの国内外のニーズは、留学生の日本語教育から、生活者、就労者、子どもの日本語学習者、出入国管理政策における技能実習生などに必要な日本語教育の在り方などまで、日本語学習者の属性や在留資格、また学習目的によって対応する国及び地方自治体の関係部署が多岐にわ

たっており、日本語学習を希望する外国人をはじめとする人々をサポートする主体や具体策が明確かつ十分な状況ではなかった。

このため、「日本語教育推進法」及び「基本方針」では、日本国内の日本語教育の充実は、幼児・児童・生徒等、留学生、被用者等、難民、地域を対象とし、さらに在外邦人の子供を対象とした日本語教育を行うように対象を掲げ、それぞれに必要かつ適切な日本語教育を支援することが確実に行われるよう、「日本語教育推進議連」として私と馳事務局長はじめとする中心メンバーが法案の検討を精力的に進めた。総会を累次開催し、関係団体等のヒアリングを実施して丁寧に議論を進め、平成30年5月29日の第10回総会において、立法チームで検討した日本語教育推進基本法案要綱を提示し、平成30年12月の第11回総会で法律案を了承、国会審議を経て令和元年6月21日に成立した。

「日本語教育推進法」の第1条（目的）では、「我が国に居住する外国人が日常生活及び社会生活を国民と共に円滑に営むことができる環境の整備に資するとともに、我が国に対する諸外国の理解と関心を深める上で重要であることに鑑み」と明記されている。このような目的の下、文化庁が地域住民、文部科学省は児童生徒・留学生等、外務省が海外における日本語教育を担当し、入国管理・支援における日本語教育は法務省が担当となるなど関係省庁の施策の縦割りが指摘されることもあったが、「日本語教育推進法」では、政府が関係機関の調整を行い総合的に取り組んでいくことを定めている。

また、法律は関係行政機関（文部科学省・外務省等）が所管し、「日本語教育推進法」の第27条では、政府は、関係行政機関相互の調整を行うため、「日本語教育推進会議」を設けることが明記され、現在、政府においては、関係府省庁の局長級で構成する同会議の下で、各担当者課長級がメンバーとなる幹事会議において、毎年の日本語関係予算のフォローアップなどが行われている。また、各界からの有識者によって構成する「日本語教育推進関係者会議」を設けることが明記され、今後の「基本方針」の進捗把握、見直しのためのフォローアップも行われる予定である。

4　新たな日本語教育制度の検討

　更に、「日本語教育推進法」の中では明確な制度整備はなされなかったが、専門性を有する日本語教師の質的・量的確保に対応するため、第 21 条には、「国内における日本語教師（中略）の資格に関する仕組みの整備（中略）その他の必要な施策を講ずるものとする」と定められ、加えて、附則第 2 条には、「国は、（中略）日本語教育を行う機関であって日本語教育の水準の維持向上を図るために必要な適格性を有するもの（中略）に関する制度の整備について検討を加え、その結果に基づいて必要な措置を講ずるものとする」ことが明記された。「日本語教育推進法」のこれらの規定に基づいて、令和 2 年 6 月に開催された第 13 回「日本語教育推進議連」総会においては、新たな日本語教師の資格の在り方について、文化審議会国語分科会においてとりまとめられた「日本語教師の資格の在り方について」の文化庁からの報告を受け、議論を行っている。その際、新制度は閣法で行うことや、教師の資格と教育の類型化（留学、就労、生活）による質の確保については、併せて検討すべき、との議論がなされた。その後、令和 3 年 4 月に開催された「日本語教育推進議連」第 14 回総会においては、文化庁から日本語教師の資格制度・日本語教育機関の類型化に関する検討状況の報告がなされ、改めて議論が行われた。

　このように、「日本語教育推進議連」において、文化庁はじめ行政からの検討状況の報告や現場の関係者からのヒアリングなどを踏まえた議論を行い、それらの意見を踏まえ政府において検討を進めるなど、日本語教育の新たな制度設計においては、「日本語教育推進議連」としての役割・機能を果たすべく定期的な議論を重ねてきたと考える。

5　文化庁における検討

○令和 2 年 6 月　日本語教育の推進に関する施策を総合的かつ効果的に推進するための基本的な方針（閣議決定）
　　・日本語教師の資質・能力を証明するための新たな資格の制度設計を行

い、必要な措置を講ずる
○令和2年3月　文化審議会国語分科会「日本語教師の資格の在り方について(報告)」
　・資格取得にあたっては、試験の合格、教育実習の履修などを要件とすることなどを提言
○令和3年8月　日本語教師の資格に関する調査研究協力者会議「日本語教育の推進のための仕組みについて(報告)〜日本語教師の資格及び日本語教育機関評価制度〜」
　・日本語教師の資格は、原則として日本語教育能力を判定する試験の合格及び教育実習の履修・修了を求めること
　・日本語教育機関の教育の質を確保するため、必要な要件を定め、文部科学省が日本語教育機関の質を評価する仕組みなどを提言

6　日本語教育推進法・基本方針を踏まえた施策の進捗状況

　上記に触れたとおり、「日本語教育推進法」、及び同法に基づく概ね5年間の政府の取組をまとめた基本方針(閣議決定)の進捗状況から、「日本語教育推進議連」創設後の主な変化を挙げると次のような施策がある。
○「地域日本語教育の体制づくり」については、都道府県・政令指定都市による日本語教育環境を強化するための総合的な体制づくりが進められ、「日本語教育推進法」の施行後の令和元年から令和5年度にかけて、当初は日本語教育担当が無い地域もあった中で、実施自治体が17件から54件まで増え、着実に地方自治体における日本語教育の支援体制が進みつつある。
○「日本語教育参照枠の策定・普及」については、求められる日本語教育の内容の多様化への対応や、日本語教育の質の維持向上を図るため、「ヨーロッパ言語共通参照枠CEFR」も参考に日本語教育の内容・方法・評価等に関する共通の指標である「日本語教育の参照枠」が策定(令和3年度文化審議会国語分科会)された。これにより、教育機関が国内外にわたって日本語の熟達度に応じた教育プログラムの提供が可能となり、また、この

第 7 章　日本語教育推進議員連盟の役割　91

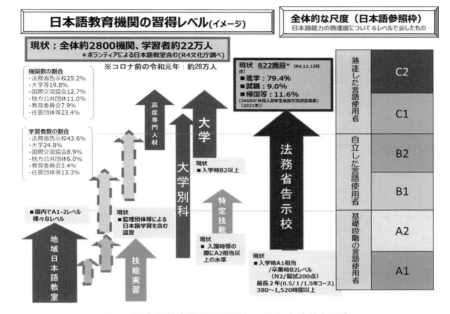

図 3　日本語教育機関の習得レベルと全体的な尺度
出典：第 16・17 回議連総会における文化庁報告より

　尺度が、学ぶ側の目安となること、学んだことが習得できているかどうか評価をする軸となることなど、今後、国内外の日本語教育の教育機関や、在留資格、進学・就職の要件としても日本語能力を示す目安として活用されることが期待される（図 3）。
○「日本語教育人材の養成・研修」については、「日本語教育推進法」で掲げられた対象者を念頭に、文化審議会国語分科会報告で提案された内容を踏まえた形で、現職日本語教師の多様な研修として、留学生、児童生徒、就労者、生活者、難民等、海外における日本語教師などの学習者の背景・ニーズ等に合わせた研修プログラムや、初任レベルから中堅、さらに日本語教育コーディネーターといったレベル別の研修プログラムが開発・実施されるようになった（図 4）。
○「難民等への日本語教育」については、条約難民及び第三国定住難民に対

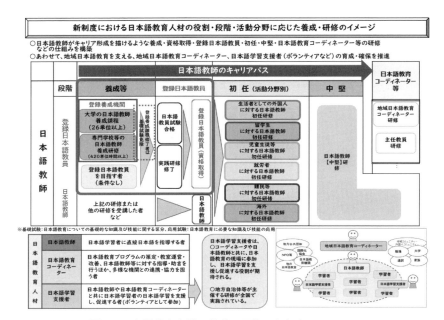

図4　日本語教育人材の養成・研修の在り方について
出典：第16・17回議連総会における文化庁報告より

する日本語教育のほか、地域日本語教室におけるウクライナから避難してきた人たちの日本語教育の支援とともに、令和5年6月に成立した出入国管理及び難民認定法等の一部改正法において補完的保護対象者の認定制度が設けられることに伴い、補完的保護対象者が「日本語教育推進法」の対象になるために「日本語教育推進法」改正も行われた。これを受け、補完的保護対象者として、令和6年度より認定されたウクライナから避難してきた人たち等の日本語教育が開始された。

このように、「日本語教育推進議連」で提示され「日本語教育推進法」に示されている方向性が様々な形で実装されつつある。

7　日本語教育機関及び日本語教師に関する新たな法制度

「日本語教育推進法」で明記された新たな日本語教育法案の早期実現のた

め、令和4年10月の第16回、及び令和5年1月の第17回総会において、文化庁より新たな日本語教育法案等の検討状況が説明され、基本的な法案の方向性について議論を行い、了承した。

　その際の要望内容は、次のとおりである。

(1)　日本語教育機関の水準の維持向上を図る認定制度
○我が国で日本語学習を希望する外国人のニーズを踏まえた①日本語教師の能力等を証明する資格、②日本語教育機関の水準の維持・向上を図るための「認定日本語教育機関(仮称)」制度について、早期に新たな法案化を実現すること。
○「留学生」、「生活者」、「就労者」に対する日本語教育の質的・量的充実を図るため、大学(専ら日本語教育を行う留学生別科等を含む)、法務省告示校等日本語教育機関等のうち、日本語教育を適正かつ確実する一定の要件を満たす機関を認定し、多言語でインターネット等を通じ発信するなどの仕組みを検討すること。
○国は、関係省庁と連携しつつ「留学」「生活」「就労」に関するモデルカリキュラム開発・普及を促進し、日本語教育機関の教育内容・方法の質の充実を図る取組を支援すること。
　また、認定機関における日本語教育プログラムについては、これまで実績のある「留学」を基本としつつ、「生活者」「就労者」が「日本語教育の参照枠」で示す自立した言語使用者として生活、就労において最低限必要な習得レベル以上の内容を提供するものを評価すること。
○生活者、就労者向けの日本語教育プログラムについては、学習者の学びやすい環境を整備するため、オンラインによる授業方法等なども検討すること。

(2)　日本語教師の新たな資格制度
○日本語教師の処遇改善や社会的認知を高め活躍できるよう、国が実施する試験に合格した者が登録を受け、教師自らのキャリアを社会に証明できる新たな資格の創出を行うこと。名称は「登録日本語教員」とする。

○養成・研修を推進する地域の大学・日本語教育機関等の拠点整備、「潜在的な」日本語教師の復帰促進のためのオンラインを含めた研修などを推進すること。
○日本語教師が「留学生」のみならず、「生活者」「児童生徒」「就労者」「難民・避難民」「海外」における指導において必要なスキルを身に付けるための初任者、中堅日本語教師、地域日本語教育コーディネーター等に必要な研修を受講し、広く社会で活躍できるよう、資格を取得した後のキャリア形成に資する養成・研修の仕組みを構築し、支援を継続すること。
○資格化に当たり、現状や社会環境などを踏まえた検討が必要であり、十分な移行期間及び、現職日本語教師に対する措置や、養成・実習機関に関する制度移行について十分な経過措置を検討すること。

(3) 体制強化と関係省庁の連携による制度活用促進
○日本語教育機関の認定に当たっては、文部科学省と法務省、外務省、厚生労働省、経済産業省、総務省等関係省庁との連携協力について、新たな制度の活用促進の観点から、多言語による情報発信などを生かす具体的仕組みを検討すること(図5)。
① 認定機関における日本語教育プログラムの情報が、希望する留学生、就労者、生活者に提供されるよう、多文化共生相談窓口を含む地方自治体、国際交流団体、経済団体、事業者等の関係者に広く周知すること。
在外公館や関係独立行政法人、外国人在留支援センター(FRESC)、外国人雇用センター、ハローワーク、高度外国人材活躍推進ポータル(JETROが運営)などの関係機関、外国人就労者に関する各種会議等における情報提供を効果的かつ、確実に必要な情報が届くような仕組みを構築すること。
② 認定機関であることを在留資格「留学」付与の要件として、所要の制度を改正すること。文部科学省、法務省との緊密な連携による効果的な留学生政策としての運用を検討すること。
③ 技能実習制度、特定技能制度において、認定日本語教育機関及び資格

を有する日本語教師の活用促進を検討すること。

　増加傾向にある技能実習生等の日本語教育の在り方については、今後の技能実習制度・特定技能制度の見直しにおいて、日本語の習得すべきレベルや負担の在り方などの事業者等の責務を明確化するなど、日本語教育の在り方等を含めた検討を行い、具体的な方策を提示すること。

　日本で活躍する専門性を有する高度外国人材を獲得するため、熟達した言語使用者など一定の習得レベルを提供する認定機関において修了した専門的、技術的分野の外国人が我が国に定着するよう、高度人材の受入れの仕組みにおける認定機関の活用促進を図ること。

④　増加傾向にある国内の外国人児童生徒に対する日本語教育について、資格を有する日本語教師のうち、特に児童生徒向け研修等を受講した者が、小中高等学校における特別な教育課程、夜間中学などにおいて

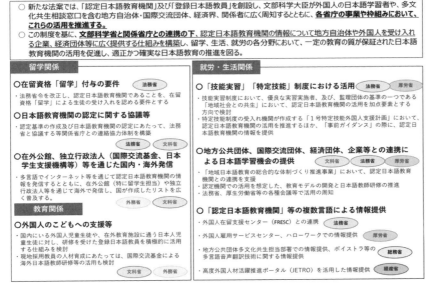

図5　「認定日本語教育機関」及び「登録日本語教員」の活用について
出典：第16・17回議連総会における文化庁報告より

積極的に活用される仕組み等を検討し、日本語教育支援を充実させること。
　⑤　在外教育施設に通う日本人児童生徒に対する日本語教育について、資格を有する日本語教師のうち、特に「海外」における指導に関する研修等を受講した者を積極的に活用できるよう検討すること。

　令和4年10月の「日本語教育推進議連」第16回総会においては、日本語教育に関する支援策について、政府が一体となって取り組むよう具体的な方策を求めた。これを踏まえ、「日本語教育推進法」に基づいて設置されている政府の関係省庁局長級で構成する「日本語教育推進会議」において、令和4年12月には、日本語教育法案の活用について今後の方向性がとりまとめられた。

8　日本語教育の空白地域解消を目指した地域日本語教育の体制づくり等

　「日本語教育推進議連」においては、新法の検討と併せて、地域における日本語教育の体制づくりに関する意見が多数あったことを踏まえ、以下のような要望を行った。なお、国会審議においても同様の質問が多く、地域の生活者としての外国人に対する日本語教育の緊要度が高いことが感じられた。
○地方自治体、産業界、日本語教育機関、民間支援団体等と連携して実施する地域日本語教室の開設支援、地域日本語教育コーディネーターやボランティアなどを含めた人材の養成・研修などの取組を更に強化すること。
○日本語のレベルを示した「日本語教育の参照枠」等を活用した生活者に対する日本語教室運営などにおいて、地方自治体と専門性の高い日本語教育機関との連携による取組を強化すること。
○空白地域解消の体制構築を目指した、オンラインによる日本語教育の取組や、地域の指導者への研修等を推進すること。
○これらを推進するための国の必要な予算措置、地方財政措置を行うこと。
　令和4年11月16日に、上記の内容を提言にまとめ、文部科学大臣、官

房長官へ「日本語教育推進議連」として政府へ要望活動を行なった。

9 新法の公布・施行に向けて

「日本語教育推進議連」としての要望活動後、政府において、令和5年2月21日に前記7で記載した内容を柱とする「日本語教育の適正かつ確実な実施を図るための日本語教育機関の認定等に関する法律案」(以下、「日本語教育機関認定法」と略称)の提出について、閣議決定がなされた。その後、国会の審議を経て、5月12日に衆議院、5月26日に参議院で日本語教育機関認定法が成立した。令和5年6月2日に法律は公布となり、令和6年4月1日施行となっている。

また、「日本語教育推進議連」として、今後、「日本語教育機関認定法」の成立を受け、国の責任を実行性のあるものとするため、日本語教育の所管を文化庁から、学校教育の運営、養成・研修、地域の教育支援などにおいてノウハウのある文部科学省に移管した上で、法務省、外務省、厚生労働省など関係省庁の役割を明確にした連携体制整備を確実に行うとともに、必要な財政的支援を図ることに関して政府へ要望活動を行い、令和6年4月からは、文部科学省総合教育政策局に日本語教育課が誕生した。

また、法成立に基づく政省令等の検討内容等の報告を求めるため、令和5年9月に第19回総会を開催し、今後の法施行に向けた検討状況について文化庁等から説明がなされた。

10 今後の方向性

以上のように、「日本語教育推進議連」の活動は、日本語教育の新たな方向性に基本的に関わってきた。政府や日本語教育関係団体、経済団体、地方自治体等のステークホルダーなどとの「対話」を通じて日本語教育の土台を築いてきたと言っても過言ではないと思っている(図6)。

今後については、令和4年12月に政府の関係省庁がとりまとめた新制度の活用によって、留学生のみならず、児童生徒、就労者、生活者としての外

日本語教育推進議連の活動	政府等の動向
第1回：平成28年11月8日…政府関係機関ヒアリング 第2回：平成28年12月1日…日本語教育関係団体ヒアリング 第3回：平成28年12月15日…日本語教育支援団体ヒアリング 第4回：平成29年2月10日…地方自治体関係者ヒアリング 第5回：平成29年3月14日 …立法チームの設置、日本語教育機関団体ヒアリング 第6回：平成29年4月20日 …地域の日本語教育に関わる民間機関・団体ヒアリング 第7回：平成29年5月30日 …日本語教育に関する試験実施機関・団体ヒアリング 第8回：平成29年6月15日 …海外における日本語教育実施機関・団体ヒアリング 第9回：平成29年11月29日 …関係府省より来年度概算要求、関係団体よりヒアリング 第10回：平成30年5月29日 …日本語教育推進基本法案（仮称）要綱について審議・了承 第11回：平成30年12月3日 …日本語教育の推進に関する法律案について審議、了承	・外国人の技能実習の適正な実施及び技能実習生の保護に関する法律：平成28年法律第89号「技能実習法」が11月28日に公布。 ・平成29年11月施行 ・平成30年12月25日：「外国人材の受入れ・共生のための総合的対応策」（関係閣僚会議決定）以後、毎年改定 ・平成31年4月：出入国管理及び難民認定法の改正による特定技能制度の創設
第12回：令和2年6月30日 ・「日本語教育の推進に関する国の基本方針」について報告	令和元年6月28日 ・「日本語教育の推進に関する法律」公布・施行 令和2年6月23日 ・「日本語教育の推進に関する施策を総合的かつ効果的に推すための基本的な方針」（閣議決定） ※令和2年新型コロナウイルス感染症流行
第13回：令和2年10月21日 ・日本語教師の資格創設・日本語教育機関の類型化に関する検討状況について説明、外国人留学生等の入国制限緩和について説明	令和2年3月10日 『日本語教師の資格の在り方について（報告）』（文化審議会国語分科会）
第14回：令和3年4月22日 ・日本語教師の資格創設・日本語教育機関の類型化について説明資格及び類型化に関する関係団体からのヒアリング等	令和3年8月20日 「日本語教育の推進のための仕組みについて（報告）～日本語教師の資格及び日本語教育機関評価制度～」日本語教師の資格に関する調査研究協力者会議
第15回：令和4年3月4日 ・日本語教育施策の進捗状況について	
第16回：令和4年10月28日 ・政府における法案等の検討状況について ・日本語教育関係施策に関する推進状況について ・関係団体からの要望（日本商工会議所要望、経団連提言）	令和4年5月～令和5年1月25日 「日本語教育の質の維持向上の仕組みに関する有識者会議」を開催。新法に関する具体的な認定基準、教師の資格制度などを検討。報告書をとりまとめ
第17回：令和5年1月31日 ・新たな日本語教育法案等の検討状況について ・日本語教育推進会議（12月報告）について	令和5年2月21日 ・「日本語教育の適正かつ確実な実施を図るための日本語教育機関の認定等に関する法律案」の提出（閣議決定） 　　　　　法案提出・審議 　5月12日　衆議院成立 　5月26日　参議院成立 〈令和5年6月2日　法律公布〉
第18回：令和5年6月20日 ・日本語教育機関認定法公布の主なスケジュールと今後の論点について ・日本語教育機関認定法の確実かつ効果的な施行に向けた提言について	※令和5年6月、出入国管理及び難民認定法等の一部改正において、補完的保護対象者の認定制度が設けられることに伴い、日本語教育推進法の対象となるため同法を改正 ※令和5年11月：「技能実習制度及び特定技能制度の在り方に関する有識者会議」報告とりまとめ
第19回：令和5年9月27日 ・日本語教育機関認定法の施行に向けた政省令など ・日本語教育機関認定法の施行に向けた検討状況・日本語教育の体制強化の検討状況（報告）	※文化審議会等において、教育課程編成のための指針（認定日本語教育機関）、コア・カリキュラム（登録実践研修機関、登録日本語教員養成機関）等、認定や登録に係る細則等について検討 ※11月：施行令公布、12月：省令公布 〈令和6年4月1日施行〉 ・日本語教育の組織を、文部科学省へ移管 日本語教育課を新設

図6　日本語教育推進議連と政府等の動向

国人の多くの方々が日本語を学び安心して活躍できるような環境づくりを強力に推進していく必要があると考える。

　また、新法実現が求められた背景・目的として、増加が見込まれる外国人就労者、生活者に対する日本語教育の充実は喫緊の課題として取り組む必要があると考える。法務省を事務局として令和5年11月には「技能実習制度及び特定技能制度の在り方に関する有識者会議」の報告がとりまとめられ、日本語能力の向上方策が提示された。継続的な学習による段階的な日本語能力の向上策として、日本語教育の参照枠や、「日本語教育機関認定法」の仕組みを活用した、教育の質の向上が掲げられている。

　今後とも、外国人等（第二条の定義では、日本語に通じない外国人及び日本の国籍を有する者をいう。）である幼児、児童生徒、留学生、就労者、生活者、難民等、さらに海外における在留邦人の子等に対する日本語教育までを対象とする「日本語教育推進法」の理念の下で、多くの現場の方々に寄り添い、共感しながら課題解決と改善を図り、誰一人取り残されないよう、外国人等が日本語を学べる機会を充実するとともに、誰もが安心して暮らせる多文化共生社会の実現に向けて支援活動に努めていきたい。

第 8 章

認定日本語教育機関・登録実践研修機関・登録日本語教員養成機関における「日本語教育」と「日本語教員養成」
―新たな実施申請にあたって認識しておくべきこと―

加藤早苗

　2024 年 4 月 1 日に「日本語教育の適正かつ確実な実施を図るための日本語教育機関の認定等に関する法律」（以下、「日本語教育機関認定法」と略称）が施行され、日本語教育機関も日本語教員養成機関も、一斉に「ヨーイドン！」という合図の音を聞いた。しかし、駆け出してゴールを目指すためには、そこに至る方法やルールを理解しなければならないことに気づく。つまり、まず示された情報を整理し、各機関の現行のカリキュラムや教育内容、運営体制の確認や見直しを行い、注意事項やポイントを見逃すことなく準備し、申請し、審査を受けるというプロセスを経て、認定や登録というゴールに行き着く。

　本章は、自校を認定日本語教育機関、登録実践研修機関、登録日本語教員養成機関として申請し、その後、それぞれを運営していくことになる筆者が担当することになった。これから、読者と一緒に認定と登録を目指すべく、以下書き進めることになる。が、しかし、機関の認定、登録が最終ゴールでないことは言うまでもない。ゴールはすなわち次へのステップへの入口で、この制度が目指す教育の質の向上、そして、法的位置付けと共に明確になる私たちの役割や価値、それらを現実のものとするための第一段階であるという認識の下に執筆を始めることにする。

1 「認定日本語教育機関」の認定申請をする

　認定制度の趣旨は、日本語教育を適正かつ確実に実施することができる日本語教育機関を認定することにあることから、必然的に、日本語教育課程の編成が非常に重要なものとなる。「認定日本語教育機関の認定申請等の手引き」にも、「単に外形的に認定基準等の要件を満たすのみではなく、とりわけ適正な日本語教育課程を自ら編成できる能力を有する日本語教育機関を認定する」とある。当然のことながら、自校の教育理念や教育課程の目的、目標に基づいた課程編成をすることになるわけであるから、他の日本語教育機関が策定した日本語教育課程をそのまま使用するといったようなことが判明した場合には、日本語教育課程の編成に関する基準を満たさいと判断され、認定「不可」の判定が下されることもあり得る。

　なお、認定日本語教育機関には、「留学のための課程」、「就労のための課程」、「生活のための課程」の3分野の日本語教育課程があり、同じプロセスで審査が行われるのであるが、本章では、「留学のための課程」について記すことをあらかじめお断りしておく。他の課程については本書別章を参照されたい。

〇　「認定日本語教育機関」でないと留学生を受け入れられなくなる

　留学生とは、在留資格「留学」をもって日本に在留する者のことである。この留学生を受け入れる日本語教育機関は、認定基準等を満たし、一定の質が担保されたものとして文部科学大臣が認定した「認定日本語教育機関」であることが要件となる。現行の法務省告示校が引き続き、日本語教育を受ける目的で留学の在留資格「在留」の留学生を受け入れる場合には、法施行後5年の2028年度末までに留学のための課程の認定を受ける必要がある。認定を受けないと、その後は留学生を受け入れることができなくなる。

〇　大学も、「認定」の対象外となるわけではない

　新制度の施行により、認定の対象に大学が含まれることになる。これにより、留学生別科や留学生センター、日本語教育センターに限らず、大学の正

規課程で開講される日本語教育科目で構成されるプログラムでも、受講生の所属や身分、日本語の能力によっては、その受講生を「留学生」として受け入れるためには、2028年度末までに認定を受ける必要がある。

2024年4月に改正された「上陸基準省令」では、科目等履修生、聴講生、研究生といった、正規課程の定員外の扱いとなる非正規生で、一定の日本語能力（日本語能力試験N2レベル相当以上）を備えていない留学生を対象に専ら日本語教育を行う場合には、原則として留学のための課程の認定を受けた機関でなければ、「留学」の在留資格が認められなくなることになった。つまり、上陸基準省令改正と「日本語教育機関認定法」による新制度が相補的に機能し、大学における留学生の在留管理に一層の適正化が図られることになったということである。

なお、「日本語教育機関認定法」において、下記に該当する場合は、専ら日本語教育を行うものとはせず、各区分の留学生のみを対象に行う日本語教育について、引き続き認定を要さずに実施することができるとされている。

・正規課程に正規生として在籍する留学生を対象に日本語教育を行う場合
・国費外国人留学生制度に基づく国費外国人留学生を対象に日本語教育を行う場合
・大学間交流協定等に基づく学生交換計画により受け入れる交換留学生を対象に日本語教育を行う場合

○ 第三者評価は義務ではないが、実施が推奨される

第三者評価の実施は努力義務であり、実施しないことを以て法令違反とはならない。ただし、客観的な教育の改善につなげるため、実施が推奨される。

大学や専門学校等が認定日本語教育機関の認定を受ける場合で、学校教育法等他の法令に従って既にこれらを実施している場合には、法や施行規則が求める公表事項や評価項目等を充足していることを前提として、新たなこれらを実施する必要はない。

○ 事業譲渡等で日本語教育機関を受け継ぐ場合は、認定を受け直す必要がある

認定日本語教育機関の設置者が、他の法人や個人に事業を引き継ぐ場合、

現行の法務省告示校制度の下では、変更の届け出により設置の変更が認められたが、新制度においては、新たな設置者である法人や個人が改めて認定を受けなければならなくなる。これは親会社や子会社、関連会社等への引き継ぎであっても同様となる。

その際の認定の審査では、引き継ぐことによる審査の省略等は一切なく、設置者の適格性、日本語教育機関の体制や施設・設備、日本語教育課程等についても新たな日本語教育機関の認定として審査が行われる。

さらに、新たな設置者が認定を受ける前に引き継いだ場合、その日本語教育機関は、新たな設置者が認定を受けるまでの間、認定日本語教育機関とは見なされないこととなり、認定日本語教育機関という名称や紛らわしい名称は使えなくなる。

○ 「設置者」の要件は、日本語教育機関を経営するために必要な「経済的基礎」と「知識又は経験」、そして「社会的信望」

設置者は、適正な事業運営を行うために必要な日本語教育に関する総合的な識見、財務・経営上の知識等を有するかどうかが審査される。まず第一には「設置者が経済的基礎を有するかどうか」。次に、「設置者が必要な知識又は経験を有するかどうか」。これは、明確な開校理念、提供する教育内容等に関する経営方針、適正な組織や施設等を設置する事業計画、関係する法令や政策文書への理解などである。そしてもう1つが「設置者が社会的信望を有するかどうか」で、「日本語教育機関の認定等に当たり確認すべき事項」の(3)に、イ～ヌの10のケースが例として示されている。

また、「日本語教育機関認定法に基づく罰金刑執行終了から5年を経過しない者、認定取消から5年を経過しない者」等のことが、「日本語教育機関認定法」2条4項に設置者の「欠格事項」として示されている。認定後の教育課程の変更の届出や帳簿の備付け等は「日本語教育機関認定法」に定められている事項で、それらを行わなかった場合には罰金刑となることには注意を要したい。

これらの確認をするために、面接審査や実地審査では、最終的な責任のある者、つまり設置者(法人の場合は代表者)の出席が求められる。

○ 「校長」の要件は、認定日本語教育機関の運営に必要な「識見」と「社会的信望」

「認定日本語教育機関の運営に必要な識見」とは、関係法令、職員の人事管理、生徒管理に関する事務、施設・設備の保全管理に関する事務、その他日本語教育機関の運営に関する事務の識見と定められている。特に、関係法令の識見に関しては、「日本語教育機関推進法」に規定する、「多様な文化を尊重した活力ある共生社会の実現に資するとともに、諸外国との交流の促進並びに友好関係の維持及び発展に寄与すること」の目的や理念への理解が、認定に当たり確認すべき事項に具体的に書かれている。

さらに、教育に関する業務の経験については、教員としての経験のみならず、経営者や理事、総務課長など教員以外の役職、学生管理・生活、公民館等の社会教育施設等、広く教育機関に関する経験について確認するとしているが、学校ではない保育所や学習塾などは、教育に関する業務とは認められない。

「社会的信望」は、設置者に求められるものと同様の内容で、「日本語教育機関の認定等にあたり確認すべき事項」の(3)に列挙された事項を確認されたい。これらは、設置者、校長だけでなく、主任教員や事務を統括する職員についても同様の点を審査において確認されることとなっている。校長の「欠格事項」についても併せて確認されたい。

○ 「主任教員」の要件は、機関の教育の根幹を支える「知識及び技能」を有すること

主任教員は認定日本語教育機関において本務等教員として日本語教育に3年以上従事した経験を有することとされている。ただし、法施行後5年の経過措置期間中は、法務省告示機関、大学等における日本語教育に従事した経験が認められる。

主任教員に求められるのは、「教育課程の編成及び他の教員の指導を行うのに必要な知識及び技能」で、具体的には、審査において、日本語教育課程、教員の研修計画、そのほか生徒の日本語教育に関する学習指導について、他の教員の監督を行うのにふさわしい知識・技能を有するかどうかが確認される。

つまり、主任教員とはまさに機関の教育の根幹を支える存在である。教育

課程や教員の研修計画等を担い、教員の監督を行うための主任教員の資格要件、「本務等教員として日本語教育に 3 年以上従事した経験」を、「3 年あれば十分」とは捉えられないことは誰にでも理解できることであろう。設置者は、認定日本語教育機関として提供する質の確保を担うのは主任教員であるという認識をもって、適格な人材を選定、配置することが求められる。

○ 認定日本語教育機関の教員はすべて「登録日本語教員」でなければならない

認定の対象となる日本語教育課程を担当する教員は、専任教員でも、非常勤教員でも、すべての教員が「登録日本語教員」である必要があることが、「日本語教育機関認定法」の第七条に定められている。

ただし、これには経過措置があり、法施行後 5 年間は法務省告示機関制度の教員要件を満たす者は教員として勤務することができるとなっており、逆に言えば、2028 年度末までにすべての教員を「登録日本語教員」にしなければならないということでもある。

○ 「本務等教員」は本務として当該機関の教育に従事する者であるが、フルタイムの雇用に限るものではない

本務等教員とは、日本語教育課程に係る業務について責任を担い、かつ、専ら認定日本語教育機関の教育に従事する教員である。この場合の、責任を担うとは、必ずしも教育課程の編成の責任者でなくてもよく、例えば、教育課程の編成会議の構成員である等、日本語教育課程の業務に直接的かつ実質的に参画する教員を指す。

また、本務等教員か否かは、各教員の授業を含む業務の日数や時間数が、勤務実態の中で本務として勤務しているとみなせるかどうかで判断することになるため、雇用形態がフルタイムかどうかということや、いわゆる正社員かどうかということが判断基準とはならない。仮にフルタイムでの勤務であっても、例えば指示を受けて授業を実施するのみで教育課程の編成に一切関与しないような場合には、本務等教員の要件は満たさないということになる。

一方、認定日本語教育機関が本務等教員に適切な処遇を設定することは、

提供する教育の質にも関係するという意味で重要な点である。これは「日本語教育機関認定法」の付帯決議としても示された。衆議院では、「日本語教育における専門人材の確保が困難な状況にある中、留学生、児童生徒、生活者、就労者、難民・避難民、海外等の分野別の研修の充実をはじめとする日本語教師のキャリア形成支援、処遇や労働環境の改善等による人材確保策について具体的に検討すること。」、参議院では、衆議院の同文に加え、「特に、登録日本語教員について、職務の重要性にふさわしい適切な賃金水準の確保に向けた方策の検討を進めること。」と決議されたとおり、登録日本語教員の処遇を高めることが求められている。

〇 「事務を統括する職員」は1名のみ
　認定日本語教育機関に関する事務を統括するのに必要な知識、技能及び経験を有する者、事務を統括する職員としてふさわしい社会的信望を有する者を、「事務を統括する職員」とする。事務職員については、最終的な責任の所在を明確にするため、「統括」は1名で、複数名をそれに充てることはできないとされている。

〇 「校長」と「主任教員」を同じ者が兼務することは、基本的には認められない
　現行機関においては、校長と主任の両方を兼務するケースが少なからず見られるが、校長と主任教員に求められる業務内容の違いや、それぞれが果たす役割の重要性から、校長と主任教員はそれぞれ別のものが担うことが基本となる。
　事情により同じ者が兼務する場合には、兼務しなければならない事情の妥当性が審査される。具体的には、当該者は基本的に授業を担当しないとすることや、担当するとしても数コマに限ることなど、校長と主任教員に求められる役割が十全に果たされる配慮がなされているかどうかの確認が行われる。そして、校長と主任教員がともに授業を担当する場合には、機関の管理や危機管理等の観点から、原則として両者が同時刻の授業を担当しないことや、やむを得ず同時刻の授業を担当する場合には、その時間帯に危機管理者等を担える体制を備えていることが審査で確認される。

○ 「事務を統括する職員」、「校長」、「主任教員」のいずれかの兼務は慎重に審査される

　認定日本語教育機関において、事務を統括する職員は非常に重要な役割を求められることになり、校長、主任教員それぞれと、また異なる役割を担う。そのため、これらのいずれかを兼務することは、いずれかの役割が果たされない恐れがあることから、仮に兼務するものとして申請があった場合、個別のケースに応じて、それぞれの役割として担うべき役割が果たせるかどうか、慎重に審査されることとなり、結果として認められないこともある。

○ 「生活指導」は、生徒の母語等で十分に意思疎通ができる言語による実質的な対応の確保が必要

　「生活指導」は、単にその担当者を定めればよいというものではなく、実質的に生活指導や進路指導を行える体制があるということである。さらに、来日間もないうちから生活指導を行う必要があることから、その体制とは、生徒の母語あるいはその他十分に意思疎通ができる言語による対応ができる者が確保されているということである。

　十分に意思の疎通を図る手段として、例えば、通訳派遣会社との提携や、海外の仲介業者との連携、翻訳機器を用いるといったことは認められない。生活指導は、病気や事故、災害など不測の事態への対応も求められることから、必要な言語での対応ができる人材が機関内に確保されているかどうかが審査で確認されることになる。

○ 各機関の「教育課程」は、その機関の教育内容に対応した日本語教育の計画であること

　「日本語教育機関認定基準」にある授業科目や修了要件に関する基準への適合性の確認は、「認定日本語教育機関日本語教育課程編成のための指針」に基づき行うこととされている。「指針に基づき」と書かれたことにより、ある型が示され、それに従わなければならないのではないかと考える向きが少なからずあるように思われるが、そうではない。認定基準に「基づき」と書かれたその指針には、「本指針を土台とし、自ら掲げる教育理念や教育課

程の目的及び目標に基づき、発展的かつ創造的に教育内容を計画、実施」とある。つまりは、それぞれの機関が掲げる教育理念や教育目標等の観点が、その教育内容に反映されているということであり、それこそがまさにその機関の教育課程なのである。審査ではその教育課程が確認される。

なお、認定基準に基づく審査での確認事項は以下とされている。
・教育課程の目的及び目標が規定されていること。
・修業期間等、教育課程の時間的な枠組みが規定されていること。
・教育課程の内容に関すること、授業の方法等が規定されていること。
・教育課程の修了要件が定められていること。

教育課程作成にあたっては、「認定日本語教育機関日本語教育課程編成のための指針」、「認定日本語教育機関の認定申請等の手引き」、「日本語教育機関認定法　よくある質問集」、そして、「日本語教育の参照枠（報告）」を熟読、理解した上で各機関の特徴ある教育課程を策定することがあるべき形であり、審査においても重要視されることとなるであろう。

○ 「高度に自立して日本語を理解し、使用することができる水準」は、「日本語教育の参照枠」B2 相当

「日本語教育機関認定基準」では、認定日本語教育機関は、1つ以上の「高度に自立して日本語を理解し、使用することができる水準以上」の能力を習得させることを目標とした日本語教育課程を置かなければならないとしている。つまり留学分野の認定日本語教育機関の中には必ず、「日本語教育の参照枠」B2 以上の課程を1つ以上置かなければならないということである。

「日本語教育の参照枠」では、5つの言語活動（聞くこと、読むこと、話すこと（やり取り・発表）、書くこと）ごとに、日本語能力の熟達度を6つのレベル（A1～C2）で表しているが、それぞれの到達レベル、教育課程の設置目的や主たる対象となる学習者（生徒）の背景等を勘案し、総合的に設定するとされている。なお、5つの言語活動それぞれの到達レベルは、当該教育課程の目的等を踏まえ合理的であると判断された場合には、各言語活動の到達レベルが同一でなく、異なるレベルを設定することを妨げないとも記されている。この場合の個々の機関における異なるレベルの設定が可能かどうかに

ついては、専門家である委員によって行われる審査によって判断される。

〇 **外部と連携して行う授業は、認定を受けた日本語教育課程の教育内容として認められる**

　日本語教育の一環として一時的に機関の外で行う活動や、日本語教育の目的と関連性があり、日本語能力向上の効果が期待できる活動を外部の関係機関と連携して行うことは、教育内容として認められる。

　ただし、その場合は、当該機関と担当教員の責任で安全確保に十分留意して実施し、当該授業の成績評価等は機関の教員が行う必要がある。連携先で教育課程の目的や教育内容と著しく異なる活動を行ったり、登録日本語教員以外の者に評価を丸投げするような場合は、認定日本語教育機関としての責任を果たしていることにならないので、認められない。

　外部と連携して行う授業の例として、地域の小学校や中学校との交流活動、連携先に関する調査結果を発表するために連携先を訪問しインタビューする活動等が挙げられている。

〇 **留学のための課程においては、オンライン授業や夜間の授業は認められない**

　留学のための課程では、日本語教育を受けるために来日したという生徒の希望に対して与えられる「留学」という留学資格の性格から、オンラインによる遠隔授業はいかなる場合も認められないとされている。ただし、対面の授業において、ゲストスピーカー等の部外者の参加を遠隔で求めることは可能である。

　また、留学のための課程では、夜間に授業を行うことも認められない。それは、留学のための授業は、日本語教育課程での学習を主目的として日本に在留する留学生を主な対象としていることから、日中に日本語の学習が行われることが適当と考えられるためとしている。時間帯は、原則として午前8時から午後6時までの間に授業が行われる必要があると示されている。

〇 **認定日本語教育機関として設置した教育課程以外の日本語教育も実施できる**

　たとえば、留学生以外の学生を対象とした短期のプログラムやビジネスマ

ンを対象としてカンパニーレッスンやプライベートレッスン、オンライン授業などは自由に実施できる。ただし、それらが法に基づいて認定されたものと誤解を生じさせるような宣伝等をすることは違法になる。実施機関が認定日本語教育機関であることを表示することは可能だが、「認定コース」、「認定日本語教育」といった表示をすることはできない。

2　「登録日本語教員養成機関」と「登録実践研修機関」の登録申請をする

　登録日本語教員として登録を受けるためには、日本語教員試験に合格するとともに、文部科学大臣の登録を受けた登録実践研修機関が実施する実践研修を修了する必要がある。また、文部科学大臣の登録を受けた登録日本語教員養成機関が実施する養成課程を修了した者は、日本語教員試験の基礎試験が免除される。

　新制度においては、これまで1つのまとまりとして捉えていた日本語教員養成機関が、登録実践研修機関と登録日本語教員養成機関という内容的にも手続き的にも別のものとして取り扱われることになったことから、特に専門学校等の日本語教員養成機関にとっては、考え方を変えることが必要になるのであるが、実施に際しては、後述するように両者を一体的に行うこともできるような建て付けになっている。

　2019年に文化審議会国語分科会がとりまとめた「日本語教育人材の養成・研修の在り方について（報告）改定版」（以下、「平成31年報告」と略す）に、「専門家としての日本語教師に求められる資質・能力」が以下のように示されている。

① 言語教育者として必要とされる学習者に対する実践的なコミュニケーション能力を有していること。
② 日本語だけでなく多様な言語や文化に対して、深い関心と鋭い感覚を有していること。
③ 国際的な活動を行う教育者として、グローバルな視野を持ち、豊かな教養と人間性を備えていること。

④　日本語教育に関する専門性とその社会的意義についての自覚と情熱を有し、常に学び続ける態度を有していること。
⑤　日本語教育を通した人間の成長と発達に対する深い関心を有していること。

また「平成31年報告」では、各活動分野で活動するに当たり、日本語教師としての基盤となる「日本語教師【養成】に求められる資質・能力」が知識・技能・態度等に分けて示されている（表1）。

表1　日本語教員に求められる資質・能力

知識	技能	態度
1　言語や文化に関する知識	1　教育実践のための技能	1　言語教育者としての態度
2　日本語の教授に関する知識	2　学習者の学ぶ力を促進する技能	2　学習者に対する態度
3　日本語教育の背景をなす事項に関する知識	3　社会とつながる力を育てる技能	3　文化多様性・社会性に対する態度

（「登録日本語教員 実践研修・養成課程コアカリキュラム」（令和6年4月1日 日本語教育部会決定）より、一部引用、筆者作成）

コアカリキュラムは「実践研修コアカリキュラム」と「養成課程コアカリキュラム」で構成され、「実践研修コアカリキュラム」には「全体目標」、「学習項目」、「到達目標」が示され、「養成課程コアカリキュラム」には、「全体目標」、「必須の教育内容」、「到達目標」が示されている。

そして、このコアカリキュラムを中心に据えた実践研修や養成課程を実施することで、登録日本語教員の質の向上を目指すとしている。以下では、登録実践研修機関と登録日本語教員養成機関の申請にあたって認識しておくべきことについて述べる。

○　登録実践研修機関と登録日本語教員養成機関の両方を一体的に実施したり、複数の機関が共同で養成課程を実施したりすることができる

1つの機関が登録実践研修機関と登録日本語教員養成機関の両方の登録を受け、実践研修と養成課程を一体的に実施することは可能である。

第 8 章 認定日本語教育機関・登録実践研修機関・登録日本語教員養成機関　113

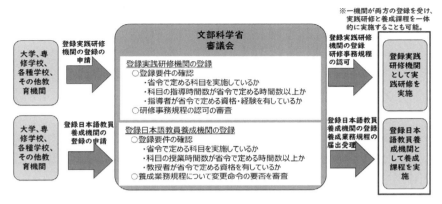

図 1　登録実践研修機関・登録日本語教員養成機関の登録手順
(「登録実践研修機関及び登録日本語教員養成機関の登録申請等の手引き」(令和 6 年度用)
文部科学省総合教育政策局日本語教育課)

　また、複数の登録日本語教員養成機関が共同して 1 つの養成課程を実施することも可能である。複数の登録日本語教員養成機関が共同で養成課程を実施する場合には、登録日本語教員養成機関間で、役割分担や費用負担、受講生の履修ルール等について十分な調整を行い、協定等を締結することが必要であるとともに、各登録日本語教員養成機関に最低 1 人は本務等教授者が置かれる必要がある。

〇　登録実践研修機関も登録日本語教員養成機関も、その地位を他に引き継ぐ場合には、引き継ぎを受けた法人や個人が改めて登録を受けなければならない

　登録実践研修機関も登録日本語教員養成機関も、その登録は、登録を申請した法人や個人に付与されるものであるため、それを他に引き継ぎたい場合には、引き継ぎを受けた側が改めて登録を受けなければならない。これは親会社や子会社、関連会社等への引き継ぎであっても、別の法人である限り同様の扱いとなる。
　この場合、引き継ぎを受けた法人や個人は、登録を受けるまでの間、業務を実施できない。

○ 毎年度、自己点検及び評価を行い、その結果を公表する

「登録日本語教員養成機関養成業務規定策定基準」12 で、「養成課程の実施状況について、毎年度、自ら点検及び評価を行い、その結果を公表すること」とされている。施行規則第 7 条に具体的に示されている内容は以下である。

① 認定日本語教育機関の目的及び目標の達成状況に関すること。
② 教員及び職員の組織運営に関すること。
③ 施設及び設備に関すること。
④ 日本語教育課程の編成及び実施に関すること。
⑤ 卒業の認定及び学習の成果に関すること。
⑥ 生徒への学習上及び生活上の支援に関すること。
⑦ 教育活動等の改善を継続的に行う仕組みに関すること。
⑧ 財務に関すること。

ただし、大学や専修学校等の登録実践研修機関が、学校教育法に基づいて実践研修を含む評価等をすでに実施している場合は新たに別の評価制度を整備し直す必要はない。

また、第三者評価については必須ではないが、中立的な立場からの評価を通じた教育の質の向上を図る観点からその実施が推奨されている。

○ 日本語教員養成課程の一定の科目を履修しないと、実践研修を受講することはできない

これまでは、実習に臨むにあたって、何の科目をどの程度受講修了しなければならないかということは、各養成課程や機関に任されていたが、新制度においては、「実践研修受講前に履修対象となるものを含む 10 の一般目標（下位区分）と必須の教育内容 37 項目」として定められている（表 2）。49 項目中 37 項目の事前履修が必須となるので、各機関のカリキュラムはそれらに対応するよう調える必要がある。

表 2　実践研修受講前の履修対象となる「必須の教育内容 37 項目」

②異文化接触	〈2〉日本の在留外国人施策
	〈3〉多文化共生
⑥異文化コミュニケーションと社会	〈13〉多文化・多言語主義

⑦言語理解の過程	〈14〉談話理解
	〈15〉言語学習
⑧言語習得・発達	〈16〉習得過程（第一言語・第二言語）
	〈17〉学習ストラテジー
⑨異文化理解と心理	〈18〉異文化受容・適応
	〈19〉日本語の学習・教育の情意的側面
⑩言語教育法・実習	〈20〉日本語教師の資質・能力
	〈21〉日本語教育プログラムの理解と実践
	〈22〉教室・言語環境の設定
	〈23〉コースデザイン
	〈24〉教授法
	〈25〉教材分析・作成・開発
	〈26〉評価法
	〈27〉授業計画
	〈29〉中間言語分析
	〈30〉授業分析・自己点検能力
	〈31〉目的・対象別日本語教育法
⑪異文化間教育とコミュニケーション教育	〈32〉異文化間教育
	〈33〉異文化コミュニケーション
	〈34〉コミュニケーション教育
⑫言語教育と情報	〈35〉日本語教育とICT
	〈36〉著作権
⑭日本語の構造	〈39〉日本語教育のための日本語分析
	〈40〉日本語教育のための音韻・音声体系
	〈41〉日本語教育のための文字と表記
	〈42〉日本語教育のための形態・語彙体系
	〈43〉日本語教育のための文法体系
	〈44〉日本語教育のための意味体系
	〈45〉日本語教育のための語用論的規範
⑮コミュニケーション能力	〈46〉受容・理解能力
	〈47〉言語運用能力
	〈48〉社会文化能力
	〈49〉対人関係能力
	〈50〉異文化調整能力

（「登録日本語教員 実践研修・養成課程コアカリキュラム」（令和6年4月1日　日本語教育部会決定）「実践研修受講前に履修対象となるものを含む10の一般目標（下位区分）と必須の教育内容37項目」より筆者作表）

〇　実践研修のコアカリキュラムは、6つの学習項目と到達目標からなる（表3）

表3　実践研修コアカリキュラム　6つの学習項目と到達目標

①オリエンテーション	実践研修全体の目的・目標を理解し、日本語教師として求められる資質・能力と実践研修がどのように関わるか理解している。

②授業見学	（教壇実習の場となる機関の授業見学を含むもの。）
	授業の流れ及び学習者や教師の様子を観察し、授業を分析することができる。
③授業準備	教壇実習の場となるプログラムやコースのカリキュラムを踏まえて、授業で扱う内容を理解し、学習者の学びを計画するとともに、その実施のために必要な教材・教具等を準備することができる。
④模擬授業	授業計画や教材・指導方法などの妥当性を検討するために、模擬授業を実施し、振り返りや改善を行うことができる。
⑤教壇実習	単独で教壇に立ってクラス指導を行うとともに、授業を客観的に分析し、改善を図ることができる。
⑥実践研修全体総括（振り返り）	日本語教師として自律的に成長していくために、実践研修全体を振り返り、内省することができる。

（「登録日本語教員 実践研修・養成課程コアカリキュラム」（令和 6 年 4 月 1 日 日本語教育部会決定）より、筆者作成）

○ 実践研修機関は修了要件を設け、判定する必要があり、受講すればそれでよい訳ではない

　登録実践研修機関では、各機関における実践研修の目標や成績判定基準を定め、あらかじめ定めた基準や方法等に則り、評価・判定を行えるように、修了要件を定め、修了判定を行う必要がある。

　また、日本語教員として必要な資質がないと判断される言動や姿勢などがあった場合には、修了を認めないこともあり得るとする。そのため、極力具体的な評価基準や方法をあらかじめ定めておくことが必要となる。

○ 実践研修はオンラインだけでは実施できない

　「実践研修コアカリキュラム」に示されている学習項目の中の、「④模擬実習」と「⑤教壇実習」については対面でなければならないと、「登録実践研修機関研修事務規定策定基準」で規定されている。

　一方、上記以外の実践研修の学習項目に関しては必ずしも対面でなければならないとはされていない。授業の方法を「通信衛星、光ファイバ等を用いることにより、多様なメディアを高度に利用して、文字、音声、静止画、動画等の多様な情報を、一時的に扱うもの」とし、「対面授業に相当する教育効果を有すると認めたものであること」とされている。これは、単なるオン

デマンドの録画授業では不可であり、「登録実践研修機関研修事務規定策定基準」1④に、その具体的要件としてイ）とロ）が示されているので、参照されたい。

○ 実践研修の教壇実習で、「日本語教育の参照枠」A1〜C2までのあらゆるレベルや、あらゆる分野の学習者に対する実習を網羅的に行うことは求められない

　実践研修の限られた時間内にそれらを想定した実践を経験することは現実的ではないため、網羅的に行うことは求められていない。

○ 教壇実習では、受講者1人につき45分以上の授業を、5人以上の生徒に対して単独で2回以上行わなければならない

　「教壇実習に関する科目は、受講生1人につき、45分以上の授業の補助を単独で2回以上行う」とされている。まず、「授業の補助」とは、受講者が授業を実施する教員の補助的な支援をするものではなく、指導者の指導の下、受講者自身が教壇に立つ実施形態のものである。

　教壇実習は、教壇実習機関が開設する通常の日本語教育課程の一部、またはそれに相当する実施形態の授業で、5人以上の生徒に対して同時に行われる日本語の授業とされている。ただし、教育実習機関が小学校等である場合には、5人を下回っても差し支えないとなっている。その詳細は「登録実践研修機関研修事務規定策定基準」の1⑤を参照。

○ 教壇実習機関は認定日本語教育機関であることとされているが、一定の要件を満たした場合には認定日本語教育機関でなくてもよい

　一定の要件を満たすことで、認定日本語教育機関以外を教壇実習機関とすることが可能である。たとえば、外国の大学、企業の従業員や難民を対象とした日本語教育機関、地域の日本語教室、小学校等が想定される。その場合、登録実践研修機関の指導者が教壇実習機関に出向いて指導を行うことも可能である。要件の詳細については「登録実践研修機関研修事務規定策定基準」の5を参照。

○ 日本語教員養成課程コアカリキュラムは、5区分、15下位区分、必須の教育内容49項目からなる（表4）

表4　日本語教師【養成】における教育内容

領域	5区分		15下位区分	必須の教育内容50項目	
社会・文化に関わる領域	1	社会・文化・地域	①世界と日本	1	世界と日本の社会と文化
			②異文化接触	2	日本の在留外国人施策
				3	多文化共生（地域社会における共生）
			③日本語教育の歴史と現状	4	日本語教育史
				5	言語政策
				6	日本語の試験
				7	世界と日本の日本語教育事情
	2	言語と社会	④言語と社会の関係	8	社会言語学
				9	言語政策と「ことば」
			⑤言語使用と社会	10	コミュニケーションストラテジー
				11	待遇・敬意表現
				12	言語・非言語行動
			⑥異文化コミュニケーションと社会	13	多文化・多言語主義
教育に関わる領域	3	言語と心理	⑦言語理解と過程	14	談話理解
				15	言語学習
			⑧言語習得・発達	16	習得過程（第一言語・第二言語）
				17	学習ストラテジー
			⑨異文化理解と心理	18	異文化受容・適応
				19	日本語の学習・教育の情意的側面
	4	言語と教育	⑩言語教育法・実習	20	日本語教師の資質・能力
				21	日本語教育プログラムの理解と実践
				22	教室・言語環境の設定
				23	コースデザイン
				24	教授法
				25	教材分析・作成・開発
				26	評価法
				27	授業計画
				28	教育実習
				29	中間言語分析
				30	授業分析・自己点検能力
				31	目的・対象別日本語教育法
			⑪異文化間教育とコミュニケーション教育	32	異文化間教育
				33	異文化間コミュニケーション
				34	コミュニケーション教育
			⑫言語教育と情報	35	日本語教育とICT
				36	著作権

言語に関わる領域	5	言語	⑬言語の構造一般	37 一般言語学
				38 対象言語学
			⑭日本語の構造	39 日本語教育のための日本語分析
				40 日本語教育のための音韻・音声体系
				41 日本語教育のための文字と表記
				42 日本語教育のための形態・語彙体系
				43 日本語教育のための文法体系
				44 日本語教育のための意味体系
				45 日本語教育のための語用論的規範
			⑮コミュニケーション能力	46 受容・理解能力
				47 言語運用能力
				48 社会文化能力
				49 対人関係能力
				50 異文化調整能力

　「必須の教育内容50項目」として列挙されている項目のうち、「28 教育実習」は登録実践研修機関で扱う項目であることから、登録日本語教員養成機関で実質的に扱う教育内容は49項目となる。

○　日本語教員養成課程の「必須の教育内容」には、具体的な教授項目などを確認する資料がある

　各機関でカリキュラムを作成する際には、「令和4年度大学等日本語教師養成課程及び文化庁届出受理日本語教師養成研修機関実態調査報告書」の「Ⅳ．参考資料」、「日本語教員養成コアカリキュラム（大・中項目）（案）」に記されている「必須の教育内容の学習項目（中項目）」で、具体的な内容を確認することができる。ただし、本資料に示されている「学習項目（中項目）」は例示であるため、全てこれに従う必要があるというものではない。

○　日本語教員養成課程には修了要件を設ける必要がある。「必須の教育内容」49項目に関する科目の合格は最低限設ける事項

　登録日本語教員養成機関では、各機関における養成課程の目標や成績判定基準を定め、あらかじめ定めた基準や方法等に則り、評価・判定を行うよう、修了要件を適切に定める必要がある。

○ 「通常の受講者が授業時間の二倍に相当する時間を要する学習を、授業時間外に行わせるカリキュラム内容」が求められている

　この規定は、無理な詰め込みによる極端な短時間の養成課程の実施を防ぐ目的で置かれている。詳細は、「登録実践研修機関の登録、研修事務規程の許可等、登録日本語教員養成機関の登録及び養成事務規程の届出等に当たり確認すべき事項」を参照してほしい。

○　機関が受講料の割引をする場合は、事前に割引ルールを定める必要がある

　割引については、各機関が定めた割引ルールに基づいて個別に判断が必要だが、割り引くこと自体がただちに不当な扱いとなるわけではない。割引は受講者等に明示した上で、割引の目的や社会通念等に照らして、その必要性や妥当性が説明できる必要があるとされている。

○　本務等教授者とは、養成課程の編成その他の養成課程の業務について責任を担うことから、いわゆる専任教員や本務等教員である必要がある

　これは、当該機関で専らまたは本務として教育に従事する者という意味であり、養成課程の業務のみに専らまたは本務として従事することを求めるものではない。

　また、認定日本語教育機関の設置者が登録日本語教員養成機関の登録も受ける場合、認定日本語教育機関の本務等教員を養成課程の本務等教授者にすることは可能だが、その人の業務の中心は認定日本語教育機関での日本語教育課程に関するものとする必要がある。

3　認定日本語教育機関、登録実践研修機関・登録日本語教員養成機関の申請について

　認定日本語教育機関、及び登録実践研修機関、登録日本語教員養成機関の審査は、それぞれ以下の図2のように、事前相談、書面審査、面接審査、実地審査、最終判定という流れで行われる。結果は、「認定」、「不認定」、「継続審査」とされ、審査途中での機関側からの「取り下げ」も可能となる。

第 8 章　認定日本語教育機関・登録実践研修機関・登録日本語教員養成機関　121

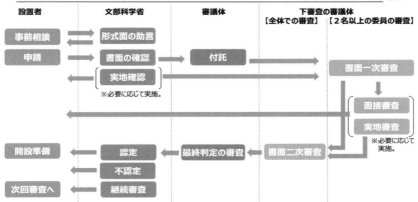

図 2　認定日本語教育機関の認定手順（案）
（第 5 回認定日本語教育機関の認定基準等の検討に関するワーキンググループ（令和 5 年 11 月 10 日）参考資料）

　図 2 は認定日本語教育機関の認定審査手順であるが、登録実践研修機関・登録日本語教員養成機関も、基本的な手順は同様である。

(1)　事前相談

　認定と登録の申請、その後の変更の届出の適正性について確認を受ける際は、必ず日本語教育課に事前相談を行わなければならない。

　事前相談は、原則として申請等に必要な書類をすべて揃え、事前相談日の 10 日前までに電子システムを通じて日本語教育課に提出した上で、オンラインで実施する。なお、事前相談を受けるためには事前の相談予約が必要となる。

　事前相談の出席者は、審査に向けた準備が整っていることを確認する観点等から、申請の主体となるべき設置者や、校長、主任教員等の日本語教育機関の職員が対応することとされている。

事前相談で回答や助言ができる内容は、認定等に係る必要書類の確認や形式的な記載事項の充足状況、手続き方法、認定基準等の一般的な解釈に関することのみとなり、例えば、専門性を有する委員により判断されるべき事項については、回答や助言は行われない。

(2)　書面審査・面接審査・実地審査
　申請受付後、日本語教育部会に付託するまでの間に、文部科学省において書面の確認と、必要に応じて実地審査が行われる。面接審査では、委員2～3名が1組になって行う一次審査と、審査会全体で行う二次審査との2回の書面審査が行われる。

(3)　最終判定
　審査会による審査の結果を踏まえ、日本語教育部会において最終的な書面審査が行われ、認定等について「可」、「不可」または「継続審査」の意見を取りまとめられる。それを文部科学大臣に対して意見として述べ、文部科学大臣はこれを踏まえて判断を行う。

(4)　継続審査と不可
　「継続審査」の判定は、判定等を「可」とすべき要件が完全に具備されていないものの、短期間にこれを是正することが可能と期待されると判断された場合に行われる。「継続審査」の判定となった申請については、申請者が希望する場合、次回の認定等の申請受付期限にかかわらず、当該申請受付期限までに申請があったものとして審査をする。この場合は、2回目の審査で再び「継続審査」になることはない。
　審査は年2回行われるが、認定等を「不可」とする判定を受けた場合、当該審査の次の審査のための前相談・申請の期限には間に合わないため、再度の申請を希望する場合、次々回以降での申請に向けた準備をすることとなる。

(5) 審査結果の公表

審査の結果は、「可」及び「不可」の判定を受けたものについて、申請者の氏名（法人はその名称）と日本語教育機関の名称及び所在地とともに文部科学省ホームページに公表される。

(6) 取り下げ

審査の途中で、設置者の判断により申請や相談の取り下げができる。この場合には、取り下げられた時点で審査は中止し、判定は行われず、認定結果「不可」として、文部科学省のホームページに公表されることもない。

取り下げの時期が、次回の事前相談受付の締め切り前であれば、すぐ直後の申請期間に申請に進むことは可能である。ただし、取り下げ後に申請内容を精査確認する必要があるため、一定の時間を要することが想定されるため、すぐ直後の申請に応募することは実際的には容易なことではないと考えられる。

以上、施行された法律と、文化庁及び文部科学省から示されている各資料に基づいてまとめを試みたが、制度が落ち着くまでは頻繁に内容の更新が行われるものと思われる。現在、文部科学省のホームページにすべての資料が集約されているのでその都度の確認が必要である（「文部科学省 日本語教育」で検索すると上位に表示される）。また、日本語を学びたい人、日本語教育機関（日本語学校）を探したい人、国家資格をもった日本語教員を目指したい人をはじめとした、すべての日本語教育関係者のための情報掲載サイト、「日本語教育機関認定法ポータル」（文部科学省）も開設された。ぜひ、内容の確認をしてほしい。

参考資料
・「日本語教育の適正かつ確実な実施を図るための日本語教育機関の認定等に関する法律」
・「日本語教育の適正かつ確実な実施を図るための日本語教育機関の認定等に関する法

律施行規則」
・「認定日本語教育機関認定基準」
・「認定日本語教育機関の認定申請等の手引き」
・「登録実践研修機関及び登録日本語教員養成機関の登録申請等の手引き」
・「登録日本語教員の登録申請の手引き」
・「日本語教育機関認定法　よくある質問集」
・「認定日本語教育機関の認定等に当たり確認すべき事項」
・「認定日本語教育機関日本語教育課程編成のための指針」
・「日本語教育の参照枠（報告）」
・「登録実践研修機関及び登録日本語教員養成機関の登録申請等の手引き」
・「登録実践研修機関研修事務規定策定基準」
・「登録日本語教員養成機関養成業務規定策定基準」
・「登録実践研修機関の登録、研修事務規定の許可等、登録日本語教員養成機関の登録
　　及び養成事務規定の届出等に当たり確認すべき事項」
・「令和4年度大学等日本語教師養成課程及び文化庁届出受理日本語教師養成研修機関
　　実態調査報告書」
・「登録日本語教員の登録申請の手引き」

第 9 章

「日本語教育機関認定法」等での大学等の日本語教員養成の流れと日本語教育能力を判定する試験について

田尻英三

1　日本語教員の資格の検討過程

　登録日本語教員という資格が生まれるまでの検討過程を見ておく。この検討過程の流れは、以下で示す文部科学省の資料に田尻が必要と考える資料を加えて示す。

　以下に示すように、日本語教師の資格と日本語教育機関の認定についてはすでに4年以上前から検討が進んできているが、その間日本語教育関係者からの反応は公的にはほとんど出ていないままで事態が進んでいることに田尻は強い危機感を持っている。

　なお、会議によって使われている「指定」・「登録」・「公認」等の語が少しずつ修正されて使われているので、注意していただきたい。

(1)　「日本語教育人材の養成・研修の在り方について（報告）改定版」

　2019年3月4日第70回の文化庁文化審議会国語分科会において、上記の報告書が取りまとめられた。これには、日本語教師を「養成」・「初任」・「中堅」に分け、日本語教育コーディネーターや日本語学習支援者も位置付けられた。日本語教師の初任者の対象者として、「生活者としての外国人」・「留学生」・「児童生徒等」・「就労者」・「難民等」・「海外」が示された。また、日本語教師養成課程に求められる「必須の教育内容」50項目が取りまとめられ、大学等や文化庁届出受理機関等で利用された。

(2) 「日本語教育の推進に関する法律」が成立

2019年6月21日に国会で成立した法律に国内の日本語教師の資格の整備が盛り込まれた。

(3) 「日本語教師の資格の在り方について（報告）」

2020年3月10日の第73回文化審議会国語分科会で取りまとめられた資料で、日本語教育小委員会の「日本語教育能力に判定に関するワーキンググループ」で検討されたものである。

ここでは、「資格取得要件」として、「必須の教育内容」に基づいた知識の有無を測定する日本語教育能力を判定する試験の合格、教育実習の履修、学士を挙げている。その試験の内容は、「必須の教育内容」に基づくとしている。現在の「登録日本語教員」は、この資料では「公認日本語教師」となっている。

(4) 「令和2年度日本語教師の資格創設に係る状況調査」

上記の報告に基づき、2020年10月27日～12月19日にアンケート調査により、文化庁で検討を進めている日本語教師の資格整備に関する基礎情報を集めたものである。後で述べる2023年の調査に比べると調査項目は少ないが、興味深い結果が出ている。

例えば、直近1年間の大学の卒業生で法務省告示校やその他の日本語教育機関で日本語教師をしているのはわずかに5.6％しかいない、大学や日本語教育機関で働いている非常勤講師は常勤講師の3倍いるという点などである。

(5) 「日本語教師の資格に関する調査研究協力者会議」

田尻も参加したこの会議は(3)の報告を受けて、2020年4月に会議の告知が出て、同年7月9日に第1回が開かれてから2021年7月29日までの間計9回の会議で「日本語教育の推進のための仕組みについて（報告）～日本語教師の資格及び日本語教育機関評価制度～」という報告を出している。

この報告は、これ以降の日本語教員の資格と日本語教育機関の認定に関わ

る重要な事項を含んでいるので、その内容を詳しく扱う。

この会議は、「趣旨」にあるように、日本語教師の資格制度を整えることと、日本語教育機関の範囲や評価制度を扱う会議である。以下は、この報告からの要点抜粋である。

〇日本語教師の資格について

公認日本語教師の資格取得要件は、日本語教育能力を判定する試験の合格と教育実習を履修・修了することである。試験は、日本語教育の実践につながる基礎的な知識を測定し、出題範囲の区分ごとの設問である試験①と、現場対応能力につながる基礎的な問題解決能力を測定し、出題範囲が複数の区分にまたがる横断的な設問である試験②とから成る。試験の実施者は、文部科学大臣又は文部科学大臣が指定する法人であり、受験要件はなく、年1回以上の筆記試験を全国で行う。文部科学大臣に代わって試験業務を行う指定試験実施機関と登録日本語教員の登録を行う指定登録機関を決める。

〇教育実習について

原則対面で、オリエンテーション、授業見学、授業準備、模擬授業、教壇実習、実習全体の振り返りを必須とする。教壇実習は、5人以上の日本語学習者に対するクラス指導で、実習生1人につき2コマ以上実施する。教壇実習指導者の数は、実習生20人に1人以上とする。

〇指定日本語教師養成機関について

文部科学大臣が、大学や日本語教育機関で日本語教師養成を行っているものを指定することになった。そこでは、「必須の教育内容」50項目を履修・修了することが必要となっている。指定日本語教師養成機関審査項目も挙げられている。

〇試験の一部免除について

公認日本語教師を目指す者は、試験の受験合格と教育実習の履修修了が必要であるが、文部科学大臣が指定した指定日本語教師養成機関の課程修了者は、筆記試験①と教育実習を免除できる。

〇更新講習について

「日本語教師の資格の在り方について（報告）」では、一定時間以上の更新講習の受講・修了を求めていたが、予算事業等を通じて研修環境の充実強化

に努めることを必要とした。田尻は、現職教員免許の更新研修が中止になった流れと軌を一にしていると考えている。

○学士以上の学位について

「日本語教師の資格の在り方（報告）」においては学士以上の学位の所得が必要とされたが、内閣提出法として成立した類似の名称独占国家資格において学士以上の学位を取得要件にしている例がないことや、試験等を通じて一定の知識技能を有していることを確認していることなどから、学士以上の学位を資格取得要件とはしない。この点は、田尻が会議の中で全ての名称独占の国家資格を調べて、学士要件がないことと資格試験合格が必須であることを指摘した。

○現職日本語教師等の資格取得方法について

質が担保されている機関で一定年数以上働く者等、教育現場における実践的な資質能力が担保されている者については、教育実習の免除などの配慮を検討する。この件は、一定の要件を満たす現職日本語教員等を対象とする「登録日本語教員の資格取得に係る「経過措置」で対応している。

○日本語教育機関の水準の維持向上を図る仕組みについて

専ら日本語教育を行う機関を「日本語教育機関」とする。別科等の機関については、段階的に検討する。日本語教育機関の類型は、「留学」・「就労」・「生活」の3類型とする、「就学」等その他の類型の必要性については、今後検討する。この「就学」は、現在の資料では「児童生徒等」として、扱われている、

日本語教育機関の評価制度は、「機関」単位の認定とする。評価制度の主な審査項目を挙げている。「就労」・「生活」の審査項目の検討の際には、厚生労働省や法務省等関係省庁と連携して検討する。日本語教育機関の評価は、文部科学大臣又は文部科学大臣の指定を受けた第三者機関が実施する。

日本語教育機関に対する日本語教育の質の維持向上のための支援を行う。

(6) 「日本語教育の質の維持向上の仕組みに関する有識者会議」

田尻も参加したこの会議は、2022年5月に始まり2023年1月までの計8回開かれた。この会議でまとめられた「日本語教育の質の維持向上の仕組み

について(報告)」(以下、「仕組みについての報告」と略称する)は、2023年6月2日に公布され2024年4月1日に施行された「日本語教育機関認定法」の詳しい実施内容を検討した会議であった。したがって、「日本語教育機関認定法」について言及する場合には、まずこの「仕組みについての報告」を参照すべきものとなっている。

◎「仕組みについての報告」の重要な点
　この報告の最初に「制度創設の背景・経緯」が書かれていて、この「日本語教育機関認定法」を理解するためには重要だと考えるので、詳しく説明する。
○制度創設の背景・経緯(以下は、「仕組みについての報告」を引用する)
- 近年、我が国に在留する外国人の数は急激に増加しており(令和4年6月末で約296万人)、これに伴い日本語学習者及び日本語教育機関も増加し続けている(令和元年で学習者は約28万人、機関は約2,500)。留学生の増加とともに、「出入国管理及び難民認定法」(以下「入管法」という。)改正による在留資格の整備(平成2年)、技能実習制度の創設(平成29年)や特定技能制度の創設(平成31年)等による外国人労働者やビジネス関係の外国人等の増加に伴い、日本語学習者の増加のみならず、日本語学習のニーズの多様化が進んでいる。コロナ禍において一時的に学習者数の減少はみられるが、今後も在留外国人数とともに、日本語学習者数は拡大する見込みである。
- そうした外国人の中には、我が国において生活するために必要な日本語能力が十分でない者も多く存在し、日常生活、社会生活を円滑に営むことができないため、社会的に疎外されているとの指摘もある。コロナ後のグローバル化社会において、多様な人材を育成・確保するとともに、外国人を我が国の社会に包摂し、共生社会を実現する観点から、我が国において生活するために必要な日本語能力を身に付けられる環境の整備が必要となっている。
- 日本語教育機関も急速に増加し、留学生、就労者、高度人材、生活者、外国人等の子供、難民・避難民等などのニーズを踏まえた特色ある教

育活動も見られる一方で、国内の日本語教育機関における日本語教育の質に関する共通の指標が存在せず、学習者、外国人を雇用する企業や経済団体、生活者として受入れている地方公共団体等では、日本語教育の水準を確認することが困難な状況が指摘されている。また、学習者数の増加に伴い、日本語教育の担い手、特に日本語教育に関する知識及び技能等の専門性を有する人材の養成・確保が重要な課題となっている。

・このような中で、今後の留学生や外国人労働者の増加を見据えて、日本語教育の機会及び必要な日本語教育の環境整備を質・量の両面から充実していくことが不可欠となっている。

　この引用から分かるように、まずは在留外国人の増加とそれに伴う環境整備の必要性があり、それに伴い日本国内での日本語教育の質に関する共通の指標が存在していないので、地方公共団体等では日本語教育の水準を確認することが困難だという現状があるのである。また、日本語教育に関わる専門性を持った人材の養成・確保も重要な話題となっている。今後の留学生や外国人労働者の増加を見据えて、日本語教育の機会を保障することと、必要な日本語教育の環境整備が不可欠であるということが、今回の制度創設の背景であると書かれている。つまり、日本語教育の質の維持向上は変化する日本社会の現状にとって必要であるということであり、従来日本語教育の業界の悲願であったが、今回は日本語教育関係者の中からこの制度創設が直接言い出されてきたのではないということを述べている。文化庁は、この制度創設のために約4年にわたり有識者による会議を重ねてきて、原案を作ってきた。文化庁の会議は決して性急に結論を出した訳ではないのである。「日本語教育機関認定法」が2024年4月1日に施行されるのに合わせて、文化庁の会議で委員が集まり真剣に討議したことを関係者の一人として強調しておく。

○日本語教育機関の認定制度
　これについては、第8章に書かれているので、ここでは省略する。

○日本語教員の国家資格

　これについては、以下に、大学等での 25 単位の登録日本語教員養成課程や、登録日本語教員養成機関での 375 時間と登録実践研修期間での 45 時間の登録日本語教員制度について説明しているので、ここでは省略する。なお、「仕組みについての報告」では「指定日本語教師養成機関」という語を使っているが、現時点では「登録日本語教員養成機関」という語を使っている。

○新たな制度に必要な基盤整備等

　認定に関する申請については、「仕組みについての報告」ではサイト上の電子申請を可能とするとなっているが、現在は登録実践研修機関・登録日本語教員養成機関としての登録申請は「日本語教育機関認定法ポータル」で行うことになっている。今後は最新の情報が文部科学省のサイトに掲載されるので、その都度細かなチェックが必要である。

○巻末参考資料

　2023 年 1 月時点での日本語学習者、日本語教育機関、日本語教師、日本語教育に係る各種提言などの重要な資料が付されているので、参照してほしい。

(7)　登録実践研修機関及び日本語教員養成機関の登録の手続き等の検討に関するワーキンググループ

　このワーキンググループは、2023 年 5 月の「日本語教育機関認定法」の成立によりまとめられた上記「仕組みについての報告」を受けて、2023 年 6 月 26 日から同年 11 月 2 日まで計 5 回開かれた。

　このワーキンググループの目的は、第 1 回の「資料 2　登録実践研修機関及び登録日本語教員養成機関の登録手続き等の検討に関するワーキンググループの進め方」に出ている。それによれば、目的は登録手続き等に関する省令等に関する検討と、登録日本語教員養成のコアカリキュラム（仮称）の検討である。当初 4 回の予定であったが、5 回開かれることになった。第 3 回に重要な資料が参考資料として加えられたが、なぜかその資料を扱うことなく、第 4 回では検討の方向が変わった。第 5 回では本来の方向に戻された。

この間の検討の「揺れ」が、『日本語教育』187号の論文に表れていると田尻は考える。この論文については、第14章で扱う。

○コアカリキュラム

コアカリキュラム検討の過程で、ワーキンググループの検討の進め方に問題があった。この件は、ウェブマガジン「未草」第45回で詳しく扱っているので、ぜひ参照してほしい。

当初のコアカリキュラム案は、コアカリキュラムを中心に据えた実践研修・養成課程を実施することで日本語教師の質の向上を目指すこととなっている。そのうえで各自の教育機関が独自に内容を設定できると書かれていたが、第4回の資料では、コアカリキュラムは「必要最低限の項目を示したものであり、これら以外にも各教育機関が独自に学習内容を設定することができる。各教育機関がコアカリキュラムを土台として発展的に教育内容を計画・実施することが望ましい」と書かれている。これでは、必須の教育内容を重視することなく、各教育機関が独自にカリキュラムを組むことが望ましいという意味に理解されることになる。第4回の会議でも、大学は自由にカリキュラムを組むことができるという意見まで出ていた。ちなみに、議事録ではそのような意見は修正されていて、公開の資料には出てこない。このような議事録は、意見の詳細を書いた議事録を公開前に委員に修正点がないか尋ねるのは普通である。おそらく、この段階で委員から修正意見が出ていたものと考えられる。現在公開されている議事録では、当日の議論の方向性は理解できないものとなっている。それに対して、第5回の資料では、「この教育内容（田尻注：必須の教育内容のこと）は登録日本語教員の養成で取り扱うべき必要最低限の項目を示したものであり、必ず授業で取り扱うことが求められる。なお、必須の教育内容を取り扱った上であれば、登録教育機関が独自に学習内容を追加することができる」と当初の案に戻った。「各教育機関は…望ましい」は、削除された。第5回の議論を田尻も視聴したが、第4回で盛んに独自のカリキュラムを使ってもよいと発言していた委員は全く意見を言わなかった。このようにして、必須の教育内容が「資料3　必須の教育内容50項目に対応した日本語教員養成課程の確認のための審査要項（案）」と「資料4　平成12年報告に対応した日本語教員養成課程のための

審査要項(案)」の確認事項の資料として扱われることになった。

　念のために説明すれば、2000年に文化庁が公表した「日本語教育のための教員養成について」では、主専攻・副専攻の区別を無くし、各大学の日本語教師養成カリキュラムは独自性を出してよいという方向を出したが、その結果各大学間でのカリキュラム上の差異が大きくなり問題化していた。その実態を調査した報告書が第3回の会議から出されているが、会議ではその資料を検討していない。もし、この調査報告書の内容を検討したならば、会議の進め方も大きく違っていた可能性がある。

○経過措置に伴う確認作業

　文化庁のサイトに「登録日本語教員の資格取得に係る日本語教員養成課程等の確認について」(以下、「資格確認」と略称)がある。そこには、「登録日本語教員の資格取得に係る経過措置」が書かれているが、その中に「登録日本語教員の資格取得に係る経過措置」の資料がある。この資料は、ワーキンググループの資料では「(案)」となっている資料である。以下では、最終的に決められた資料を使うために「資格確認」の資料を使うことにする。この経過措置が現職教員にとって大事な資料であり、いくつかの会議の中では修正が加えられているので、『取り組み』の読者は古い資料を使わないように注意していただきたい。

○経過措置でコースが分かれている理由

　まず「必須の50項目」(田尻注：「必須の教育内容50項目」のこと)に対応しているかどうかでコースが分けられている。「必須の50項目」は、2019年の「日本語教育人材の養成・研修の在り方について」に出ている。それ以前は、2000年の「日本語教育のための教員養成について」に書かれている項目によって構成された養成課程等である。日本語教育能力検定試験は2003年から「必須の50項目」に対応しているので、その年の前後でコースが表れている。

　大学等の養成課程や専門学校等の養成研修の修了生がチェックしなければいけないのは、自分の修了した課程が「必須の50項目」等に対応しているかどうかの確認である。従来、大学等や専門学校等は文化庁に届出をして受理されただけであったが、今回の制度創設に伴いそれらの課程が「必須の

50項目」に対応しているかどうかの「確認」が行われた。その「確認結果」は、以下のサイトで見ることができる。

「登録日本語教員の資格取得に係る経過措置における日本語教員養成課程等の確認について」https://www.bunka.go.jp/seisaku/kokugo_nihongo/kyoiku/93964001.html

なお、この「確認」は追加の応募が認められたので、最終的な結果は2024年7月31日に公表された（http://www.bunka.go.jp/seisaku/kokugo_nihongo/kyoiku/pdf/94113901_01.pdf）。ここで「確認」されなかった課程の現職者は、基礎試験と応用試験の2つを受験しなければならなくなるのである。

○コースの説明

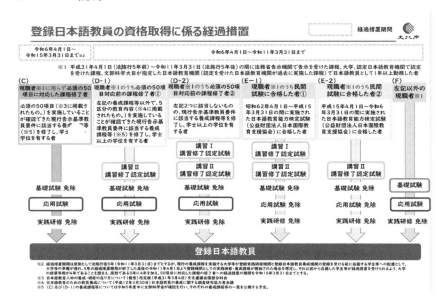

現職者ではなくて「必須の50項目」に対応した課程修了者はCコースで、その他のコースは全て現職者についての措置である。
・「必須の50項目」に対応した課程修了者（Cコース）で学士以上の学位を有する者は、基礎試験と実践研修は免除されるが、応用試験は受験し合格し

なければならない。
・「必須の50項目」対応以前の課程修了者（D−1コース）で、2000年の教育内容を実施していると確認されていて、学士以上の学位を有する者は、講習Ⅱを修了し、その講習の修了認定試験に合格すれば、基礎試験と実践研修は免除されるが、応用試験を受験し合格しなければならない。
・「必須の50項目」対応以前の課程修了者（D−2コース）で、現行の法務省告示基準での教師要件に該当する養成課程を修了していて、学士以上の学位を有する者は、講習Ⅰ・Ⅱを修了し、その講習の修了認定試験に合格すれば、基礎試験と実践研修は免除されるが、応用試験を受験し合格しなければならない。
・1987年度から2002年度までの日本語教育能力検定試験に合格した者（E−1コース）は、講習Ⅰ・Ⅱを修了し、その講習の修了認定試験に合格すれば、基礎試験・応用試験・実践研修が免除される。
・2003年度から2023年度までの日本語教育能力検定試験に合格した者（E−2コース）は、講習Ⅱを修了し、その講習の修了認定試験に合格すれば、基礎試験・応用試験・実践研修が免除される。
・上記以外の者（Fコース）は、実践研修は免除されるが、基礎試験と応用試験を合格しなければならない。

　つまり、現職者にとって自分が履修した課程がいつか、その課程が文化庁で確認されたか、また日本語教育能力検定試験をいつ受けたかが、登録日本語教員になるための負担の大きさに関係してくるのである。大学等の日本語教師養成課程を履修したが、日本語教育能力検定試験に合格していない人は、必ず自分の卒業した大学等が資格を確認されているかどうか確かめてほしい。なお、現職者とは文部科学省の「日本語教育」のサイトにある「日本語教育機関認定法　よくある質問集」の「Q235」の回答では、「平成31年4月1日から令和11年3月31日までの間に、以下のいずれかにおいて1年以上日本語教育課程を担当した場合」とあります。その対象機関は、「法務省告示機関で告示を受けた課程、国内の大学、認定日本語教育機関で認定を受けた課程、文部科学大臣が指定した日本語教育機関（認定を受けた日本語

<u>教育機関が過去に実施した課程)」である。</u>
○日本語教員養成課程確認のための審査要項
　このワーキンググループでは、養成課程が必須の教育内容に対応しているかの確認(「資料3」)と、2000年報告に対応しているかの確認(「資料4」)も検討されたことになっているが、会議では過去の資料が不明な場合の検討に時間をかけていて、審査要項の内容についての検討は行われなかった。以下に、その要件を説明する。
○必須の教育内容50項目に対応した養成課程の要件等
① 文化審議会国語分科会で2019年3月4日に取りまとめた「(報告)改訂版」にある「日本語教師【養成】における教育内容」を全て含むもの
② 2019年3月4日以降に実施されたもの
③ 大学等の養成課程は26単位以上、専門学校等の養成研修は420時間以上のもの
④ 大学等の養成課程は1単位以上、専門学校等の養成研修は45単位時間以上の教育実習を含むもの
⑤ 大学等の養成課程は6単位以上、専門学校等の養成研修は120単位時間以上の面接による授業又はメディア(同時双方向)を利用して行う授業等を含むもの
○2000年報告に対応した養成課程の要件等
① 文化審議会国語分科会が2000年報告で示した5区分にわたり科目が設定されたもの
② 2000年3月30日以降に実施されたもの
③ 大学等の養成課程は26単位以上、専門学校等の養成研修は420単位時間以上のもの
　以上の要件等が満たされない場合はその課程や研修は「確認」できないこととなり、経過措置では考慮されないものとなる。上記の要件等を満たしていないとされた課程や研修の過去の修了生は登録日本語教員になる場合に不利を被る可能性があることを、現在課程や研修を担当している者は理解しておく必要がある。
　<u>この「確認」の最終結果は2024年の7月31日に公表されたので、現職</u>

の日本語教員は必ずチェックしておいてほしい。

　この点に関しては、2024年3月18日の文部科学省中央教育審議会生涯学習分科会日本語教育部会の「参考資料5　日本語教育機関認定法について」の「2.　日本語教育機関認定法に関する日本語教育小委員会等での検討状況について」の「日本語教育機関認定法の省令等に関する議論の経過」に検討過程の一部がまとめられている。

　「日本語教育部会に関するこれまでの検討状況等について」https://www.mext.go.jp/content/20240312-ope_dev03-000034581-16.pdf

(8)　日本語教育小委員会

　2023年5月31日の第118回日本語教育小委員会（第23期）で3つのワーキンググループが設置が承認され、その後の小委員会ではワーキンググループの報告や他の関連会議の報告を了承することが主とした議題になっている。

　2024年2月22日の第124回の日本語教育小委員会でこの委員会は、閉会となった。この日本語教育小委員会の日本語教育施策形成の流れについては、今後の研究に期待する。

2　大学等での日本語教員養成課程での資格取得

　上に述べた過程を経て、大学等での日本語教員養成課程で修了した学習者に対しての日本語教員としての登録の仕組みが成立した。以下に、要点を列挙する。なお、大学等と言っているのは、短期大学を含むからである。

(1)　現在大学等で日本語教員養成課程を受講している人やこれから大学等で日本語教員養成課程を受講しようと思っている人

　新たに日本語教員になろうとする人のための文部科学省のサイトがある。

　「登録日本語教員の登録等について（新たに日本語教員になろうとする方（現職者以外の方）向け）」https://www.mext.go.jp/content/20240524-mxt_

nihongo02-000034832_1.pdf
○登録日本語教員資格の必要性

　外国人の日本語学習者を受け入れる際に在留資格「留学」で受け入れられるのは認定日本語教育機関だけであり、その認定日本語教育機関で認定された日本語教育課程（の授業科目）を担当するためには登録日本語教員の資格が必要である。したがって、個人的に日本語を教えるのには、この資格がなくてもかまわない。これが、国家資格における名称独占という意味である。

　登録日本語教員の資格を取るために、年齢・学歴・国籍等の条件はなく、有効期限もない（一時期免許更新の時期の話もあったが、現在はなくなっている）。

　登録日本語教員になった場合には、希望すれば文部科学省のポータルサイトにおいて氏名や研修受講履歴等の情報が掲載される。

○登録日本語教員資格取得の仕組み

　2024年度以降大学等の日本語教員養成課程が「必須の教育内容」50項目を満たしているかどうか等の第1回目の登録申請の結果は登録実践研修機関と共に、2024年11月29日に公表された。詳しい内容はウェブマガジン「未草」の第56回に書いてある。今後はどの大学等でも自分の大学等に日本語教員養成課程があるとは言えないことになる。2024年6月時点で各大学の日本語教員養成課程において、その点を説明している大学はわずかである。

　大学等での日本語教員養成課程が文部科学省に登録され、その課程を修了すれば、日本語教員試験の基礎試験免除の資格が取得できる。その場合でも、日本語教員試験の応用試験の合格と登録実践研修機関での実践研修の修了が必要である。

　大学等での日本語教員養成課程では、「必須の教育内容」50項目を含んだ25単位以上の取得が必要であり、さらに登録実践研修機関における実践研修1単位取得も必要である。

(2)　2024年3月末までに大学等で日本語教員養成課程を修了した人

　2024年3月末までに大学等で日本語教員養成課程を修了した人は、自分の修了した課程が文部科学省で確認されているかどうかをチェックする必要

がある。この件については、以下のサイトに詳しく出ている。

「日本語教育機関の告示基準第1条第1項第13号に定める教員の要件にかかる日本語教師養成課程及び研修について」https://www.bunka.go.jp/seisaku/kokugo_nihongo/kyoiku/kyoin_kenshu/92159401.html

　大学等は、「大学等に置かれる課程であるから」という理由で法務省告示基準上教員要件を満たすとされていて、「日本語教育機関の告示基準第1条第1項第13号に定める教員の要件」（法務省告示校において日本語教員になれる要件のこと）を満たしているように説明していた。しかし、登録日本語教員の資格取得にあたって経過措置の適用を受けられるかどうかは、「登録日本語教員の資格取得に係る日本語教員養成課程等の確認」を経なければならないことになった。2024年6月時点で公表された資料を見ると、日本語教員養成課程設立時の資料が見つからないなどの理由により、ある年度以降の分しか「確認」されていない大学もかなりの数に上っている。この「確認」ができない場合は、現職の日本語教員が登録日本語教員になるための経過措置での大きな不利益を被ることになる。現職日本語教員はこの結果を必ずチェックして、場合によっては卒業した大学等への問い合わせも必要となるであろう。

　なお、この「確認」の一覧表には、「ここで掲載されていることが（中略）登録日本語教員養成機関としての適切性を示すものではありません」という但し書きがある。新しく始まる日本語教員機関の登録は、法令等に定める要件に基づいて登録の審査が行われるということを示していると考えている。

3　日本語教育能力を判定する試験

　この試験は、「日本語教員試験」という名称になっている。この試験に関しては、以下のURLに詳しい。

「日本語教員試験に関すること」https://www.mext.go.jp/a_menu/nihongo_kyoiku/mext_00004.html

　ここには、この試験の実施要項・出題内容・サンプル問題が示されている。出願期間は2024年8月上旬〜9月上旬の予定で、試験日は11月17日

となっている。この試験日は、日本語教育学会秋季大会の二日目と重なっている。試験会場は全国8か所である。

<u>大事なことは、試験の免除対象者であっても、試験に出願し、免除資格の確認を経て、合格証書を入手しなければ登録日本語教員にはなれないということである。この点には、十分注意してほしい。</u>

この試験の出題範囲は、「必須の教育内容」で示された範囲である。サンプル問題と解答も示されている。応用試験の一部は聴解問題で、「より実際の教育実践に即した問題を出題し、問題解決能力や現場対応能力等を測定する」と書かれている。

2024年度日本語教員試験実施結果が12月20日に公表された。
https://www.mext.go.jp/b_menu/houdou/2024/mext_01464.html
受験者は17,655人、合格者11,051人で合格率は62.6%であった。

この『取り組み』は日本語教員試験の対策本ではないので、ここではこれ以上試験内容については取り扱わない。

なお、公益財団法人日本国際教育支援協会が行う日本語教育能力検定試験は、2024年度も10月27日に行う予定であると発表している。この試験は国家資格取得とは関係のない試験であるので、今後どのように継続されていくかは分からない。結果の概要は12月に公表されていて、応募者4,196人、合格者1,045人となって大幅に減となった。

4　日本語教員養成課程と日本語教員養成研修機関の実態調査

「令和4年度文化庁委託事業」として、2023年3月に株式会社文化科学研究所が行った「令和4年度大学等日本語教師養成課程及び文化庁届出受理日本語教師養成研修実施機関実態調査研究　報告書」は、大学や日本語教育機関で行われている日本語教員養成についての全国規模で行われたものとしては唯一のものである。ここで示された実態は、当然施策を作るときの参考にされるだけでなく、現在まで曖昧なイメージしかなかった日本語教員と所属している日本語教育機関の実態が明らかにされたものとして貴重なものであるので、重要な点だけ記しておく。この資料のURLは、以下のとおり。

https://www.bunka.go.jp/seisaku/bunkashingikai/kokugo/nihongo/nihongo_121/pdf/93944701_18.pdf

　調査対象は、大学・短期大学(「大学等」と略称)210校と文化庁届出受理機関(「機関」と略称)173校である。回収数は、大学・短期大学185校(88.1％)、届出受理機関70校(40.5％)である。「機関」の回収数が少ないのは、従来公開されていない項目についての調査であったことも関係しているかもしれない。

○設置年度

　約5割が、2011年以降に設置されている。特に、「機関」は77.4％が2011年から2021年までに設置されていて、この時期に設置が集中しているのが分かる。

○定員・2022年11月1日現在の学生数・修了者数

　「大学等」では74.3％が、「機関」では41.7％が定員の定めなしとなっていて、受講生もいずれも20人以下が多い。「大学等」では受け入れ定員は広く設定しているが実際に受講している学生は少ないし、「機関」でも小規模のクラスとなっている。修了者数も同様にいずれも20人以下が多く、全体では72.9％となっている。小規模で運営されていたことが分かる。

○修了後の進路

　全体で見ると一般企業が39.8％と最も多く、日本語教師は18.3％である。しかし、「大学等」の修了生で国内の日本語教師になったのは、わずかに1.7％しかない。「大学等」の修了生は6割近くが一般企業に就職し、国内外で日本語教師になったものの総計は4.5％に過ぎない。「機関」の修了生の42.5％が日本語教師になったのとは対照的である。<u>「大学等」では、課程を修了してもただちに日本語教師に就く者の割合が極めて低いことが分かる。</u>

○主たる担当教員の外国人に対する日本語教育経験の有無

　主たる担当教育の外国人に対する日本語教育の経験の有無を聞いた調査では、「大学等」の45.9％が経験無しで、無回答も5.0％ある。これは、驚くべき数字であると田尻は考える。大学等で日本語教師養成課程を主として担当している教員の半数近くが、外国人に日本語を教えた経験がないまま日本語教師養成を行っているのである。アンケートの回収率を考えても、これは

全国の大学等での日本語教師養成課程の実態を表していると考えられる。
　担当教員の半数近くが日本語教育に未経験で、修了生の 4.5％しか日本語教師になっていないのが、大学等における日本語教師養成課程の実態であり、それを大学等で日本語教育に携わっている人たちはどう考えているのであろうか。
○情報公開・広報
　「機関」は、当然のことながら講座の情報は独自のページで公開している。「大学等」は、大学等のホームページの該当する学科等で 65.4％が公開しているが、25.4％が公開していないと答えている。これでは高校の大学への進学指導の時に、担当教員に情報が十分に伝わらないことになっている。そのため、大学進学時に日本語教師になることを断念している学生があるのではないかと危惧している。「大学等」は、新たに日本語教員養成機関として登録された場合は、積極的に広報活動を行ってほしい。18 歳人口の減少を考えると、次の世代の日本語教員が育っていかなくなる可能性が高い。
○教育実習
　かなりの項目が教育実習に割かれているが、実際の実習の実施形態は多岐に分かれているので、ここでは扱わない。
○主たる担当教員の処遇
　常勤教員の処遇では、「機関」は 300 万円～ 400 万円と、400 万円～ 500 万円が同数の 28.6％である。「大学等」では、何と 61.8％が無回答である。
　非常勤教員の年収は、「機関」では 100 万円未満が 73.7％、「大学等」でも 100 万円未満が 30.3％で、無回答が 63.8％もある。このような現状のままでは、日本語教員の次の世代は育ってこない。

第 10 章

認定日本語教育機関制度と就労者に対する日本語教育
―技能実習・特定技能・育成就労に着目して―

杉山充

1　はじめに

　就労者に対する日本語教育は大きな転換期を迎えている。2024 年 4 月 1 日から開始された「日本語教育機関認定法」による認定日本語教育機関の制度では、留学、就労、生活の 3 つの分野別に日本語教育機関を認定することとされ、就労分野も国の認定対象に含まれることになった。同時に、日本語教師の国家資格である登録日本語教員という制度も始まった。専ら就労者を対象に日本語教育を提供してきた機関や日本語教師は、日本語教育事業運営に際し行政機関から許認可を得るような機会も少なかったはずである。そのため、自機関が認定を受けるべきか、自分が登録日本語教員になるべきかという「そもそも論」から検討せねばならず、不安や疑問に苛まれているのではないか。
　本章では、認定日本語教育機関(以下、認定機関と略称)および登録日本語教員(以下、登録教員と略称)という新しい制度について就労分野との関連に絞って入門的な事柄を説明していく。さらに、就労者の中でも益々存在感が増している技能実習生および特定技能人材、そして新たに創設される育成就労について、日本語教育の観点から制度的な問題について、そして認定機関や登録教員がどう活用され問題の解決にどう関わってくるのかについて、筆者が考える課題や今後の見通しも含め論じていく。
　なお、2024 年 4 月より文化庁の日本語教育事業は文部科学省に移管され

たため、過去の文化庁事業についても文部科学省事業として記述する。

2 就労分野の認定機関制度と登録教員制度について

第2節では、認定機関制度について就労分野に焦点を当て、機関の認定を受けるとどのようなメリットがあるのか等、極めて基礎的な疑問へ回答する形式で解説する。記載内容は、本章執筆時点（2024年5月31日）に文部科学省および文化庁より公開されている資料に基づく[1]。就労分野の認定機関の申請や登録教員の資格取得を検討している方々が、制度の初歩的な仕組みを理解し概略を掴んだ上で、さらに詳細な情報は文部科学省の資料を読んで理解を深めてほしい。認定機関や登録教員の設立趣旨や制度の基本設計等については、本書の第9章および文部科学省の資料にあたっていただきたい。

2.1 就労分野の認定機関とは何か

（1） 認定を受けなければ就労者に対する日本語教育ができなくなるのか

認定を受けない機関が外国人の就労者に対する日本語教育を行うことは引き続き可能である。例えるなら、日本に多く存在する英会話学校はどのような人でも受講できることと同じであると考えられる。なお、技能実習、特定技能、育成就労制度では認定機関の活用が想定されている。この点は後述する。

（2） 就労分野の認定機関はどのような教育機関を典型例として想定しているか

認定基準の総則には就労のための課程について、主として我が国において就労する者に対し、就労に必要な水準の日本語能力を習得するための教育を行うことを目的とした日本語教育課程である旨の記載がある。ここから典型例として筆者が考えるのは、企業で働く外国人従業員に対する日本語教育を主な事業とする機関、技能実習生に対する入国後講習を実施している機関、技術研修生に対し企業内研修のための導入教育としての日本語教育を提供する機関、日系人や日本人の配偶者など身分に基づく在留資格等で在留する外国人に対し就職や就労で必要な日本語能力の習得を目的とした日本語教育を

提供する機関などである。

(3) 日本語学校に入学した留学生に対し、企業への就職を目指す就職コースは就労分野の課程の対象になるか

　これは留学分野の教育課程に含まれ、就労分野の課程の対象としては想定されていないと考えられる。「認定日本語教育機関日本語教育課程編成のための指針」には留学分野の教育課程編成の考え方について、「留学分野においては、大学や専門学校等の高等教育機関（以下「大学等」という。）で教育を受けるための日本語能力を身に付けたり、<u>我が国での就労を希望するのに必要となる日本語能力を身に付けたり</u>、（中略）多様で幅広い目的を踏まえ、学習者（生徒）の目標や進路目的に沿った教育内容を行うことを目的とする」「<u>企業への就職を目指す教育課程の場合は</u>、（中略）進路先で主に求められる日本語能力を到達目標、学習目標、学習内容に盛り込む」（日本語教育部会 2024a: 3）（下線筆者）と述べられているためである。

(4) 就労分野の機関認定を受けるメリットは何か

　就労者に対する日本語教育はどのような機関でも行うことが可能であるため、認定を受ければ競合他社と差別化を図ることができ、市場での競争力を高めることが期待できる。認定機関は、一定の質が担保されたものとして、文部科学省の情報サイトにおいて多言語で情報発信され、かつ、文部科学大臣が定める表示を受講者募集の広告等に付すことができるようになる。企業や外国人が、認定機関の情報を得られるよう、日本語教育に関わる関係省庁が連携協力し、留学生関係機関、地方公共団体の外国人総合相談や就労に係る相談・情報提供を行う関係機関、国際交流団体、事業者、経済団体、関係者に広く周知するような仕組みの構築が検討されている。つまり、一定の質が担保された教育機関として文部科学省からお墨付きを与えられ、さらに文部科学省がその機関を広報宣伝してくれると言ってよいであろう。

2.2　どのような日本語教育事業者が認定機関になれるのか

　認定を受けるには、①総則、②教員及び職員の体制、③施設及び設備、④

日本語教育課程、⑤学習上及び支援体制について細かく定められた基準を満たす必要がある。就労者に対する日本語教育は実施形態も多様であるため、いくつかのケースを例にして留意点について述べたい。

(1) 就労者向け日本語教育事業を新規に立ち上げる企業は認定機関になれるか

　新規立ち上げの場合は就労分野の認定対象にはならない。就労の課程を置く機関は、外国人を雇用する企業等と連携して教育課程を編成する等の相当の実績があることが認定の要件となるため、新規参入の場合はまずは実績作りが必要であると考えられる。

(2) フリーランス日本語教師を企業に派遣する企業は認定機関になれるか

　講師が全て機関運営に関わらない非常勤講師であり、割り振られたレッスンのみを担当するような場合は注意が必要である。認定基準では同時に授業を受ける生徒40人に1人以上（各機関の最低数2人）の本務等教員が必要である。本務等教員とは課程の編成その他機関の運営について責任を担う教員であるとされている。したがって、雇用形態に関わらず、全ての講師が指示を受けて授業を実施するのみで、教育課程の編成に一切関与しないような場合は本務等教員の要件を満たさず、機関全体の体制として不適切と判断される場合もあり得る。

　就労分野の場合は、企業に教師を派遣する形態も認められるが、その場所が認定基準の教室の要件を満たすこと、連携する他者と認定基準で定める事柄に関する協定を締結していることなどが求められる。

(3) オンラインに特化した日本語教育事業者は認定機関になれるか

　就労および生活の課程については授業時数の3/4を上限にオンラインによる遠隔授業が可能であるが、100%オンラインの課程は認定を受けられない。またオンラインであっても受講者が受講する場所に補助者を配置することが求められている。受講者が自宅等において1人で受講するような形式のオンラインレッスンは認められないと考えられる。

(4) 技能実習生の入国後講習を行う教育機関は就労分野の認定機関になれるか

認定基準の要件を満たせば当然認定を受けられるが、以下のケースは機関認定を受けるのは難しいと考えられる。

① 担当する教師が機関で1人しかいない場合

同時に授業を受ける生徒20人に1人以上、各機関の最低数3人の教員が必要であるため、認定を受けられないことになる。

② 1か月、160時間の講習を1人の教師が担当する場合

教員1人当たりの担当授業時数は週25単位以内で適切に定めると規定されるため、認定を受けられないことになる。

③ 30人や40人の大人数で日本語の授業をしているようなケース

同時に授業を行う生徒数は20人以下とされているため、認定を受けられないことになる。

2.3 認定機関ではどのようなカリキュラムが求められるのか

(1) カリキュラムには決まりがあるか

認定基準では課程という表現が使われているが、カリキュラムとほぼ同義と考えて良い。課程について重要なポイントは、主に対象とする学習者のレベルに応じて開始時点のレベルを設定した上で、日本語教育の参照枠で示している5つの言語活動、①聞く、②読む、③話す（やりとり）、④話す（発表）、⑤書く、全てにおいてB1以上の日本語能力を身につけることができる課程を1つ以上置くことである。ただし、全ての就労者がゼロからB1まで到達するカリキュラムを受講することは考えにくいため、認定を受けた課程の一部を受講すること、その場合に各言語活動の到達レベルが異なること、特定の言語活動を行わないことも可能となっている。文部科学省が認定機関に質の担保として要求しているのは、B1以上までの教育を提供できる機関だということである。

(2) モデルカリキュラムやカリキュラムのガイドラインはあるか

文部科学省では2024年度時点で「『日本語教育の参照枠』を活用した教育モデル開発・普及事業」を実施している。この事業では、生活・留学・

就労の各分野におけるレベル別のモデルカリキュラムや評価方法等が開発・公開され、カリキュラム開発を担う者を対象とした教師研修も実施されている。認定機関の課程を編成する際には、この事業の成果物を参考にしたり、教師研修の機会を活用して知見を深めたりするとよいであろう。

2.4 就労分野の日本語教育と登録日本語教員について

(1) 登録教員でなければ就労者に対する日本語教育はできないのか

認定機関の認定課程で教育をするには登録教員であることが必須である。しかし、それ以外のケースであれば誰でも日本語教育を行うことは可能である。例えば、フリーランスの日本語教師が企業からの依頼で外国人従業員に日本語教育を実施するケースなどである。

(2) 認定機関で教育をする教員は全て登録教員である必要があるか

認定機関が実施する認定課程以外の教育は、登録教員以外でも担当可能である。例えば、A社が、自社のセミナールームで実施するプログラムを認定課程として認定を受け実施しつつ、100%オンラインコースは認定外課程として運営する場合、前者は登録教員が担当することが必須であり、後者は登録教員以外でも担当可能である。

(3) 就労分野の日本語教師を対象とした公的な教師研修の機会はあるか

文部科学省では2020年度より現職日本語教師に対する教師研修事業を実施している。この事業は文化審議会国語分科会(2019)で示す日本語教育人材に求められる資質・能力の向上を図ることを目的とするものである。2024年度は、初任研修として就労分野は3団体が受託しており研修を受けられる機会も多い。ここで言う「初任」とは当該活動分野において0〜3年程度の日本語教育歴にある者とされる。国の委託事業ということもあり、受講料の負担も軽い。登録教員になった後は、国の事業として実施される現職者研修で各分野別の専門性を高めることができる、現状はそのような制度設計になっている。

(4) 就労者に対する日本語教育に従事してきた日本語教師は現職者としてみなされるか

　登録教員の資格取得にかかわる経過措置では、文部科学省の定義する現職者にあてはまれば、実践研修（教育実習）が免除され、基礎試験や応用試験が講習受講と講習修了認定試験合格で免除される5つのルートが用意されている。現職者とは、2019年4月1日～2029年3月31日の間に①告示校で告示を受けた課程、②大学、③認定機関の認定課程、④認定機関が過去に実施した課程で日本語教員として1年以上勤務したものとされる。留意すべき点として、例えば、フリーランスで企業から直接日本語教育の業務を請け負って行った教育経験は現職者としての経歴に該当しない。外国人従業員等に対する日本語教育を行う機関での経験については、当該機関が認定機関として認定を受け、認定課程での教員経験があれば③もしくは④に該当する可能性がある。海外での経験は対象外である。

　認定機関になった後は、常に質を維持・向上させるための自己点検評価の仕組みを運用することが求められる。また、文部科学省による実地視察が行われ、年1回の報告も求められる。質的に不適切と判断されれば、段階的に勧告や命令が行われ、従わなければ認定取り消しとされる。こうした点が質を担保する制度と言われる所以であろう。

3　技能実習制度や特定技能制度における日本語教育は何が問題なのか

　第3節では、現在の技能実習制度[2]・特定技能制度[3]における日本語教育について、制度面から生じる代表的な問題点を指摘する。なお、本章では技能実習制度については団体監理型を前提とし、職種や産業分野は介護以外の人材を対象にして論じることとする[4]。

問題点1　技能実習制度における入国後講習の日本語教育
　技能実習制度において、全ての技能実習生に日本語教育の機会が義務付け

られている。それが入国後講習である。入国後講習の時間は、一定の要件を満たした入国前講習を受講していれば、1年目の技能実習の予定時間の全体の12分の1以上とすることが可能である。一般的には、1か月、160時間程度の講習を受けるケースが多い。入国後講習は実施科目として①日本語、②生活一般、③法的保護講習、④技能修得に資する知識を扱うこと、法的保護講習は外部専門家が行うこと、講習は就労前に実施することなどが規定されている。

　日本語の講習については、具体的な目標水準、時間数、教師資格、カリキュラム、教材、評価方法、成果報告等については何も規定がない。国が作成したモデルカリキュラムや教育のガイドラインも存在しない。入国後講習を担当する者はだれでも良いし、どんな教材を使ってもよいし、1クラスの人数に制限も無い。こうした状況で、質の高い日本語教育が全国的に展開できているとは考えにくい。

問題点2　技能実習制度における日本語能力の扱い

　技能実習制度では、実習生の日本語能力は、育成対象として想定されていないと言える。実習生の実習計画に日本語能力の記載は求められない。現行制度では最大5年間の滞在が可能であるが、2年目への移行期、4年目の移行期に、到達すべき技能水準に応じた技能検定等の試験への合格が必須であるが、日本語能力は評価対象ではない。日本に長年滞在する技能実習生であっても「片言の日本語」しか話せない者が多いことが報道等で取り上げられることが多いが、制度的な仕組みに起因する要素もあるのではないかと考える。

問題点3　特定技能制度における技能実習ルートと日本語能力

　特定技能外国人として日本で就労するためには、試験ルートと技能実習ルートの2つの道筋がある[5]。試験ルートは、日本語の試験と技能の試験の合格が必要であり、一定水準の日本語能力が保証される。一方で、技能実習ルートでは当該外国人材の日本語能力が担保されていない。技能実習ルートでは、技能実習2号（2年目と3年目）を良好に修了したことを証明すれば同

様の産業分野における就労が可能となる。技能実習制度においては日本語能力を評価する仕組みがないため、技能実習ルートでは日本語能力が担保されず、どのような日本語能力の者であっても、特定技能外国人として就労が可能な制度となっていると考えられる。

問題点4　日本語能力の向上策

　日本語を継続的に学習し能力を向上させることは重要視されていないと言える。技能実習制度については、技能実習3号（4年目以降）の技能実習生を受け入れるには、監理団体および実習実施者の両方が優良認定を受ける必要がある。優良認定は、6つの大項目から構成される基準の合計150点満点のうち6割（90点）以上の点数を獲得した場合に優良と判断される。日本語学習支援は地域との共生という項目の内数に含まれるが、点数は4点であり、優良認定に与える影響は限りなく小さい。

　特定技能制度においては、技能実習制度における入国後講習のような日本語教育の実施は義務付けられてはいない。1号特定技能外国人には、職業生活や日常・社会生活の支援の計画作成及び支援の実施が義務化され、支援計画には「日本語学習の機会の提供」も含まれる[6]。しかし、自主学習のための教材や講習の情報提供と利用契約手続きの補助だけでも良く、日本語能力の向上に結びつくかは当事者の自主性に委ねられている。

4　今後の展望

　第3節で述べたような技能実習制度や特定技能に関する日本語教育の制度的な問題点について、認定機関や登録教員は何らかの改善をもたらすだろうか。また、育成就労制度は技能実習制度での日本語教育とどう異なり、何が是正される見込みなのか。さらに、認定機関や登録教員がどう活用され、どのような検討課題があるのであろうか。

4.1　技能実習制度・特定技能制度と認定機関について

　認定機関制度の創設の検討過程において、技能実習制度や特定技能制度に

おける認定機関の活用の方向性がすでに示されている。日本語教育推進会議（2022）では、各省庁との連携協力による認定機関や登録教員などを活用する具体的な取り組み等を検討するとされている。具体案は以下の通りである。

表1　就労分野の日本語教育における認定機関の活用の方向性

・「就労者」「生活者」に向けた日本語教育プログラムの提供を充実するため、地域に居住する外国人等に日本語教室を開講する地方公共団体や、外国人従業員向けの日本語研修を行う企業等が日本語教育の業務委託を行う場合等に、認定機関の活用を促すなどの取組を推進する。
・技能実習制度においては、優良な実習実施者・監理団体の基準の一つである「地域社会との共生」において、認定機関の活用を加点要素とする方向で検討。
・特定技能制度の受入れ機関が作成する「1号特定技能外国人支援計画」において、認定機関の活用を推進するほか、「事前ガイダンス」の際に、認定機関に関する情報を提供。

日本語教育推進会議（2022: 6）より該当部分を筆者がまとめた

　まず、技能実習制度については、就労開始後の日本語能力の向上策で認定機関の活用が検討されている。優良要件の満点150点のうち日本語学習支援は4点に過ぎず優良認定に与える影響は限りなく小さいという問題があった。日本語教育推進会議の案は、認定機関を活用することで何らかの「加点」要素とすることを検討するとされている。

　また、後述する育成就労制度における政府の対応方針としても「日本語能力の向上方策」として「日本語教育機関の認定等に関する法律の仕組みを活用して日本語教育の質の向上を図るとともに、受入れ機関が日本語教育支援に積極的に取り組むための<u>インセンティブとなる優良な受入れ機関の認定要件等を設ける。</u>」（外国人材の受入れ・共生に関する関係閣僚会議 2024: 3–4）（下線、筆者）と記載されている。だが、新制度において、優良な受入れ機関に認定されることが制度上何を意味するかが示されておらず、優良認定要件における認定機関や登録教員の活用がどのくらいの比重を持つかは不明である。

　特定技能制度については、①「1号特定技能外国人支援計画」での認定機関の活用を推進、②「事前ガイダンス」の際に認定機関に関する情報提供、

の 2 点が挙げられている。いずれも特定技能外国人に認定機関に関する情報を提供することを想定するものであり、情報提供だけでは効果が限定的なように思われる。

4.2 育成就労制度について

　技能実習に代わる新制度「育成就労」を新設する「出入国管理及び難民認定法及び外国人の技能実習の適正な実施及び技能実習生の保護に関する法律」の改正案が衆議院で可決され、執筆時現在は参議院で審議中である。成立すれば、公布から 3 年以内に施行される予定である。

　技能実習と育成就労はどう異なるのであろうか[7]。技能実習は人材育成を通じた開発途上国地域等への国際協力の推進が目的とされ、実習後は帰国することが制度上の原則であった。労働力の需給の調整の手段として行われてはならないとされ、人材確保は制度の目的ではない。一方、育成就労では、就労を通じた人材育成及び「人材の確保」が目的とされる。日本国内の労働力不足が深刻化する中、外国人就労者のキャリアップの道筋を明確にし、長期間産業を支える人材を確保し、地域に根付き共生できる制度を目指している。

　育成就労は特定技能の前段階として、原則 3 年以内で特定技能 1 号水準の技能を育成する期間として位置付けられる。育成就労を終えて試験に合格すれば、特定技能 1 号に移行できるようになる。その後に、特定技能 2 号へ移行すれば、家族を帯同することができ、将来的に永住許可も視野に入る。

　技能実習では原則 3 年間転籍が認められておらず、劣悪な労働環境による失踪や人権侵害につながっているという指摘があった。育成就労では 1 〜 2 年の就労期間の後に、一定の要件を満たせば、本人の意向による転籍が認められる。

　技能実習は「廃止」されるが、非熟練労働者の受入れをストップするわけではない。むしろ拡大する方向である。特定技能の対象分野には「自動車運送業」、「鉄道」、「林業」、「木材産業」の 4 分野を新たに追加することが決まっており、16 分野に拡大される[8]。育成就労は、非熟練労働者を特定技能 1 号の技能水準に育成するために日本で就労してもらう制度になると考えら

れる。

4.3　育成就労制度における日本語教育について

　育成就労制度において日本語教育はどのように扱われるのだろうか。まず注目したいのは、新制度において、日本語能力が人材育成の計画に含まれるようになるということである。受入れ機関が認定を受ける必要がある人材育成のための計画には、従事させる業務、当該業務において要する技能、<u>日本語能力</u>、技能検定又は育成就労評価試験に合格することの目標が記載すべき項目として挙げられている。これは、新制度において、育成する対象能力として日本語能力が法的に位置づけられたことを意味し大きな進展である。

　育成する具体的な日本語能力の目標レベル等に関する検討の方針については、外国人材の受入れ・共生に関する関係閣僚会議（2024）で示されている。以下に、その概要をまとめる[9]。

表2　政府案で示された育成就労および特定技能制度での日本語能力要件

育成就労		特定技能1号	特定技能2号
①就労開始前 A1相当以上の試験（N5等）合格または相当する日本語講習を認定機関等において受講	②2年目移行時 A1相当以上の試験（N5等）合格	③1号移行時 A2相当以上の試験（N4等）合格	④2号移行時 B1相当以上の試験（N3等）合格

外国人材受入れ・共生に関する関係閣僚会議（2024: 3）より該当部分を筆者がまとめた

　この仕組みについて、今後検討を要する課題があると筆者は考えている。

課題1　就労開始までの要件と認定機関および教員の供給の課題

　就労開始前までにN5等の試験の合格（仮に「試験要件」とする）又は相当する日本語講習を認定機関等において受講すること（仮に「講習要件」とする）を要件とするとある。試験合格者のみを採用要件としてはハードルが高すぎて人材不足を補うだけの人数を確保することが叶わず、一定数の者は「講習要件」を利用せざるを得ないのではないか。

そして、「講習要件」の場合、認定機関は、留学・就労・生活のいずれの分野でも可とされるのであろうか。認定機関等の「等」には何が含まれるのであろうか。仮に、認定機関に限定された場合、就労者が留学分野の課程を受けるのは制度の趣旨に合わないため、就労分野もしくは生活分野の課程を受講することになるであろう。その場合、地方では認定機関以前に日本語教育を担う機関の絶対数が足りない状況やすでに日本語教師不足が深刻である状況をふまえると、需要を満たすだけの認定機関および登録教員をセットで確保するのは容易ではないであろう。認定機関の活用を念頭におきつつ、一定数が確保できるまでは、就労や生活で必要な能力を養成する一定のカリキュラム等の実施を条件に、認定機関以外の教育機関であっても講習を担えるような仕組みを検討すべきではないであろうか。

課題2　試験を移行要件に利用することによる生じる課題
　試験を利用するメリットとしては、日本語能力の「目標がない制度」から「目標がある制度」に健全化された点、目標が明確で受入れ機関や外国人本人も取り組みやすく分かりやすい点、日本での就労継続や帰国後の長期的なキャリア形成において試験合格を資格として活用できる点、などが考えられる。一方で懸念される点もある。
　試験を要件にした場合、試験の不合格は2年目の就労や特定技能への移行への道を閉ざすことになる。人手不足分野において試験に合格しないことを理由として、せっかく確保した人材の就労継続が断絶する事態は何としても避けたいであろう。そのため、育成就労制度で行われる日本語教育は試験への対策が強く求められるであろう。
　現行の日本語能力試験や既存の同類の試験には話す能力を測る試験は含まれない。こうした試験の対策だけを重視すれば、就労や生活で最も必要とされる話す能力を養成する教育活動が疎かになることが容易に想像できる。現実世界では「4つの選択肢から正しいものを選ぶ」といった言語活動はあり得ず、試験対策のみに終始する言語教育は日本語教育の参照枠で重視する日本語学習者を社会的な存在として捉え日本語を使って社会での課題遂行能力を育成する行動中心のアプローチの理念とは真逆である。

外国人材受入れ・共生に関する関係閣僚会議 (2024) では、A1 相当から A2 相当までの範囲内で設定される水準の試験を含む新たな試験の導入が提起されている。新試験においては話す能力を測る問題を導入することを検討すべきではないかと考える。法的に育成の対象とされた日本語能力について、就労場面で求められる話す能力を評価しないままでは能力水準の評価方法としては不十分であると考えられるからである。また、技能実習制度及び特定技能制度の在り方に関する有識者会議 (2023)「最終報告書」では、特定技能 1 号移行時に試験の合格に加え、「当分の間は、当該試験合格に代えて、認定日本語教育機関等における相当の日本語講習の受講をした場合も、その要件を満たすものとする」(同 2023: 25) という案が示されていた。しかし、その後に公表された政府案ではこの部分が抜け落ちている。新試験がどのような内容になるかにもよるが、筆者は「相当の講習の受講」も要件として残しつつ、入国後講習も含めた各段階での講習には話す能力の養成やその評価の仕組み、地域住民との交流などの一定の要件を定めたカリキュラムの実施を求めるなど実行性のある現実的な制度設計を検討すべきではないかと考える。

5　おわりに

　これまで就労者に対する日本語教育を専門に担ってきた関係者にとって、認定機関や登録教員の制度はもはや他人事ではない。所属機関の事業展開あるいは日本語教師としてのキャリア形成に大きく影響を与える制度になるであろう。関係者は、就労分野の日本語教育に関する施策について、今後も注意深くアンテナを張り、常に情報を更新していく必要がある。

　最後に、第 3 節で指摘した技能実習制度と特定技能制度における日本語教育の問題点について、新しい制度が、どのような変化をもたらすか、そしてさらに議論を要する点について以下でまとめたい。

問題点 1　技能実習制度における入国後講習の日本語教育
　育成就労制度では、就労開始の要件として A1 相当以上の試験合格または

相当する講習を認定機関等で受講する案が示されている。しかし、入国後講習の詳細な制度設計はまだ何も示されていない。認定機関の活用も想定されるが数的な課題がある。入国後講習の質を保証する制度となるか、現時点では不明のままである。

問題点2　技能実習制度における日本語能力の扱い
　育成就労制度では、日本語能力の水準を試験で評価する仕組みが導入される方向である。日本語能力が担保されることが期待できる。一方で、試験対策一辺倒となる日本語教育が展開される恐れもある。日本語教育のカリキュラムに一定の基準を求めることや、話す試験を導入するなど、制度を効果的に運用するためにさらなる検討が必要である。

問題点3　特定技能制度における技能実習ルートと日本語能力
　育成就労制度において就労開始時および特定技能への移行時の日本語能力要件が設定される方向である。適切に運用されればこの問題点は解決するはずである。制度移行期においては、求められる日本語水準に達するよう講習を受講する機会を確保するなど、既存の技能実習生が不当な扱いを受けないよう制度設計上の配慮が必要であろう。

問題点4　日本語能力の向上策
　認定機関の活用を優良認定の加点要素として検討する方向が示されている。日本語教育の機会が確実に確保されるよう、さらに一歩踏み込んだ議論が必要ではないか。加えて、今後は、育成就労や特定技能外国人を対象とした標準的な日本語教育カリキュラム、能力記述文、教材の開発、教師研修の実施、先進的な取り組み事例の共有化等、これまで生活者としての日本語教育での取り組みも参考にしつつ、実施する日本語教育の質の向上に資する施策が求められるのではないかと考える。

　本章では論じることができなかった検討課題として、就労者に対する日本語教育にかかる費用負担の問題と日本語教師の待遇に関する問題がある。こ

れらは認定機関と登録教員制度を創設するだけで解決できるものではないだろう。これまでの政府の関係会議でも議論が不十分のままである。早急に本格的な議論を深め、有効性のある施策に具現化されることを期待したい。

注

1 以下の資料を参考にして記述した。今後、資料の追加、解釈変更、制度変更が生じる場合がある。認定機関の申請や登録教員の資格取得に際しては最新版の資料にあたり情報を確認いただきたい。

文化庁「日本語教育の参照枠」を活用した教育モデル開発・普及事業」『文化庁ホームページ』文化庁 <https://www.bunka.go.jp/seisaku/kokugo_nihongo/kyoiku/kyoikumodelkaihatsu/index.html> 2024.5.31

文化庁「認定日本語教育機関日本語教育課程編成のための指針（案）就労のための課程、生活のための課程」『文部科学省ホームページ』文部科学省 <https://www.mext.go.jp/content/000286523.pdf> 2024.5.31

文化庁「就労のための課程・生活のための課程を置く認定日本語教育機関の認定等について」『文部科学省ホームページ』文部科学省 <https://www.mext.go.jp/content/20240322-ope_dev02-000034835_3.pdf> 2024.5.31

文化庁「令和6年度日本語教師の養成及び現職日本語教師の研修事業（現職日本語教師研修プログラム普及事業）募集案内」『文化庁ホームページ』文化庁 <https://www.bunka.go.jp/seisaku/kokugo_nihongo/kyoiku/jinzainokenshu_boshu/pdf/93978602_01.pdf> 2024.5.31

文部科学省（2024）「日本語教育機関認定法 よくある質問集【令和6年5月24日公開版】」『文部科学省ホームページ』文部科学省 <https://www.mext.go.jp/content/20240402-ope_dev02-000034833_1.pdf> 2024.5.31

日本語教育部会（2024a）「認定日本語教育機関日本語教育課程編成のための指針」『文部科学省ホームページ』文部科学省 <https://www.mext.go.jp/content/20240401-mxt_nihongo01-000034783_1.pdf.pdf> 2024.5.31

日本語教育部会（2024b）「認定日本語教育機関の認定等に当たり確認すべき事項」『文部科学省ホームページ』文部科学省 <https://www.mext.go.jp/content/20240321-ope_dev02-000034783_1.pdf> 2024.5.31

日本語教育推進会議（2022）「日本語教育の更なる充実のための新たな日本語教育法案における関係省庁との連携促進について」『文部科学省ホームページ』文部科学省 <https://www.mext.go.jp/content/20240402-ope_dev02-000034833_2.pdf> 2024.4.30

「認定日本語教育機関に関し必要な事項を定める件（条文）」『文部科学省ホームページ』文部科学省 <https://www.mext.go.jp/content/20240327-ope_dev02-000034780_1.pdf> 2024.5.31
　　　「認定日本語教育機関認定基準（条文）」『文部科学省ホームページ』 文部科学省 <https://elaws.e-gov.go.jp/document?lawid=505M60000080040> 2024.5.31
2　技能実習制度の詳細や入国前講習や入国後講習の要件等は以下の資料を参照のこと。
　　　出入国在留管理庁・厚生労働省（2024）「技能実習制度運用要領〜関係者の皆さまへ〜」『外国人技能実習機構ホームページ』外国人技能実習機構 <https://www.mhlw.go.jp/content/001248214.pdf> 2024.5.31
3　特定技能制度の詳細は以下を参照のこと。
　　　出入国管理庁（2024）「特定技能外国人受入れに関する運用要領」『出入国管理庁ホームページ』 出入国管理庁 <https://www.moj.go.jp/isa/content/930004944.pdf> 2024.5.31
4　介護職種の場合は、入国時・2 号移行時・3 号移行時の日本語能力要件、入国後講習における日本語教育の内容とそれぞれの時間数、入国前および入国後講習の日本語講師の要件ついて定められている。また、厚生労働省より「監理団体が行う入国後講習の標準的な日本語学習プログラム」が公開されている。これは監理団体が介護職種の技能実習生の入国後講習を行う際に日本語教育のカリキュラム作成の参考にすることを目的とされている。
　　　厚生労働省「技能実習「介護」における固有要件について」『厚生労働省ホームページ』厚生労働省 <https://www.mhlw.go.jp/content/12000000/000995757.pdf> 2024.5.31
　　　厚生労働省（2017）「監理団体が行う入国後講習の標準的な日本語学習プログラム」『厚生労働省ホームページ』厚生労働省 <https://www.mhlw.go.jp/file/06-Seisakujouhou-12000000-Shakaiengokyoku-Shakai/0000191464.pdf> 2024.5.31
5　技能実習から特定技能 1 号への移行については以下の資料を参照のこと。
　　　技能実習制度及び特定技能制度の在り方に関する有識者会議（2023）「技能実習制度及び特定技能制度の在り方に関する有識者会議（第 9 回）資料 2-2 論点 2 関連」『出入国在留管理庁ホームページ』出入国在留管理庁 <https://www.moj.go.jp/isa/content/001398781.pdf> 2024.5.31
6　特定技能制度における支援計画については以下の資料を参照のこと。
　　　法務省（2019）「1 号特定技能外国人支援に関する運用要領 -1 号特定技能外国人支援計画の基準について -」『出入国在留管理庁ホームページ』出入国在留管理庁 <https://www.moj.go.jp/isa/content/930004553.pdf> 2024.5.31
7　以下の資料を参考にして記述した。

「出入国管理及び難民認定法及び外国人の技能実習の適正な実施及び技能実習生の保護に関する法律の一部を改正する法律案概要（令和6年3月15日閣議決定）」『出入国管理庁ホームページ』出入国管理庁 <https://www.moj.go.jp/isa/content/001415280.pdf> 2024.5.31
8　2024年3月29日の閣議決定により特定技能制度に4分野を新たに追加されることとなった。対象分野は次の16分野となる。
　　　1）介護、2）ビルクリーニング、3）工業製品製造業、4）建設、5）造船・舶用工業、6）自動車整備、7）航空、8）宿泊、9）自動車運送業、10）鉄道、11）農業、12）漁業、13）飲食料品製造業、14）外食業、15）林業、16）木材産業
　　　出入国在留管理庁「特定技能の受入れ見込数の再設定及び対象分野等の追加の概要」『出入国在留管理庁ホームページ』出入国在留管理庁 <https://www.moj.go.jp/isa/content/001417998.pdf> 2024.5.31
9　2024年6月14日に、参議院において「出入国管理及び難民認定法及び外国人の技能実習の適正な実施及び技能実習生の保護に関する法律の一部を改正する法律案が可決された。その法律のURLは、以下のとおり。https://www.sangiin.go.jp/japanese/joho1/kousei/gian/213/pdf/t0802130592130.pdf
　　　その法律では、育成就労での日本語能力については、第九条第二号の四のロに「育成就労外国人が修得した技能、育成就労外国人の日本語の能力その他育成就労外国人の育成の程度に関し、主務省令で定める基準に適合していること」となっている。法律には、細かな日本語能力の指定は入らずに今後関係する省で決定することになった。

参考文献

文化審議会国語分科会（2019）「日本語教育人材の養成・研修の在り方について（報告）改定版」『文化庁ホームページ』文化庁 <https://www.bunka.go.jp/seisaku/bunkashingikai/kokugo/kokugo/kokugo_70/pdf/r1414272_04.pdf> 2024.5.31

外国人材の受入れ・共生に関する関係閣僚会議（2024）「技能実習制度及び特定技能制度の在り方に関する有識者会議最終報告書を踏まえた政府の対応について」『首相官邸ホームページ』内閣官房内閣広報室 <https://www.kantei.go.jp/jp/singi/gaikokujinzai/kaigi/pdf/taiosaku_r060209kaitei_honbun.pdf> 2024.5.31

技能実習制度及び特定技能制度の在り方に関する有識者会議（2023）「最終報告書」『出入国在留管理庁ホームページ』出入国在留管理庁 <https://www.moj.go.jp/isa/content/001407013.pdf> 2024.5.31

日本語教育推進会議（2022）「日本語教育の更なる充実のための新たな日本語教育法案における関係省庁との連携促進について」『文部科学省ホームページ』文部科学省 <https://www.mext.go.jp/content/20240402-ope_dev02-000034833_2.pdf> 2024.5.31

第 11 章

「生活」分野に関わる
日本語教育施策とその問題点

中河和子・新居みどり

1　はじめに

　今、生活分野の日本語教育、すなわち地域日本語教育の政策が大きな転換期を迎えている。「日本語教育の推進に関する法律」（以下、「日本語教育推進法」と略称）では国の責務とその役割[1]が示された。さらに、この法律の画期的なことは、国内の日本語教育の目的に「共生社会の実現」を明記していることであろう。そして、都道府県及び政令指定都市などを中心に「地域日本語教育の総合的な体制づくり推進事業」が本格的に動き出し、各地域において生活者のための日本語教育実践が展開されている。

　2024年度の予算は総額16億1100万円となっている。「外国人材の受入れ・共生のための地域日本語教育の推進」事業としては4億9500万円である。この取り組みは、都道府県等が日本語教育機関や企業等の多様な関係機関と連携して日本語教育環境を強化し、総合的な体制づくりを推進することを目的にしている。また、日本語教室が開設されていない市区町村に対してアドバイザーの派遣や日本語教室の開設、安定化に向けて支援する「日本語教室空白地域解消の推進強化」事業として1億4800万円となっている。このほか、「生活者としての外国人」のための日本語教育の取組推進事業として2400万円となっている。これは、NPO法人、公益法人、大学等が地域日本語教育において広域で共通する「特定の課題に対する学習ニーズ（特定のニーズ）」に対応した先進的な取組を創出する事業である。

文化庁は2022年に「地域における日本語教育の在り方について（報告）」[2]を出した。この中で、地域における日本語教育施策の方向性や地域における日本語教育の実施主体としての自治体の役割が示され、地域日本語教育プログラムの編成や人材の確保などについて、また日本語能力やニーズ・学習状況等に関する調査の在り方等について記されている。そして、この報告書の最大の特徴は、地域日本語教育プログラムの編成について日本語レベルを示し、教育内容として「日本語教育の参照枠」を踏まえた「生活Can do」[3]を提示していることであろう。同時に、学習時間の目安、日本語能力の評価、日本語教育プログラムの自己点検評価についても整理している。そして、それを支える日本語教育人材の確保と配置、日本語教育を実施するための専門人材と学習支援者などとの連携体制の在り方、そして、地域における日本語教育事業の評価を提示している。特筆すべきと思うのは「施策の方向性」として専門人材の配置とともに「地域住民の日本語教育活動への参加」を謳っていることである。ここでは、多様な層の学習支援者、地域住民の積極的な参加が言語教育と共に多文化共生づくり（この時期には「多文化共生」という語が使われている）の実現に寄与すると述べている。これは、従来の言語教育にありがちであった教室内学習中心の教育を超える望ましい方向性と言える。

　では、このような方向性が示されれば、今までのようなボランティアに日本語教育を依存する教育が是正され、地域における日本語教育の体制が整い、その質の担保が自然になされていくのであろうか。この問題はそれほどに簡単なものではないだろう。地域における日本語教育の問題は、生活分野について言えば、アンテナをしっかり立てている自治体と、そうでない自治体の情報収集・政策実施の格差が大きいことであろう。そして、もう1つの問題が、生活日本語領域の高い専門性をもった日本語教師がまだ少なく、かつそれを生業とすることが難しいことであろう。

　このような状況で、より本格的に国や都道府県レベルの政策が動けば、自治体や「生活」分野に進出する日本語学校は、その地域に応じた生活日本語教育の在りようを模索する余裕もなく、「参照枠を元に立てられた、既成のカリキュラム」を無定見に真似る、ということが起きる危惧がある。

　本章では、施策を受けて、地域における日本語教育がその市民ボランティ

ア参加の歴史を活かしつつ、今後どのように改善されていくべきか論ずる。

1.1　地域日本語教育の用語の整理

地域日本語教育の変革期だからこそ、忘れてはいけない2つの視点がある。1つは、日本語を学びたいという人たちの視点である。それは、自らの言語と文化を保持しながら、地域で生活し、就業し、社会に参加することを目的とした個人的な発展を尊重するための日本語教育、その学びの質とプロセスを保障するという視点でもある。

そして、もう1つが地域づくりの視点である。地域に暮らす人々が、共通言語である「日本語」を使って交流、活動をする中で、相互理解を深め、その日常的、継続的な活動をとおして、地域をよりよいものにしていくための「地域づくり」のための日本語教育の視点である。この2つの視点は、相互に関連し、地域においてダイナミックな関係を作り出している。

この日本語教育の生活分野を考えるにあたり、この2つの視点は重要な2つのキーワードとなる。それは、専門家である日本語教師が体系的に集中的に日本語教育を行い、学習者の日本語力向上を目的とする「専門家による日本語教育」(以下、左円)、そしてもう1つが、市民同士が対等な関係において対話を中心とした活動を展開する「対話を中心にした市民協働の場」(以

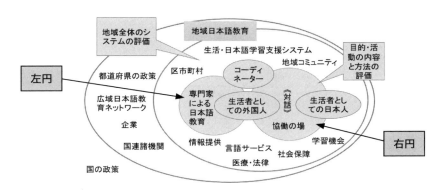

図1　地域日本語教育システム図（日本語教育学会編『平成20年度文化庁委託事業報告書「外国人に対する実践的な日本語教育の研究開発」』(2008)
※図中の「右円」「左円」は、筆者が追加したもの。

下、右円)である。これは、「地域日本語教育システム図」(日本語教育学会編『平成20年度文化庁委託事業報告書「外国人に対する実践的な日本語教育の研究開発」』2008)[4]において示されている。

地域日本語教育において「右円」と「左円」の両方がともに重要であるという意味で「地域日本語教育における両輪」と表現されることが多い。

図1で、対話を主たる方法とする「協働の場」(右円)に参加する「生活者としての日本人」は、いわゆる「ボランティア」である。本章では「市民ボランティア」と呼ぶが、「日本語教育の専門性を問われないタイプ」のボランティア[5]である。右円の「生活者としての外国人」とはすなわち、外国人等の参加者=「日本語学習者」である。

一方、「専門家による日本語教育」(左円)で、もし学習支援者と生活日本語教師が協働するとしたら(図2)、左円の支援者には日本語の構造等に関する基礎知識等があることが望ましいと、筆者らは経験上、断言できる。「教育人材の養成・研修の在り方について(報告)改定版」(文化審議会国語分科会、

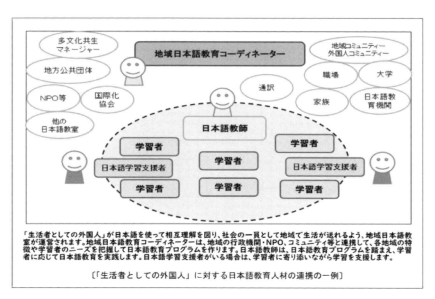

図2 日本語教室の日本語教育人材の連携のイメージ(『日本語教育人材の養成・研修の在り方について(報告)改定版』文化審議会国語分科会、2019年)

2019年)(以下「人材養成・研修の在り方報告」と略称)では、「日本語学習支援者」に望まれる資質・能力について「日本語の構造や日本語学習支援に対する基本的な知識を持っている」とあり、一般市民以上の知識等を求めている。その意味で「専門性を問われない」と強調する右円の「対話を中心とした協働の場」の市民ボランティアとは全く同じとは言えない。同報告書の日本語学習支援者は、「左円のみの学習支援者」と理解することができる。

右円と左円のこの両輪を支えるのが「コーディネーター」であり、「地域日本語教育コーディネーター」を指す。このシステムを支えるためには、コーディネーターは、「生活者に対する日本語教師」＝生活分野の専門性を持った教師(以下、生活日本語教師と呼ぶ。表1参照)である必要がある。

上述した「人材養成・研修の在り方報告」では、日本語教育人材に求めら

表1　本章における地域日本語教育関連用語の整理

A.「日本語教育人材の養成・研修の在り方について」	A. 定義	B. 本章	B. 定義
地域日本語教育	地域における日本語教育	生活日本語教育	地域に根ざした「生活者としての外国人」に対する日本語教育
日本語学習者	生活者としての外国人等	学習者／外国人参加者	「専門家による日本語教育」(左円)は学習者と呼び、「対話を中心とした協働の場」(右円)では外国人参加者と呼んでいる教室も多い
日本語学習支援者	日本語教師や日本語教育コーディネーターと共に学習者の日本語学習を支援し、促進する者	(日本語)学習支援者	A. に概ね同じただし、主に左円で活動する
なし	なし	市民ボランティア／支援者	日本語教育の専門性は問われない。「生活者としての日本人」として、「対話を中心とした協働の場」(左円)で活動する
日本語教師(生活)	日本語学習者に直接日本語を指導する者	生活日本語教師	5.1節にあるような専門性と役割意識を持つ者
日本語教育コーディネーター	日本語教育の現場で日本語教育プログラムの策定・教室運営・改善を行ったり、日本語教師や日本語学習支援者に対する指導助言を行うほか、多様な機関との連携・協力を担う者	地域日本語教育コーディネーター	生活日本語教師の専門性と経験を有する者で、さらにA. 日本語教育コーディネーターの専門性を有し役割を担う者

れる資質・能力が明らかにされ、日本語教室の日本語教育人材の連携のイメージが示された整理がなされた（図2）。地域日本語教育システム図の左円における人材の役割分担は、「人材養成・研修の在り方報告」と本章では概ね同じと言える。この報告では、日本語教育の人材について、その活動分野と役割、資質などについて、これまでになく精緻に記されているが、地域日本語教育については左円しか想定していないと言わざるを得ない。確かに、この報告では「ここで挙げる日本語教育人材は、主として日本語学習を希望する者に対して、『日本語を教える／日本語学習を支援する』活動を行う者を対象としている（p.19）」と明記されている。しかし、それはすなわち、これまでの地域における日本語教育の歴史的な成果「市民ボランティアと共に担う地域づくりの場」としての教室機能が過小評価されていると言えるのではないか。その地域日本語教室の機能（右円）が、多文化共生社会作りだけではなく、ひいては日本語教育の内容・あり方そのものに対して与えた影響を見逃すべきではないと考える。

　因みに、図1が発表された時点では、左円でめざす日本語力は、どこまでかは明確に示されていなかった。『「日本語教育の参照枠」の手引き』[6]では、以下のことが紹介されている。「ヨーロッパの多くの国々が移民に対してヨーロッパ言語共通参照枠（Common European Framework of Reference for Languages: learning, teaching, assessment）の尺度の「自立した言語使用者」のB1、B2レベルの内のB1の学習機会を保障している」、「日本においても『日本語教育の推進に関する施策を総合的かつ効果的に推進するための基本的な方針』（p.9）[7]で「地域に在住する外国人が自立した言語使用者として生活していく上で必要となる日本語能力を身に付け、日本語で意思疎通を図り、生活できるよう支援する必要がある、と記されている」。これら2つの事実から考えれば、「地域における生活者に対する日本語教育」すなわち「生活日本語教育」（参照：表1　本章における地域日本語教育関連用語の整理）では、左円のめざすべき日本語能力はB1ということになるだろう。しかし現実には、本章2節で紹介するトヤマ・ヤポニカの事例でも、全国のある程度公的に展開されている多くの「専門家による日本語教育」でも、多くは到達目標がA2レベル程度に置かれている状況がある。

1.2　地域日本語教育の多様化と混乱の背景

　生活分野の日本語教育、地域日本語教育の在り方がいま複雑化・多様化している。それは混乱ともいえるかもしれない。混乱があるとすればそれは、地域日本語教育体制の理想像や現実の在りようについての認識が、当該地域日本語教育の担い手それぞれで異なるため、先に示した地域日本語教育システム図（図1）の解釈が担い手の間で一致していないことが原因のひとつであると考えられる。しかし、それは一方では当然のこととも言える。なぜなら、地域日本語教育体制の具体的な在りようは、自治体や地域の地形、自然環境、また交通手段、産業構造や在留外国人数など、それぞれ自治体の在りように影響を受けるからである。地域日本語教育の実践において、1つの正解というものがあるわけではない。その多様性こそが地域日本語教育の力であるともいえる。だからこそ、本節では、その実践の本質をとらえるために、あえて1つの地域の実践を丁寧に見ていきたいと考えている。その地域が富山県である。

　富山県において、県、自治体国際化協会である（公財）[8]とやま国際センターと共に長年活動してきた「トヤマ・ヤポニカ」の実践を丁寧に読み解くことは、他地域における地域日本語教育実践の参考になるのではないか。そこにみる地域日本語教育の理念、日本語教師やコーディネーター、そして市民の役割に関する考察が、いま地域日本語教育にかかわるすべての人たちに、それぞれの文脈において何らかのヒントとなるのではないかと考える。

2　ヤポニカの実践と地域日本語教育システム図からの考察

2.1　ヤポニカとは

　トヤマ・ヤポニカ（以下、ヤポニカと略称）は1990年3月に富山県下で最初にできた民間の日本語教育機関である。県下で活躍していた日本語教師数名が研修を続け、よりよい教育を行いたいという日本語教育への情熱から設立された。2024年現在、理事2名、スタッフは日本語講師7名、外国語講師4名が所属している。より高いレベルを目指す研鑽には膨大な時間と労力を費やし、経済面での一定の保証無くしてはよい教師の確保は難しいことか

ら、プロの日本語教師集団として会社法人化されている。

主な活動は以下に挙げる6つの活動である。
1. 外国人に対する日本語教育
2. 日本語教師・地域日本語コーディネーター養成
3. 日本語支援ボランティア養成と地域日本語支援教室コーディネート
4. 研究活動　　5. スタッフの研修　　6. 日本語教育の普及活動

地域日本語教育の領域におけるヤポニカの特徴をあげるならば、日本語教師の専門職集団として、富山県、（公財）とやま国際センターと共に、行政の政策として地域日本語教育の体制づくりとその実践を担ってきたことである。

2.2　ヤポニカと地域日本語教育の関わり

日常会話もままならない地域の在留外国人に対する日本語教育は長らく、自治体や企業によってその言語保障は行われず、地域のボランティアが「ライフラインにも関わる言語保障」という大きな負担を担わされてきた現状があった。

ヤポニカでは1997年から、いくつかの行政機関からの依頼で「ボランティア日本語教師育成講座」を開講してきた。しかしその中で、「教える＝日本人」「教えられる＝外国人」といった固定的な構造は、共生社会を目指す地域の日本語教室には相応しくないこと、日本語教師の持っている知識、技術を身に付けてもらうにはかなりの時間、労力を要することに気づいた。

そこで、ヤポニカが担当した日本語支援ボランティア養成講座では、「対話中心相互学習型」の考えを取り入れた。さらにヤポニカは、2005年から2009年にかけて富山市（2005年）、射水市（2006年）、氷見市（2007年）、黒部市（2008年）、南砺市（2009年）において、（財）とやま国際センター、日本語支援ボランティア養成講座の修了者らと共に、相互学習型を取り入れた日本語ボランティア教室の立ち上げを行ってきた（表3参照）。専門性の高いヤポニカの日本語教師もその教室活動に参加し、共に教室をつくる体制をとってきた。下記の表2でヤポニカが関わった日本語支援ボランティア養成講座の主なものをあげ、表3でそこから立ち上がった地域日本語教室をあげる。

表4は、ヤポニカが自治体から依頼された左円の公的日本語教室である。

【ヤポニカ「日本語支援ボランティア養成と地域日本語支援教室コーディネート一覧」】

表2 日本語学習支援ボランティアの養成（外部機関依頼のもの）

依頼機関	講座名	開始年度	終了年度
恵庭市	地域日本語教室「対話型学習活動」講座	2022	2022
高岡市	「くらしの日本語普及事業」日本語支援ボランティア養成講座	2018	2020
（財）とやま国際センター（2011年より公益財団法人）	・生活支援日本語ボランティア養成講座（旧日本語ボランティア養成講座）	1998	継続中
	・日本語ボランティアスキルアップテーマ別勉強会―外国人のための識字教育について―	2010	2010
	・災害時の外国人支援日本語ボランティア養成講座	2008	2021
（公財）兵庫県国際交流協会	地域に根ざした日本語支援を考える研究会	2015	2015
（財）ティビィシィ国際外語学院	平成24年度文化庁委託事業「生活する外国人」のための日本語教育事業 日本語教え方講座	2012	2012
（社）日本語教育学会 地域日本語教育人材育成プログラム（JIP）	魚津市日本語ボランティア養成講座	2011	2011

表3 地域日本語支援教室コーディネート （右円に当たる）

プログラム名	コーディネート	
	立ち上げ時	継続（アドバイザー）
（公財）とやま国際センターとトヤマ・ヤポニカが立ち上げに関わった教室		
にほんご広場なんと	2009～10	2010～継続中
日本語教室in黒部	2008～09	2009～継続中
日本語教室in氷見	2007～08	2008～継続中
ワイワイにほんご・たいこうやま	2006～07	2009～継続中
TIC土曜クラス	2004～05	
高岡市とトヤマ・ヤポニカが立ち上げに関わった教室		
ふれあい日本語教室・高岡 旧：外国人のための「にほんご・くらす」	2018～19	2019～

表4　生活日本語教師による公的な日本語教育（左円にあたる）

プログラム名	開始年度	終了年度
初期指導		
富山県国際・日本海政策課「外国人新生活応援事業日本語教室」	2008	2012
（公財）とやま国際センター　主催		
「TIC 日本語教室 in 射水」	2011	継続中
「TIC 日本語教室 in 氷見」	2007	2023
「TIC 日本語教室 in 黒部」	2008	継続中
「TIC 日本語教室 in 南砺」	2009	継続中
高岡市　主催		
外国人のための「にほんご・くらす」	2018	2020
高岡基礎クラス・基礎学び直しクラス	2021	2022
日本語教室 in 氷見　主催　入門クラス	2024	継続中
南砺市友好交流協会　主催　にほんご広場なんと	2024	継続中
識字		
（公財）とやま国際センター「外国人のための暮らしに役立つ日本語教室 — YOMIKAKI 広場—」	2011 / 2015	2012 / 2015
高岡市「よみかき・くらす」	2018	2019
就労支援・日系人労働者緊急支援		
（公財）とやま国際センター「外国人のための就活応援講座」「働く人のニホンゴ」	2010	2012
（公財）とやま国際センター「緊急日本語教室」（高岡）	2009	2009
女性支援		
富山県国際・日本海政策課「女性のための日本語教室」	2013	2013
外国人従業員支援		
富山県国際・日本海政策課「企業内日本語教室」	2012	2013
やさしい日本語		
（公財）とやま国際センター「外国人のためのやさしい日本語研修会」	2013	2015

2.3　ヤポニカの実践

　ヤポニカは、ボランティア養成（表2）をさまざま考えて対話活動を担える市民ボランティアの養成に変えたのだが、養成講座だけでは人材も育たず、まず教室の立ち上げができないと考えた。そこで、とやま国際センターのプロパー職員と共に、2005年より2009年まで養成講座の後、市民ボランティアと共に1年間活動する教室立ち上げのプログラムを行った（表3）。その後も現在まで、ヤポニカの生活日本語教師は年間限られた回数であるが、アド

バイザーとしてボランティアと共に活動を続けている。
　これは、1年間のみの限定的な形ではあるが、市民ボランティアと、業務として継続的に関わる生活日本語教師と自治体の協働という形での、地域日本語教育システム図の具現化と言っていいだろう。2010年以降、さまざまな経緯の元に県内に7つの対話活動の教室（表3）が立ち上がり、その内6つが現在も任意団体として活動している。
　その後、対話活動が難しいゼロ初級の学習者などを対象とした教室の必要性が高まり、それを受けて富山県が、公的な初期指導教室を4つの対話教室の側（同じ会館内）に設置し、ヤポニカのプロの生活日本語教師がそれらの教室コーディネーター兼教師を任された（表4）。それにより、1つの地域日本語教育のシステムのようなものができたが、ちょうどその頃（2008年）、このシステムを整理してくれる先の図1「地域日本語教育システム図」が、日本語教育学会から紹介された。
　2005年から現在まで続く富山県のこの実践から、ヤポニカは以下のような確信を持った。<u>生活日本語教育は地域コミュニティの中にあるべきで、自治体の理解と実質的支援のもと、市民ボランティアと共にあり、専門性を発揮する生活日本語教師が、その場に業務として継続的に関わるべきである。</u>

2.4　ヤポニカの視点からの地域日本語教育システム図の考察
　ここで、図1「「地域日本語教育システム図」(日本語教育学会編『平成20年度文化庁委託事業報告書「外国人に対する実践的な日本語教育の研究開発」』2008)をヤポニカの視点から分析する。
　まず一番の外円の外には、国の外国人政策や言語施策がある。日本語教育の推進、日本語学習の質や機会の保障の政策に支えられ、一番の外円に、県の「生活・日本語学習システム」がある。この「生活・日本語学習システム」は、「生活とともに日本語を学習するシステム」を意味するものとヤポニカは理解している。さらにこのシステムは、社会全体（関係諸機関や、企業など）と密接につながっていることが必須である。この教育システムを市区町村レベルで、具体的に展開させるのが、次の太線の内円である。そこには市区町村の施策が十全に働かなければならないが、残念ながら多くの市区町村

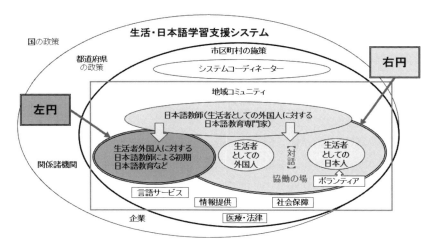

図3 地域日本語教育システム図　日本語教育学会編『2007年度文化庁日本語教育研究委嘱「外国人に対する実践的な日本語教育の研究開発」』
(第1章の図を元に米勢・中河（2020）で改変、2019年施行「日本語教育の推進に関する法律」への提言書として呼びかけ人米勢・中河が日本語教育推進議連に送付)

の施策は（特に外国人散在県では）、現在のところ十分ではない。国レベルの生活日本語教育の危機感や動きに比して、市区町村のそれは、格段に遅れていると感じるのは、筆者だけではないだろう。

　一番内側にある2つの二重線の円が現実的な生活日本語学習の場である。「対話を中心にした市民協働の場」（右円）では「生活者としての外国人」と「生活者としての日本人」が対話活動などを協働作業として行う。「初期・基礎日本語教育」である左円は、生活者外国人に対する初期日本語教育などであり、ここは生活日本語教師が主体になって行う。

　右円と左円は密接に連携しあっており、この2つの円には、生活日本語教育の専門性を持ちコーディネーターの役割も持つ日本語教師が業務として継続的に関わることが必要である。

2.5　右円・左円の密接な関係
〇初期・基礎日本語教育[9]（左円）と「対話を中心にした市民協働の場」（右円）

　図4は地域日本語教育システム図の中央にある右円・左円を詳細にした

「富山県版地域日本語教育体制（望ましい形）」である。前節で述べたように、右円と左円は密接に連携しあっており、この2つの円には、生活日本語教育の専門性を持ちコーディネーターの役割も持つ日本語教師が業務として継続的に関わることが望ましい。

生活日本語教師の仕事は、主に「左円」の初期・基礎日本語教育のみという誤解がよく出る。また「日本語教育の参照枠」をもとにしたカリキュラム案などに、左円のみを志向していると考えられるものが現れる危惧が大いにある。

しかし、経験とこれまでの日本語教育の研究を元にすれば、実は「対話を中心にした市民協働の場」（右円）と「初期・基礎日本語教育」（左円）の合わさった所で、真の生活の言語学習が起こる。地域に関わる生活日本語教師としては、それを実感したことは枚挙に暇がないが、紙幅の関係で例を1つだけ挙げる。

「日本語教室 in 黒部」という対話教室で、学習者に「今一番したいことは、何？」と聞いたら、「中古車を買いたいが、どのようにしたらいいか分からない」と学習者の中の一人が答えた。学習支援者（対話サポーター）も自分で

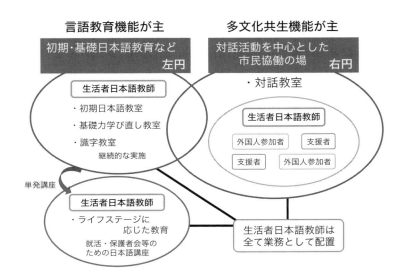

図4　富山県版地域日本語教育体制

買った経験がない者ばかりだったので、皆で中古車販売店に行こうということになった。その時にどのような行動をし、どのような手続きでどのような会話を交わすのかということを実際に経験し、皆でできる限り覚えて来て、その後教室でドラマ仕立てにして再現し、学習者・支援者で演じてみた。その後、車を買ったら「交通安全の意識」も必要だということで、今度は「事故に遭ったら」というドラマを作り、支援者皆で演じたものを学習者に見てもらい、それを元に対話をした。この下線部の活動が、ヤポニカの考える右円と左円の合わさった活動である。

　これらの活動が「学習目標の設定／ニーズ分析／シラバスデザイン／カリキュラムデザイン／評価」などのコースデザインの一連の作業の元でデザインされれば、形式にそった1つの教育計画になる。すなわち右円と左円の違いは、右円が「現実の中の(ほぼ)1回性の営み」である一方、左円は一定の教育計画の下、「教室内で何度も再現可能だが、実は現実そのものではない営み」だということである。多くの言語教育者が気づいているとおり、言語教育が「教室内だけの営み」であれば、多くの限界がある。上述のような右円・左円の合わさったところが、特に生活日本語教育では必要欠くべからざるものであり、それが教室内学習の改善も促す。

　この言語活動を整理・体系化し、学習者の既存の日本語知識を考慮し、適切な言語学習素材をカリキュラム化するには、生活日本語教師の力が必須である。そして「対話を中心にした市民協働の場」(右円)の充実があってこそ、右円と左円の合わさった所にある活動の教育化が進む。

　もし、右円と左円の役割の特徴をあえて強調するとすれば、右円は「多文化共生機能が主」で、左円は「言語教育機能が主」と言えるだろう。

3　「対話を中心にした市民協働の場」(右円)について

3.1　「対話を中心にした市民協働の場」(右円)の実際

　富山県では、上述したように市民ボランティアと生活日本語教師集団(ヤポニカ)と自治体が、このシステムを2005年から現在まで小規模ながら実現してきた。

ヤポニカでは日本語教育界のこれまでの研究の助けも借りて、「対話を中心にした市民協働の場」(右円)の学習目的と内容を定めてきた。その目的は、外国人が社会参加をする力をつける以外の何ものでもない。そして、社会参加の過程で起こる言語的困難と様々な問題解決の方法を、外国人・日本人共有の問題とすることである。結果的に、それは良質の日本語自然習得の場になる。学習内容は学習者の現実に常に密着していることである。さらに、言語の学習をリアルな文脈から切り離さず、リアルな社会を学習活動に持ち込んでいく。そうすると、教室はコミュニティになっていくと考えられる。

図5は、対話活動の教室風景である。筆者が長く関わってきた「日本語教室in黒部」のある日の活動風景を参考にした。

さらに、次のような点からも「対話を中心にした市民協働の場」(右円)の存在と充実は必要である。右円は、日本人側の市民教育の場としても大きく機能する。「日本語教育推進法」では国内での日本語教育の目的の一つに「共生社会の実現」を挙げているが、共生社会の実現のためには、日本人の意識

図5　対話活動(教室風景)(『にほんごボランティア手帖』pp.8-9)

変容も重要だというのは、周知のことである。

　日本人の意識の変容とは、例えば、外国人との相互理解、外国人を社会的存在と認知すること等を意味する。学習者への社会的存在としての認知は、学習者の「社会的生き難さ」や「社会的な彼らならではの良い所」を、支援者が地域の日本人住民に伝える行動を自然に生むことになる。「ワイワイにほんご・たいこうやま」という対話教室の支援者たちは、学校との保護者面談に、不安がっている保護者の学習者と共に立ち会っている。また前出の「日本語教室 in 黒部」の支援者は、市長のタウンミーティングの場で外国人として意見を言いたいという学習者を励まして共に出席したり[10]、地域の行事やボランティア活動へ学習者と支援者が一緒に頻繁に出席したり、などしている。この右円は多文化共生社会を志向する「地域に根ざした生活日本語教育」にとって、欠くべからざるものである。

3.2　「対話を中心にした市民協働の場」（右円）の活動内容

　「対話を中心にした市民協働の場」（右円）の実際の対話活動のテーマとい

表5　対話活動テーマ例

テーマ		大きな活動内容例
災害に備える		自助：非常袋に入れるもの　共助：近所づきあい 避難訓練に参加する　やさしい日本語
生活を見直す	食生活	好きな食べ物　ふるさとの食べ物　家族の健康を守る
	買い物	町のお得情報 大きな買い物：家を買う、車を買う
	近所づきあい	町内会って何？　近所の人とコミュニケーション
	家族関係	嫁姑問題を考える
子どもの 教育を考える	育児・学校	育児に悩んでいませんか？ 離乳食・弁当を作ろう 子どもの頃の遊びを伝えよう 学校と子どもの将来
	（識字）	園・学校からのお便りを読む
働く	労働問題	職場の悩み
	就活	ハローワークで　面接の心得と会話　自己PRをする
	（識字）	求人広告を読む

うのは、表5のようなものが挙げられる。

　これらは、対話活動の中で外国人・日本人から出てきたものを元に、生活者の営みの中から重要と思われるもの、「災害に備える」「生活を見直す」「子どもの教育を考える」「働く」というカテゴリー作りをしながら、組み立てたものである。

　ヤポニカが支援者と共に創ってきた右円の活動は対話活動と体験活動に大きく分けられている。以下は対話教室「にほんご広場なんと」の例である。対話活動で、実際に働く中で起きること、例えば、自分の困っていることや労働者としての権利をテーマに対話活動をしたら（行動主体は外国人が主な対象となるが、もちろん日本人も対象になり得る）、次の段階では労働基準監督署の出前講座を頼んで、実際にその労働基準監督署の職員から説明を受けるという体験活動をする。もちろん言語的困難さは様々あるので、支援者がやさしい日本語で訳したり、多言語のものを用意したりするなど様々な工夫が必要である。

　結果として外国人の社会参加が進んだ例はこれまでも多くある。例えば、複数の外国人が町内会の班長を引き受けるようになったことや、さまざまな問題（例えば、公営住宅の修理を役所と交渉したい、年金の支払い猶予を相談したいなど）を教室に持ち込み、支援者のアドバイスを受けつつ、自力で問題解決をすること、などである。

　そういう中で、外国人自身の多くが、対話活動を評価してくれるようになった。1つの例として、「にほんご広場なんと」の外国人学習者のことばをあげる。それは「自分の生活は、家・会社・スーパーの三角形の中にしかない。「にほんご広場なんと」はそれを広げてくれる」というものである。

　さらに、教室を1つのコミュニティにすることで教室がリアルなコミュニティと連携を持ち、地域と関係を拡げていくということがある。その例としては、コミュニティFMの企画への参加、小学校の総合学習への参加、学童保育への協力、自治振興会との連携防災訓練への参加などである。そうしていくことによって、一人一人が社会参加し、教室自体は地域に認知されて、外国人住民がその地域の一員としての存在感を増してくるのである。

3.3　市民主体の「対話を中心にした市民協働の場」（右円）

　右円で、強調しておかねばならないのは、この教育の現場では「市民主体」が必要ということである。その主体がどの範囲（活動内容・方法の決定、運営など）までのことかは、各教室の力量にもよるだろう。ただ厳しく言えば、この右円の教室では市民ボランティアが「自分たち（外国人参加者も含めて）の教室であり、コミュニティだ」という当事者意識を持っていなければ「お手伝いボランティア」「御用ボランティア」「アシスタント」などになってしまい、一時の交流の場にはなるだろうが、多文化共生の場としてはなかなか機能しないだろう。

　確認しておかねばならないのは、この「市民主体」は、行政機関や自治体の支援や助成が不要、または少なくてもよい、ということを決して意味しないことである。市民主体の「対話を中心とした市民協働の場」には、生活日本語教師の配置を含め、行政機関や自治体の十分な支援が要る。なぜなら、3.1節などで強調したように、この場（右円）は、日本語教育推進法で国内の日本語教育の目的の1つとされている「多文化共生社会の実現」に、必要欠くべからざるもので、それは継続的に安定的に運営されなければならないからである。

　この中で、生活日本語教師と市民ボランティアと外国人参加者（学習者）との関係は、図6のようなものである。市民ボランティアやそのリーダーの主体性や活動の力量が高まれば高まるほど、教師の役割は少なくなるのである。

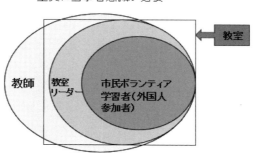

図6　右円における市民ボランティア・学習者と教師の関係

4 「初期・基礎日本語教育」(左円) について

4.1 「初期・基礎日本語教育」(左円) の実際

　ヤポニカにおいては、生活日本語教師が、「対話を中心にした市民協働の場」(右円) の活動進行や教室のコーディネートの実践と共に、「初期・基礎日本語教育」(左円) の言語学習など狭義の教師役割を担ってきたわけだが、右円の実践経験は左円の教育観にも大きく影響を与えた。

　左円は、主に1人の「教師」対「複数の学習者」という従来の教室学習と同様の形をとってはいるが、学習目的や活動のし方はそれとは異なる。左円では教室を、地域社会の一員となるための第一歩を踏み出す場、と位置づけ、左右両円の参加者やステークホルダーと関係を築くこと、生活情報を得ることなどに重きを置いている。もちろん生活に必要な基礎的な日本語力(「日本語教育の参照枠」のA2程度) と、それを支える社会・文化的情報や知識を身につけることも活動目的の1つである。教室では、自分について話せるようになり、同時に周囲との人間関係を築くことをねらいとして、トピックシラバスによるおしゃべりを取り入れた学習活動を行っている。

　右円での実践経験以外にも私達をエンカレッジしてきたものがある。それは、2010年頃より活発になってきた様々な「地域日本語教育の、特に初期指導への新しい学習方法の提言」とそれに伴う様々な教材(ヤポニカスタッフが執筆にも加わった『にほんごこれだけ！』など) である。現在、生活Can doの能力観も、以前以上に積極的に取り入れ、日々研鑽を重ねている。

5 まとめ

5.1 生活日本語教師の専門性と現実の活かし方

　警鐘を鳴らさねばならないと思うのは、専門性を持つ生活日本語教師の役割は、「初期・基礎日本語教育」が大きいという誤解が起こることについてである。「対話を中心にした市民協働の場」は確かに、従来の教師の役割以上と想像されるもの(コーディネート力や教室企画運営力など) も多く入っているが、右円に関わることができない生活日本語教師は、左円でも狭義の日

本語教育の専門性にとらわれて、生活日本語教師としてうまく機能しないことが多いということも20年余りの経験から痛感する。

　では右円・左円に関わる専門人材である生活日本語教師の役割と教師力とは何であろうか。ヤポニカが実践から得た知見を整理した要件を以下に列挙する。

1. 左円での授業・講座（初期指導、基礎学び直し教室での指導、識字教室での指導、ライフステージに応じた講座など）を企画、デザインし、実施すること
2. 地域や生活者としての外国人の実情に応じた「対話を中心にした市民協働の場」（右円）を企画、提案できること
3. 「対話を中心にした市民協働の場」（右円）での実際の活動、対話活動などを企画デザインし、実施することができること
4. ソーシャルワーカー的視点、カウンセリングの基礎態度を持っていること
5. 幅広いステークホルダーと連携、協働できること
6. 「対話を中心にした市民協働の場」（右円）に常に寄り添い、教室を維持、成長させることができること
7. 「対話を中心にした市民協働の場」（右円）の内外の活動を通して、外国人をエンパワーメントし、社会参加を促すことができること
8. 「対話を中心にした市民協働の場」（右円）での活動において市民ボランティアと連携、協働でき、それと同時に市民ボランティアを育成することができること
9. 日本人側の変容（外国人との積極的な相互理解を試みる、彼らを社会的存在と認知するなど）を促すことができること

　この要件の中で、特筆すべきことは、「ソーシャルワーカー的視点、カウンセリングの基礎態度を持っている」ということである。ソーシャルワーカー的視点がなぜ必要かを、以下に簡単に説明する。

　地域に根ざした教室に起こる学習的な問題というのは、決して個人的問題

に起因するものではない。どうしても、それは社会、もしかすると政治問題と関わっている。そのため、いくつかのそういった問題に対して社会全体を視座に置いたものの見方ができなければ、恐らく、それらに対峙していくことはできないだろう。問題解決能力までは求めないが、ソーシャルワーカー的視点はどうしても必要である。これは、一見非常に難しいことを望んでいると思われるかもしれない。しかしソーシャルワーカー的力は、実は教師論として書かれた本の中で、教師の社会的役割という視点等で、何度も必要性を論じられていることと、極めて類似していると考えられるのである[11]。

5.2　地域における生活日本語教育の現実の在り方

「初期・基礎日本語教育」(左円)と「対話を中心にした市民協働の場」(右円)の図は、いわば概念図である。現実の在り方としては、a) 右円左円セットの教育の場が、日本語教育機関(日本語学校や国際交流協会の公的日本語コースなど)の空間の中に在ったり、b) 自治体(例えば県)が、域内の市区町村という空間で教室を展開したりしていることが考えられるだろう。

他に、c)「対話を中心にした市民協働の場」(右円)に自主運営の市民活動が充実した形で存在するなら、それらと教育機関(生活分野の認定校など)と協働することも現実的にはあり得る。因みに、富山県は「c」のタイプである。付け加えておくと、自主運営のグループが充実してある場合、その地域の地方公共団体がしっかりと有形無形に彼らを支援している歴史がある。そうでないとそのグループは、ほぼ成立していないだろう。

図7は、上記のa)、b)、c)の在り方の概念図である。a)、b)、c)の共通点は、自治体のシステムコーディネーターと地域日本語教育コーディネーターの下、生活日本語教育(右円・左円の場)が、該当地域にいくつか散在している、という点である。なぜ、留学生教育などと違い、このようなことが必要なのか述べる。どんなに学習機会が保障されても、どうしても他に優先すべきこと(育児、介護、仕事など)がある生活者にとっては、彼らの居住する地域に近い場所に教室があることが学習の継続を促す大事な点である。また、何よりも地域の共生社会づくりの観点から考えて、自治体や他の関係機関としっかりとした協力体制を築けるコーディネーターが、地域の問題解決に取

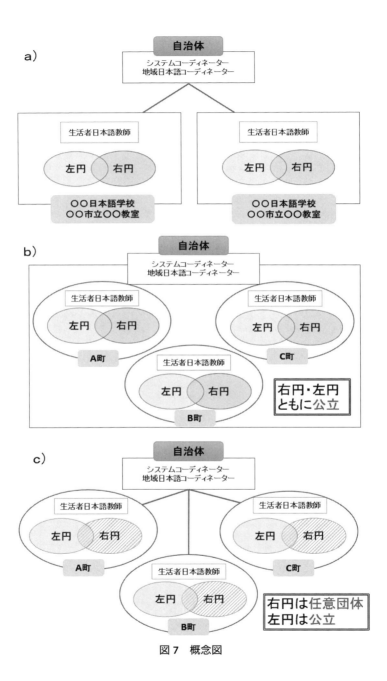

図7 概念図

り組む管理的な立場として存在していることが必須である。

5.3　生活日本語教師を真に育成するために必要なこと
　　　―初任研修の重要さ―

　ヤポニカの在りようが他の地域の生活日本語教育に示唆できることの１つは、地域で行われてきた日本語教育に長く携わってきた教師群を、再評価し活用する仕組みを構築することの必要性である。これに関しては文化庁文化審議会国語分科会が 2019 年に出した「日本語教育人材の養成・研修の在り方について（報告）」のキャリアパスの道のりがあるが、再評価を充実させるためには、この生活者日本語初任研修の在り方を精査して、真に生活日本語教育の専門性を持った人を育成する仕組みを構築することが必須である。この仕組みを構築しないと、生活日本語教育が留学生日本語教育の亜流になりかねない。なぜならプロの日本語教師＝留学生教育従事者という、安易な図式がまだ社会通念として人々の中にはあるからである。それは、労働対価を正当にもらっている日本語教師＝経営が成り立っている大学や日本語学校の教員、という現状が大きく影響している。

　ヤポニカは 2022 年度に文化庁事業を受託した富山県から再委託を受け、「『生活者としての外国人』に対する日本語教師【初任】養成講座」を実施した。この養成講座は課題など非常に厳しいものだったとアンケートに書かれていたが、受講生 16 名全員が半年の対面での受講を完了し、ほとんどの受講生の多くから「楽しく意義深いものだった」との評価を得た。このように、日本語教師に対する生活日本語教師としての再教育は必要だが、その厳しい研修に耐えてでも、専門性を持った生活日本語教師として地域で活躍したいという熱意のある教師が実は沢山いる。彼らが活躍できないのは、妥当な労働対価が保障されないこと、難しい点の多い生活日本語教師の専門性が明確にされていないこと、報酬の無さからくる非主流意識である。各地域を支えてきた優秀な日本語教師集団がいれば、そして彼らが専門家としての生活日本語教師になる情熱と力量を持ち続けていれば、彼らを再評価し活用する仕組みを構築することは、実現可能であり、そしてそれは、必要なことである。

5.4　地域日本語教育の在り方と日本語教育人材

　本章においては、富山県における地域日本語教育の体制整備としての在り方を、トヤマ・ヤポニカの実践経験から考察した。富山県の特徴は、生活領域の専門性が高い教師集団が存在し、その集団と県、国際センターとの協働が実現したことにある。その能力の高い日本語教師が入り、基礎・初期の日本語教育などの学習の場を保障しつつ、「対話を中心とした協働の場」での活動を通して、生活領域に必要な日本語の習得と市民参加による相互理解を基とするコミュニティ活動を同時に実現させている。

　体制整備が進んできた地域日本語教育の全体像を考えるとき、今の時点で重要なのは、まず国や県レベルでの十分な予算確保、市町村レベルでの地域日本語教育への十分な見識・プランがあることである。忘れられがちなのは、具体的な日本語生活領域において、生活日本語教育の高い専門性をもつ日本語教師集団の存在である。地域日本語教育コーディネーターが地域日本語教育のプログラムデザインをしたとしても、それを実践できる日本語教師の存在がないと、その地域内に暮らす学習者への日本語教育が展開できない。そして、地域に暮らす市民の「対話を中心とした協働の場」への継続的な参加を通し、その活動の場が生きた社会となっていなければならないのである。地域日本語教育とは、日本語学習者のための日本語習得の機会提供にとどまらず、社会における教育活動をとおしてその地域における多文化共生を目指していく、という大きな理念のもとに実施されるべきことである。

注
1　「日本語教育推進法」第16条では、地域における日本語教育として、「国は、地域における日本語教育の機会の拡充を図るため、日本語教室（専ら住民である外国人等に対して日本語教育を実施する事業をいう。）の開始及び運営の支援、日本語教室における日本語教育に従事する者の養成及び使用される教材の開発等の支援、日本語教室を利用することが困難な者の日本語学習に係る環境の整備その他の必要な施策を講ずるものとする。」としている。
2　文化審議会国語分科会　令和4年11月29日報告 https://www.bunka.go.jp/seisaku/bunkashingikai/kokugo/hokoku/pdf/93798801_01.pdf

3 「別冊　日本語教育の参照枠に基づく『生活 Can do』一覧」94029601_01.pdf (bunka.go.jp)
4 平成 20 年度 外国人に対する実践的な日本語教育の研究開発　文化庁 (bunka.go.jp)
5 一般的にボランティアの三原則と呼ばれるものは「自発性、無償性、社会性」であるが、無償性は有償ボランティアにあるように原則とは言えなくなってきている。一方長くボランティア依存の地域日本語教育が問題とされてきたのは、「それでは教育の質が担保できない」ということが主である。つまり「ボランティアであることは、専門性が保障されていない」というふうに認知されてきたと言える。本章では「ボランティア」を自発性と社会性を有するが「専門性は問われない」存在とする。筆者らは、「社会性・自発性を持っているが日本語教育の専門性は問われない市民のボランティアが、右円という対話の場で、生活日本語教師と共に『生活者としての日本人』として参加することが地域づくりには必須だ」という立場である。
6 「日本語教育の参照枠」の手引き https://www.bunka.go.jp/seisaku/bunkashingikai/kokugo/hokoku/pdf/93696301_01.pdf
7 日本語教育の推進に関する施策を総合的かつ効果的に推進するための基本的な方針 https://www.mext.go.jp/content/20200625-mxt_kouhou01-000008225_2.pdf
8 とやま国際センターは、2011 年以前は財団法人、それ以降は公益財団法人である。本章では、言及する時期によって（財）（公財）を使い分けるが、2011 年の前後共に言及する場合は（公財）とする。
9 生活日本語教育の左円（専門家による日本語教育）では、「ヨーロッパ言語共通参照枠」が示しているように、自立した生活者となるために最低 B1 レベルが必要であると、筆者らは考える。しかし現在、富山県の左円における予算は、B1 レベルまでの学習時間には到底及ばない。何とか A レベルをカバーできるものである。従って富山県の左円の活動実態として「左円の『初期・基礎教育』」と命名している。
10 この「日本語教室 in 黒部」では、「市長のタウンミーティングに出て意見を言う」を対話活動のテーマとして、タウンミーティング前に、教室皆で「自分なら何を言いたいか」で活動した。このように現実の必要性・問題は常に教室の活動となる。
11 春原（2006）「教師研修と教師の社会的役割」の中で、日々の教育の営みを社会的な役割という観点からながめることの意味を提示し、「力へアクセスし、力の公正な配分をめざす社会作りのための言語教育」の必要性と可能性を謳っていることは、本章の「生活者日本語教師がソーシャルワーク的視点を持つことの必要性」と相通ずると考える。

参考文献

庵功雄監修（2010、2012）『にほんご　これだけ！　1、2』ココ出版

御舘久里恵・仙田武司・中河和子・吉田聖子・米勢治子（2010）『外国人と対話しよう！にほんごボランティア手帖』凡人社

品田潤子（2011）「第6章 生活日本語の指導力の抽出方法」『平成22年度文化庁委嘱調査研究 生活日本語の指導能力の評価に関する調査研究』国際日本語普及協会 pp.53-64

品田潤子・池上摩希子・中河和子・嶋田和子（2012）「「社会型日本語教育」を担える人材とは―教師教育の視点から―」『2012年度日本語教育学会春季大会予稿集』社団法人日本語教育学会

社団法人日本語教育学会「平成20年度文化庁 日本語教育研究委託 外国人に対する実践的な日本語教育の研究開発（「生活者としての外国人」のための日本語教育事業）―報告書―」『文化庁』文化庁〈https://www.bunka.go.jp/seisaku/kokugo_nihongo/kyoiku/seikatsusha/h20_kenkyu_kaihatsu/pdf/93848601_01.pdf〉

多田孝志（2006）『対話力を育てる―「共創型対話」が拓く地球時代のコミュニケーション―』教育出版

中河和子（2011）「第1章 問題の所在」『平成22年度文化庁委嘱調査研究 生活日本語の指導能力の評価に関する調査研究』pp.3-7. 国際日本語普及協会

西口光一（1999）「状況的学習論と新しい日本語教育の実践」『日本語教育』100号, pp.7-18. 日本語教育学会

日本語教育小委員会（2022）「地域における日本語教育の在り方について（報告）別冊 日本語教育の参照枠に基づく『生活Can do』一覧」『文化庁』文化庁〈https://www.bunka.go.jp/seisaku/bunkashingikai/kokugo/hokoku/pdf/93913301_01.pdf〉

春原憲一郎（2006）「教師研修と教師の社会的役割」『日本語教師の成長と自己研修　新たな教師研修ストラテジーの可能性をめざして』凡人社

文化審議会国語分科会（2019）『教育人材の養成・研修の在り方について（報告）改定版』文化庁

文化審議会国語分科会（2022）『「日本語教育の参照枠」の手引き』『文化庁』文化庁〈https://www.bunka.go.jp/seisaku/bunkashingikai/kokugo/hokoku/pdf/93696301_01.pdf〉

文化審議会国語分科会（2022）「地域における日本語教育の在り方について（報告）」『文化庁』文化庁〈https://www.bunka.go.jp/seisaku/bunkashingikai/kokugo/hokoku/pdf/93798801_01.pdf〉

文化審議会国語分科会（2022）「日本語教育の参照枠（報告）」『文化庁』文化庁〈https://www.bunka.go.jp/seisaku/bunkashingikai/kokugo/hokoku/pdf/93476801_01.pdf〉

米勢治子・中河和子（2020）「生活者に対する地域日本語教育のよりよい形をつくるた

めの 7 つの提言―日本語教育推進法施行に際して―」『言葉が結ぶ人と社会　にほんごぷらっと』〈https://www.nihongoplat.org/2020/04/18/7436/〉

Web ページ

文化庁「日本語教育の推進に関する法律（条文）」『文化庁』文化庁〈https://www.bunka.go.jp/seisaku/bunka_gyosei/shokan_horei/other/suishin_houritsu/pdf/r1418257_02.pdf〉2024.4.13

文化庁国語科「令和 6 年度概算要求参考資料」『文化庁』文化庁〈https://www.bunka.go.jp/seisaku/bunkashingikai/kokugo/nihongo/nihongo_121/pdf/93944701_14.pdf〉2024.7.10

文部科学省（2020）「日本語教育の推進に関する施策を総合的かつ効果的に推進するための基本的な方針」『閣議決定』〈https://www.mext.go.jp/content/20200625-mxt_kouhou01-000008225_2.pdf〉2024.4.13

第 12 章

「児童生徒等」に関わる施策について

浜田麻里

1　はじめに

　在留外国人統計によると 2024 年 6 月現在、0 〜 17 歳の在留外国人数は 342,786 人（前年 6 月末より 26,222 人増）で、在留外国人の約 1 割を占めている。

　また、日本では 2023 年の 1 年間で 747,002 人の子どもが生まれているが、そのうち親のどちらかが外国人である子どもが 15,120 人、両方が外国人である子どもが 19,714 人で（人口動態統計及び別表）、生まれた子どもの 4.7% は「外国につながる子ども」ということになる。

　また日本語に焦点を当てれば、公立小・中・高等学校等に在籍する「日本語指導が必要な児童生徒」については外国籍 57,718 人、日本国籍 11,405 人、計 69,123 人である（2023 年 5 月 1 日現在）。

　いずれの数値もコロナ禍収束後、増加が著しく、子どもの問題はますます重要度を増している。

　成長過程にある子どもにとって言語の習得は非常に大きな影響を及ぼすが、子ども達の成長発達から言語の問題だけを切り分けることは困難である。そのため、以下では、日本語教育に限定せず「外国人児童生徒教育」というくくりで考えることにする。

　なお、本章で扱う施策の対象には場合によっては外国籍ではない外国につながる子どもも含まれているが、煩瑣になることを避けるため、特に区別は

しない。また、「児童生徒」は厳密には小・中・高等学校、特別支援学校等に在学している子どもを指すが、不就学状況にある学齢期の子ども、幼稚園等での施策も始まっていることから就学前の子どもも含めて扱うこととする。

一方、児童生徒に対する日本語施策の対象には海外で学ぶ日本人（いわゆる海外児童生徒）や外国語として日本語を学ぶ子どもに対する教育も含まれているが、外国人受け入れに関わる施策を扱う本書の趣旨から、本章の対象には含まない。

2 外国人児童生徒教育に対する評価

外国人児童生徒教育に対する国レベルの施策の評価を行ったものとして佐藤（2009）、臼井（2015）がある。

佐藤（2009）は 2008 年までの政策を概括し、次の 5 つの特徴を指摘した。(1) 対症療法的である、(2) 既存の枠組みの延長上でなされてきた、(3) 在日コリアンの子どもの教育問題が解決されないまま、ニューカマー外国人を対象とした政策が展開されてきた、(4) 自治体間の格差が広がっている、(5) 国際法から見ると不十分である。

また臼井（2015）は OECD（2011）が示した移民の教育政策を進めるための 8 つの手段、(1) 政策目標の明確化、(2) 法令の制定、(3) 予算配分、(4) 教員の資格の明確化、(5) ガイドラインの設定、(6) 教員の職能開発、(7) 意識向上のための広報活動、(8) モニタリング、評価とフィードバック、を紹介し、国の施策を評価している。

佐藤（2009）、臼井（2015）はともに外国人児童生徒教育における国としての首尾一貫した政策の不在を批判している。しかし 2019 年、「日本語教育推進法」において、国は幼児、児童、生徒等の日本語教育の充実を図るため、必要な施策を講ずるものとされた（地方公共団体に努力義務）。少しずつではあるが、外国人児童生徒教育が国の施策の中に位置付けられるようになってきている。以下では 2024 年現在の施策を概観しつつ、次なる課題について検討する。

3　外国人児童生徒教育の施策上の位置付け

3.1　特別の教育課程化

　2014年1月、「学校教育法施行規則の一部を改正する省令(平成26年文部科学省令第2号)」及び「学校教育法施行規則第56条の2等の規定による特別の教育課程について定める件(平成26年文部科学省告示第1号)」が公布され、小学校、中学校、義務教育学校、中等教育学校の前期課程及び特別支援学校の小学部及び中学部において在籍学級以外の教室で行われる指導について「特別の教育課程」を編成・実施することができるようになった(以下、「特別の教育課程化」とする)。後述のように現在は高等学校でも特別の教育課程を編成して日本語指導を実施することができるようになっている。

　これを受けて2017年から順次改訂された学習指導要領においては総則に「日本語の習得に困難のある」幼児、児童、生徒についての記述が加わることとなった。前回(2008年、2009年)の改訂で「海外から帰国した児童(生徒)などについては、学校生活への適応を図るとともに、外国における生活経験を生かすなどの適切な指導を行うこと。」との記述が小、中、高等学校、特別支援学校小学部・中学部に加わっていたが、今回の改訂でさらに日本語指導が必要な子どもについて「個々の児童の実態に応じた指導内容や指導方法の工夫を組織的かつ計画的に行うものとする。特に、通級による日本語指導については、教師間の連携に努め、指導についての計画を個別に作成することなどにより、効果的な指導に努めるものとする。」との文言が加わった。

　また新たに幼稚園教育要領・特別支援学校幼稚部教育要領にも「海外から帰国した幼児や生活に必要な日本語の習得に困難のある幼児については、安心して自己を発揮できるよう配慮するなど個々の幼児の実態に応じ、指導内容や指導方法の工夫を組織的かつ計画的に行うものとする。」と発達段階に応じた記述がなされた。

　このように正規の教育課程として日本語指導を実施することができるようになったことでノウハウの蓄積、評価の実施など様々な成果が期待されるところであるが、何よりも大きいのは外国人児童生徒の課題が「見える化」されることであろう。残念ながら特別の教育課程による指導を受けている児童

生徒は小中に限っても 64.5% で（日本語指導が必要な児童生徒数 69,123 人、特別の教育課程による指導を受けている数 44,554 人）、1/3 の子どもは特別の教育課程化の恩恵に与っていない。早急に対応が求められる。

3.2　基礎定数化

2017 年に「公立義務教育諸学校の学級編制及び教職員定数の標準に関する法律」が改正された。それまで日本語指導が必要な児童生徒の指導に当たる教員は自治体が独自の判断で配置していたが、この改正により、教職員定数として日本語指導が必要な児童生徒 18 人に対して 1 人の教員が標準の教員数に加えられ、国庫負担の対象となった。2017 年度から 2026 年度までの 10 年間で計画的に措置されることとなっている。これにより日本語指導が必要な児童生徒への対応が、「義務教育が恒常的に取り組むべき教育課題として定位」（末冨 2016）されたことになる。

3.3　教育振興基本計画における位置付け

教育振興基本計画とは、国が教育振興に関する施策の総合的・計画的な推進を図るため 2008 年から 5 年に一度策定しているもので、現在は 2023 年から始まった第 4 期に当たる。第 4 期からは①教育政策の目標、②基本施策、③目標の進捗状況を把握するための指標、が示されることとなった。

外国人児童生徒教育に関しては「目標 7　多様な教育ニーズへの対応と社会的包摂」に基本施策として「海外で学ぶ日本人・日本で学ぶ外国人等への教育の推進」が掲げられ、「外国につながる子供が自らの『長所・強み』を活用し可能性を発揮できるよう、多様性を尊重し、母語・母文化の重要性に配慮しつつ、国内の学校への円滑な適応を図る。」とされた（ここで「外国人の」ではなく「外国につながる」という表現が用いられている点も注目される）。指標としては、「公立学校における日本語指導が必要な児童生徒のうち、日本語指導等特別な指導を受けている者の割合の増加」が該当する。

また、これに先立つ 2021 年の中央教育審議会答申「『令和の日本型学校教育』の構築を目指して～全ての子供たちの可能性を引き出す、個別最適な学びと、協働的な学びの実現～」では「増加する外国人児童生徒等への教育

の在り方について」の柱が設けられ、「外国人の子供たちが将来にわたって我が国に居住し、共生社会の一員として今後の日本を形成する存在であることを前提に、関連施策の制度設計を行う」とされた。

外国人児童生徒への教育の施策は、既存の海外勤務者の子ども（いわゆる帰国児童生徒）の教育やそれを踏襲した中国帰国者の子どもに対する「国民教育」（佐藤 2009）か、そうでなければデカセギということばに象徴されるような一時的滞在者と位置付けられた外国人就労者の子どもへの対症療法的対応として行われてきた。ここに来て、少しずつではあるが公教育の中で「外国につながる子ども」という政策対象が明確化され、その教育の方向性が示されるようになったと言える。

3.4　全ての子どもの人権の保障のために

さらに、2017 年に制定された「義務教育の段階における普通教育に相当する教育の機会の確保等に関する法律（教育機会確保法）」第 3 条では、「全ての児童生徒が豊かな学校生活を送り、安心して教育を受けられるよう、学校における環境の確保が図られるようにすること。」、また、2023 年に制定された「こども基本法」第 3 条では、「全てのこどもについて、個人として尊重され、その基本的人権が保障されるとともに、差別的取扱いを受けることがないようにすること。」等とされ、いずれも「全ての」子どもが対象となっているという点も注目される。憲法や教育基本法では対象が「国民」と限定されていることが、後述する不就学をはじめとした外国人の子どもの権利侵害の背景にあった。しかし、新たに制定されたこれらの法律により、国籍に関わらず全ての子どもの学習権を含む基本的人権を保障する施策が実施されなければならないことが、改めて確認されたと言えよう。

4　具体的な施策

2008 年以前の施策については佐藤（2009）にまとめられているので、ここでは 2009 年以降の施策に焦点を当てる。2009 年以降実施された施策を本章末の表 1 に示す。ここでは表の中から主なものについて概観する。その際、

2020年3月に外国人児童生徒等の教育の充実に関する有識者会議から出された「外国人児童生徒等の教育の充実について（報告）」に示された5本柱、(1)指導体制の確保・充実、(2)教師等の指導力の向上、支援環境の改善、(3)就学状況の把握、就学促進、(4)進学・キャリア支援の充実、(5)異文化理解、母語・母文化支援、幼児に対する支援、に沿って現在に到るまでをまとめる。

4.1 指導体制の確保・充実

日本語指導に関しては外国人児童生徒教育のガイドラインとして2010年に「外国人児童生徒受入れの手引き」が発行された（2019年3月に改訂）。2014年には日本語能力の評価ツール「外国人児童生徒のためのJSL対話型アセスメントDLA」が開発された（2024年度末改訂予定）。

また、体制整備のための地方自治体への補助事業として2007～2012年度に「帰国・外国人児童生徒受入促進事業」、2013年度から現在に至るまで「帰国・外国人児童生徒等に対するきめ細かな支援事業」が行われている。

ごく新しい話題としては、2024年に「障害のある児童及び生徒のための教科用特定図書等の普及の促進等に関する法律（教科書バリアフリー法）」が改正された。従来、教科書の内容を音声化した音声教材は障害のある児童生徒のために教材として利用する場合は著作権法の適用外となり自由に活用することができたが、日本語指導が必要な児童生徒の場合も同様に著作権の適用外の扱いとなることとなった。教科書の音声データを用いた学習活動が今後活発になることが期待される。

4.2 教師等の指導力の向上、支援環境の改善

1993年から外国人児童生徒等に対する日本語指導のための指導者の養成を目的とした研修が始められているが、現在は独立行政法人教職員支援機構が「外国人児童生徒等への日本語指導指導者養成研修」として実施している。

さらに、教員養成や自治体で行われる教員研修を支援するため、公益社団法人日本語教育学会が文部科学省から委託を受け「外国人児童生徒等教育を担う教員の養成・研修モデルプログラム開発事業」を行い、外国人児童生徒

の教育に求められる資質・能力、その育成のためのモデルプログラムを提案した。

2019年度には「外国人児童生徒等教育に関する研修用動画」が開発され、Web上で公開され、孤立する教員・支援員の自主的な研修を支援している。

また、2019年、外国人児童生徒等教育アドバイザリーボードが文部科学省に設置された。メンバーは外国人児童生徒等の教育や支援の実践者や専門家で、文部科学省の委嘱を受け、今後の外国人児童生徒等に対する支援方策を検討するとともに外国人児童生徒等教育アドバイザーとして要請に基づいて自治体等に派遣されている。派遣の内容としては外国人児童生徒等教育の推進や日本語指導等の充実に資する研修に対する助言、日本語指導者養成研修における指導などを行うこととなっている。2024年3月現在36名のアドバイザーが登録されており、遠隔、派遣を含めここ数年30件程度の要請に対応している。

さらに2024年からは登録日本語教員の制度が始動した。認定日本語教育機関で教える教員の資格ではあるが、日本語教員の養成段階の資質・能力を備えたことを証するものとして、学校教育における日本語指導の場での活躍が期待されている。ただし、日本語教員の登録は学校教員免許状には当たらないので、今後は学校教員との連携の在り方や、初任段階でのOJTを経て、特別の教育課程を担当できるようになるためのキャリアパスを考えていく必要があるであろう。

4.3　就学状況の把握、就学促進

外国人児童生徒に関する問題の中でも社会的に大きな関心が集まっているのは不就学の問題である。

2008年のリーマン・ショックで多くの外国人が職を失い、就学状況は一気に悪化した。文部科学省は2009年から国際移住機関（IOM）に拠出する形で「定住外国人の子どもの就学支援事業」（いわゆる「虹の架け橋教室」事業）を実施し、不就学状況の子ども達への日本語や教科の指導、キャリア教育、子どもたちを公立学校へつなぐ事業をおこなった。この事業に参画した団体の多くがその後地域における外国人の子どもたちの支援において中核的な役

割を果たしている。虹の架け橋事業は 2014 年で終了し、2015 年度から文部科学省が自治体に対する補助事業として「外国人の子供の就学促進事業」を実施、都道府県、市町村による不就学等の外国人の子供に係る学校等との連絡調整、日本語指導又は教科指導その他の取組を補助する事業が実施されている。

その後も 2019 年 1 月 7 日付け毎日新聞で「就学不明　外国籍の子 1.6 万人」という報道がなされるなど、不就学問題に対しては強い関心が寄せられ、多くの論文も発表されている。2020 年には文部科学省から「外国人の子供の就学促進及び就学状況の把握等に関する指針」が出された。従来から取り組まれていた就学案内の多言語化や送付の徹底に加え、2025 年度末までに学齢簿と住民基本台帳システムとの連携を行うことで外国人の子どもの就学状況の一体的管理・把握を図ることとなっている。

「不就学」が注目を集める一方、その陰に存在する学習権の侵害にも注意が向けられるべきである。たとえば、支援が十分でないために学校に適応できず不登校状態にある、いわば「形式的就学」、高校に進学したものの、十分な支援が得られず通信制への転学を含めた進路変更を余儀なくされる、など、支援が行われないために学ぶ権利が侵害されている子どもが存在する。実態調査を含めた取り組みが必要である。

4.4　中学生・高校生の進学・キャリア支援の充実

日本語指導が必要な児童生徒の調査は 1991 年から始まったが、2018 年の調査から日本語指導が必要な高校生等の中退・進路状況に関して (a) 中退率、(b) 高等学校卒業後、大学や専修学校等に進学した割合、(c) 非正規就職率、(d) 進学も就職もしていない者の率について、の調査項目が加わった。日本語指導が必要な高校生と全高校生平均の間には大きな格差があることが明らかになっている。

高等学校における日本語指導の体制を整備するため、2022 年に「学校教育法施行規則の一部を改正する省令 (令和 4 年文部科学省令第 15 号)」、「学校教育法施行規則第百四十条の規定による特別の教育課程について定める件及び学校教育法施行規則第五十六条の二等の規定による特別の教育課程につ

いて定める件の一部を改正する告示(令和 4 年文部科学省告示第 54 号)」「高等学校学習指導要領及び特別支援学校高等部学習指導要領の一部を改正する告示(令和 4 年文部科学省告示第 55 号)」が公布され、2023 年 4 月から高等学校においても特別の教育課程化が実施された。高校レベルの日本語指導や受入れを支援するため、東京学芸大学が文部科学省の委託を受け「高等学校における外国人生徒等の受入の手引」「高等学校の日本語指導・学習支援のためのガイドライン」を開発し公開している。

　高校生のキャリアを考えるとき、在留資格の問題がネックとなってきた。0 〜 17 歳の外国人で家族滞在の在留資格の割合は年々増加している(2024 年 6 月末現在 37.5％で最多)が、従来は高卒では家族滞在から就労できる在留資格への切り替えが認められていなかった。それが 2020 年に「家族滞在」から「定住者」、「特定活動」などの就労可能な資格に変更可能となった。家族滞在者の日本学生支援機構の奨学金の申請も要件を満たせば可能となるなど、キャリアの展望が大きく開けた。

　また、キャリア教育、キャリア形成支援については、厚生労働省との連携の下での対応も今後計画されている。

4.5　異文化理解、母語・母文化支援、幼児に対する支援

　異文化理解や母語・母文化支援の体制づくりのため、2022 年に集住地域のモデルとして愛知教育大学、散在地域のモデルとして弘前大学がそれぞれハンドブックを作成した。また従来より各自治体では補助事業「帰国・外国人児童生徒等に対するきめ細かな支援事業」を活用した様々な活動が行われてきている。引き続き「外国人児童生徒等教育アドバイザー」派遣での啓発などを行っていく必要がある。

　子どもにとっての母語の重要性は、「日本語教育推進法」第 3 条(基本理念)でも保障されている。

　しかし、異文化理解についても、母語・母文化の支援についても、学校の教育課程内での位置付けが明確でないことから、学校現場で正規の教育としての取り組みが難しいことが大きな課題となっている。

　幼児に対する支援体制も急速に整備されつつある。2017 年に全国幼児教

育研究協会に委託して幼児教育の指導方法等の在り方に関する全国調査が行われた。また 2020 年には「幼稚園就園ガイド」(7 言語＋やさしい日本語)と受入れに必要な注意をまとめた「外国人幼児等の受入れにおける配慮について」が公開された。さらに 2022 年度には全国幼児教育研究協会に委託して外国人幼児等の受入れに関する園内研修のパッケージ(研修用動画、テキスト等)が開発され、公開されている。

今後は幼稚園などにおける外国人幼児等の人数の把握、外国人幼児等への指導やその保護者との連携に当たって求められる支援策のニーズ把握が行われることになっている。

4.6　その他

5 本柱に含まれていない 2024 年から加わった新たな取り組みとして「外国人材にとって魅力的な子供の教育環境のモデルの創出」がある。海外企業・研究機関の国内誘致が進む地域での高度外国人材の受入環境を一層充実させるため、外国人の子どもを受け入れる学校等での教育環境の整備のモデル事業が実施されることとなっている。

5　15 年間をふり返って

ここまで見てきたように、佐藤 (2009) から 15 年を経て、指摘された外国人児童生徒教育の 5 つの特徴のうち、(1) 対症療法的である、については、国の施策の中に定位されることによって少しずつ一定の方向性が見えるようになってきたが、(2)〜(5)については、残念ながらあまり状況は変わっていない。1 つには、佐藤も指摘するように在住外国人が背負う歴史的な背景から来る矛盾をいまだ解決できずにいることがあるだろう。

臼井 (2015) が示した OECD の 8 つの手段についても、国としてはこれらをクリアするためのメニューを、十分とは言えないまでも、一通りは準備してきた。ただ、これらメニューを活用した自治体の取り組みには差があり、格差はこの 15 年でむしろ広がっている感がある。国が教育振興基本計画に外国人の教育を位置付けても、各自治体が策定する教育振興基本計画(教育

大綱)においては、位置付けのない自治体もまだまだ多い。

　現場で取り組みが進まない現状を言語管理理論に依拠して分析してみよう。言語管理理論はJ.V. ネウストプニーとB.H. イエルヌッドによって提唱された理論で、国レベルの言語政策から、個人間のインターアクションまで、幅広く射程にいれて論じることのできる理論的枠組である。言語管理理論では言語管理の過程を以下のように説明する(Jernudd & Neustupný 1987)
① 規範と比較し逸脱が留意される。
② 留意された逸脱が評価され、不足が特定される。
③ 逸脱の調整のための手続きが選ばれ、実施される。
④ 調整が実施されプロセスが完了する。

外国人の子どもの言語教育の問題も、習得が進んでいない、つまりあるべき姿からの逸脱であると留意されれば、このプロセスに沿って調整が図られるべきだが、実際には次の様なプロセスが生じていると考えられる。
① 複数言語をもつ子どもがそれぞれの言語で年齢相応の言語能力を有していないことは、日本語については逸脱として留意されやすいが、日本語以外の言語については、逸脱として留意されにくい(あるいは最初から規範にない)。
② 逸脱が留意されていても、「子どもだから放置してもなんとかなる」や、生活言語能力のみが焦点化され「慣れて友達もできたから問題ない」と評価され、不足の特定に到らないことがある。
③ ガイドラインが共有されておらず調整のための手続きが適正でないことがある。例えば日本語指導が必要な児童生徒がワークブックを与えられ、黙々と学習する、母語のできる支援者が学級に入り込んで授業を翻訳するなどの調整手続きがいまだに正しいと信じられている。
④ 調整の実施については、現在の学校教育には対応するべき課題が山積しており、財政状況、教員の過重な労働といった現状の中、不足が特定されていても調整の実施に到らないことも多い。

　このように、せっかく調整が企図されても実施できない現状を解決するためには、まず根本的な条件整備として、企図された調整が可能になるような財政的、人的基盤が重要であることは言うまでもない。

ただ、財政的、人的リソースの確保だけでは十分とは言えない。木村（2005）は言語問題の解決には「当事者の能動的な参加」が重要と考える。比喩として挙げるのが「まちづくり」である。具体的な現場における言語管理は、そこに関わる当事者の「気付き」によって調整が行われる。だとすれば、土木工事の比喩が当てはまるような、上からの政策論だけでは調整プロセスは機能しない。まちづくりのように、現場の当事者の気付きを高めつつ、当事者が能動的に調整のプロセスに参加できるような、下からの取り組みが重要であると木村は言う。

　外国人の子どもの施策において下からの取り組みを行うとするなら、例えば、コーディネータが子どもの教育・支援の在り方を関係者と一緒に考えながら、関係者の気付きを高め、具体的な課題の解決にまで伴走するようなシステムの構築が考えられるだろう。

　中教審答申で示されたように、外国人の子どもたちは「共生社会の一員として今後の日本を形成する存在」である。成長過程にある子どもたちの学習権を保障し、その持てる力を発揮して可能性を拓くことができるようにすることは、我々の社会全体の未来を拓くことでもある。関係者は今後も体制整備に務めることが求められる。

参考文献

臼井智美（2015）「外国人児童生徒教育の拡充に向けた教育委員会の役割―三重県松阪市の事例分析から―」『日本教育行政学会年報』41: pp. 92–108.

木村護郎クリストフ（2005）「言語政策研究の言語観を問う―言語計画／言語態度の二分法から言語管理の理論へ―」『言語政策』1: pp. 1–13

佐藤郡衛（2009）「日本における外国人教育政策の現状と課題―学校教育を中心にして」『移民政策研究』1: pp. 42–54.

末冨芳（2016）「義務教育における「標準」の再検討―基礎定数改革の困難と展望―」『日本教育行政学会年報』42: pp. 36–52.

Jernudd, B.H. and Neustupný, J.V. (1987) Language planning: For whom? In L. Laforge (ed.) Proceedings of the International Colloquium on Language Planning, pp. 69–84. Quebec: Presses de l'Universit Laval.

OECD 斎藤里美監訳（2011）『移民の子どもと格差―学力を支える教育政策と実践』

明石書店 (OECD (2010) *Closing the Gap for Immigrant Students: Policies, Practice and Performance.*)

表1　2009年以降の主な外国人児童生徒施策

※複数年度にまたがる事業、有識者会議等については、成果物や報告書が公開された年のみを記している（例えば2017〜2019年度事業の報告書が2020年3月に公表された場合、2020年と表記）。ただし、公開日が不明の場合は事業年度を示している。

2007〜2012年度	帰国・外国人児童生徒受入促進事業（補助事業）
2009〜2014年度	IMO委託　定住外国人の子どもの就学支援事業「虹の架け橋教室」
2010〜2012年度	外国人児童生徒の総合的な学習支援事業
2011年	「外国人児童生徒受入れの手引き」
2011年度〜継続	情報検索サイト「かすたねっと」運用
2013年度〜継続	帰国・外国人児童生徒等に対するきめ細かな支援事業（補助事業）
2013年	日本語指導が必要な児童生徒を対象とした指導の在り方に関する検討会議「日本語指導が必要な児童生徒に対する指導の在り方について（審議のまとめ）」
2014年	東京外国語大学委託「外国人児童生徒のためのJSL対話型アセスメントDLA」
2014年	東京学芸大学委託「外国人児童生徒教育研修マニュアル」
2014年度〜継続	特別の教育課程化（義務教育課程）
2015年度〜継続	外国人の子供の就学促進事業（補助事業）
2016年	学校における外国人児童生徒等に対する教育支援に関する有識者会議「学校における外国人児童生徒等に対する教育支援の充実方策について（報告）」
2017〜2019年度	改訂学習指導要領（小学校、中学校、高等学校、特別支援学校）、幼稚園教育要領の総則に日本語の習得に困難のある幼児、児童、生徒についての記述が順次加わる。
2017〜2026年度	「公立義務教育諸学校の学級編制及び教職員定数の標準に関する法律（義務教育標準法）」改正　2026年度までの間に教員基礎定数化（児童生徒18人に1人）
2017年	公益社団法人全国幼児教育研究協会委託「幼児期における国際理解の基盤を培う教育の在り方に関する調査研究─外国籍等の幼児が在園する幼稚園の教育上の課題と成果から─」
2019年度〜継続	外国人児童生徒等教育アドバイザリーボード設置　アドバイザー派遣制度開始
2019年度〜継続	外国人の子供の就学状況等調査

2020年	公益社団法人日本語教育学会委託「外国人児童生徒等教育を担う教員の養成・研修のための『モデルプログラム』ガイドブック」
2020年	外国人児童生徒等教育に関する研修用動画
2020年	外国人児童・保護者向け動画「はじめまして！今日からともだち」「おしえて！日本の小学校」
2020年	外国人児童生徒等の教育の充実に関する有識者会議「外国人児童生徒等の教育の充実について（報告）」
2020年	外国人の子供の就学促進及び就学状況の把握等に関する指針
2020年	「外国人幼児等の受入れにおける配慮について」
2020年	「幼稚園の就園ガイド」（7言語＋やさしい日本語）
2020年	「家族滞在」で在留する外国籍生徒の「定住者」又は「特定活動」への在留資格の変更可能に
2021年	高等学校における日本語指導の在り方に関する検討会議「高等学校における日本語指導の制度化及び充実方策について（報告）」
2021年度〜継続	特別の教育課程化（高等学校）
2021年度	愛知教育大学委託「いまさらだけど多文化共生ってなに？」
2022年度	公益社団法人全国幼児教育研究協会委託「外国人幼児等の受入れに関する園内研修パッケージ」
2023年	弘前大学委託「青森県版　外国につながる子供の教育支援ガイドブック」
2023年	東京学芸大学委託「高等学校の日本語指導・学習支援のためのガイドライン」
2023年	東京学芸大学委託「高等学校における外国人生徒等の受入の手引」
2024年	障害のある児童及び生徒のための教科用特定図書等の普及の促進等に関する法律（教科書バリアフリー法）改正
2024年	外国人材にとって魅力的な子供の教育環境のモデルの開発

第 13 章

「日本語教育の参照枠」の目指すもの

真嶋潤子

1　はじめに

　国内の日本語教育界を取り巻く状況は、政府主導で非常に早い速度で変化している。その目的は、日本語教育の質と量を上げて、希望する外国人が希望する日本語能力を身につけられるようにすることである。そして、その根拠法は、「日本語教育の推進に関する法律（令和元年法律第 48 号）」（2019）である[1]。

> （目的）第一条
> …<u>日本語教育の推進</u>に関し、基本理念を定め、並びに<u>国、地方公共団体及び事業主の責務</u>を明らかにするとともに、…<u>日本語教育の推進</u>に関する施策を総合的かつ効果的に推進し、もって<u>多様な文化を尊重した活力ある共生社会の実現</u>に資するとともに、諸外国との交流の促進並びに友好関係の維持及び発展に寄与することを目的とする。（下線は引用者）

　その「日本語教育の推進」を実現するための方策を俯瞰すると、2 方向からのアプローチで、一つは制度面の政策である。これは日本語教育機関の認定制度と[2]、日本語教師[3]の国家資格制度をセットで作ることである。もう一つは、「日本語教育の水準の維持向上」に関わる方策面で、多様な学習者に対応可能なように日本語教育関係者の「共通基盤」となる「日本語教育の

参照枠」(以下では単に「参照枠」とも記す)を策定するというものである。

本章の筆者は、「日本語教育の参照枠」の策定にも関わる機会を得た[4]が、本章では「参照枠」の理解のために、「「日本語教育の参照枠」活用のための手引き」を利用しながら、説明を試みる。「日本語教育の参照枠」は無から生じたものではなく、言語教育政策で先行する欧州の施策を大いに参考にしている。それで、背景となる「ヨーロッパ言語共通参照枠 Common European Framework of Reference for Languages: CEFR」(欧州評議会 Council of Europe、以下 CoE 2001)、並びに CEFR-CV 補遺版 (CoE 2020)、CEFR を同じく参照した「JF日本語教育スタンダード」(国際交流基金 2010) についても触れておく。本章の目的は、「日本語教育の参照枠」について、その位置づけを明らかにすることと、その内容を紹介し、今後どのように利用され発展すべきかの「検討課題」(文化庁国語課 2024) を考えるための資料を提供することである。

日本政府が初めて作成した外国人等への日本語教育の関係者用の共通基盤としての重要性を理解するために、本章の前半では、2024 (令和 6) 年 3 月までは文化庁国語課が、そして 4 月からは文部科学省総合教育政策局日本語教育課が、国の政策としてどう位置づけているのかを提示する。本章の後半では、「日本語教育の参照枠」の内容について、それが参照した「ヨーロッパ言語共通参照枠 CEFR」(CoE 2001) と、同じく CEFR を参照した「JF日本語教育スタンダード」(CoE 2010) を取り上げる。また、「CEFR-CV 補遺版 (あるいは随伴版)」(CoE 2020) との関係についても今後の検討課題として触れておく。

2 新制度と「日本語教育の参照枠」の位置づけ

2.1 日本語教育の新しい制度

2024 年という年は、日本語教育の関係者にとって大きな変化の年として記憶されるだろう。「日本語教育機関認定法」が施行され、日本語教育機関の認定制度に加え、「登録日本語教員」の制度も始まり、その一部となる第

1 回「日本語教員試験」が、前年の試行試験（2023）に引き続き 2024（令和 6）年 11 月 17 日に実施された。日本政府の施策として法で定められたこれらの制度の変更・新設では、日本語教育を行う場所である「機関」と教える人である「教員・日本語教師」について、制度化されたわけであるが、それに先立って日本語教育の内容や方法（厳密には、教育内容の考え方や評価の方法）について「日本語教育の参照枠」（文化庁国語課、2024 年 4 月より文部科学省総合教育政策局日本語教育課に移行した。）という共通枠組みが出された。これは、日本で初めて（外国人等への第二言語としての）日本語教育の内容を考えるために国の指針としての枠組みが示されたという意味で、非常に大きな歴史的な事業である。

2.2　背景と経緯

　なぜそもそも日本語教育の推進に関する法律を作り、日本語教育の参照枠を作って、施策を進めようとしているのか、その背景については、日本の人口動態の変化によるところが大きいだろう。国内の労働力不足（「労働者」でなく「労働力」と言及されることが多いがそれが問題の一端を示している[5]。）を背景に、在留外国人の増加と特に「日本で就労する外国人」の増加が顕著である。コロナウィルス感染拡大の影響で、一時は減少したものの、令和 5 年末の在留外国人数は、341 万 992 人（前年末比 33 万 5,779 人、10.9％増）で、過去最高を更新している（出入国在留管理庁（入管庁））。このように、「在留外国人数は過去最高を更新している」と客観的に事実を述べているようだが、自然に増えたわけではなく、日本国内の人口動態の変化つまり少子高齢化による外国人就労者の受け入れを求める要望が、経済界・産業界から強く出されているのである。待ったなしの状況があるため、長期的視野に立って外国人を受け入れ「ライフサイクルを通じた支援」をしていくべきだという声が出ている[6]。これは国民の合意済みだろうか。私見では、その辺りが煮え切らないままなので、政府が「移民政策はとらない」と言ったまま、なし崩し的に現実が先行しているかに見える。しかし移民政策全般を論じるのは本章の範囲を逸脱するので、別稿に譲ることとする。

　一方で、国内の日本語教育の状況を見ると、在留外国人約 341 万人（令和

5年末)のうち1割にも満たない約26万人だけが日本語学習者として、文化庁の統計調査で把握されている(調査方法の限界もあることは理解しているので、数字を絶対視するつもりはない)[7]。しかし残りの9割以上の在留外国人の中には、日本語能力が十分備わっていて、日本語学習は必要のない人や、日本語学習を希望しない人も含まれているとは言え、学びたいのに学べる環境にない人も多くいる。この「留学」以外の在留外国人にも必要とされている日本語教育を提供できるような環境を整備するというのが、政府の方針であると理解している。

2.3 日本政府の動きから

　政府はこれまで、「外国人材の受入れ・共生のための総合的対応策」(平成30(2018)年12月25日決定、令和4(2022)年6月14日改訂、令和6(2024)年6月21日改訂)の取りまとめ、令和元(2019)年6月の「日本語教育の推進に関する法律」公布・施行に加え、令和2(2020)年6月には同法に基づく「日本語教育の推進に関する施策を総合的かつ効果的に推進するための基本的な方針」を閣議決定した。また、日本語教育の質の維持向上を図り、我が国に居住する外国人が日常生活、社会生活を円滑に営むことができる環境の整備に寄与することを目的として、令和5(2023)年6月に「日本語教育の適正かつ確実な実施を図るための日本語教育機関の認定等に関する法律」が公布され、令和6(2024)年4月に施行された[8]。

　「日本語教育機関の認定」や「日本語教師の国家資格」に関する制度が策定されたわけだが、在留外国人への日本語教育の教育内容の考え方については、別立てで共通枠組みが作成されてきている。それが「日本語教育の参照枠」(文化庁)である。本章では、日本語教育に関わる人が、新しくできた「日本語教育の参照枠」をどのように「参照」して、日本語教育の質の向上に寄与できるのか、また所轄官庁である文部科学省日本語教育課が、どのようにこれを推進しようとしているのかも把握しながら、考えるための資料を提供することを目的としている。

　文化庁は文化審議会国語分科会日本語教育小委員会においてCEFRを参考にして「日本語教育の参照枠」を策定し、「参照枠　報告」(令和3/2021)、

「参照枠　手引き」(令和 4/2022)、さらに「参照枠見直し検討課題」(令和 5/2023) において CEFR-CV (2020) を今後どのように「参照枠」に活用しうるのかを提示して、令和 6 (2024) 年度からは (文化庁から文部科学省総合教育局日本語教育課に担当が移り) その普及活動に注力しようとしているというのが最新状況である。

　この現状認識と課題について、日本語教育推進議員連盟 (第 20 回総会 2024 日 6 月 14 日) の資料から関連する部分を一部引用する。図 1 には現状把握と国全体として取るべきアプローチがまとめられている。

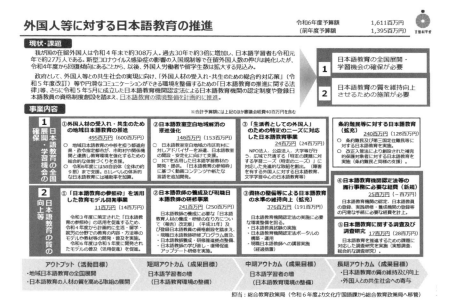

図 1　「外国人等に対する日本語教育の推進」文部科学省作成資料
(出典：日本語教育推進議員連盟 (第 20 回総会　2024 日 6 月 14 日) の資料 3 より)
https://www.nkg.or.jp/news/.assets/giren_20240614.pdf

　次の図 2 では、「地域日本語教育」に焦点化した現状と施策の具体が示されている。国内の日本語学習者というのは、後述するが「留学生」がこれまで中心であった。それ以外の日本語の (潜在的な場合も含めた) 学習者を「留学」「就労」「生活」という三つの「分野」として分けて考えることになった

図2 「外国人材の受入れ・共生のための地域日本語教育推進事業」
(出典:日本語教育推進議員連盟(第20回総会 2024日6月14日)の資料3 文部科学省作成資料より) https://www.nkg.or.jp/news/.assets/giren_20240614.pdf

ものである。「日本語教育の推進法」で、「国、地方自治体、事業主の責任」ということに言及されたので、ここでは「生活者としての外国人」を受け入れている地方自治体の施策についてまとめている。

3 「日本語教育の参照枠」を理解する

「日本語教育の参照枠」について、誤解を招かないように最初に指摘しておきたいことがある。一つは、「日本語教育の参照枠」というのは、日本語教育の「内容」や「方法」を日本政府が画一化・統一しようとして出しているものではないということである[9]。「日本語教育の参照枠」が担う役割としては、本章の方向性を見失わないよう先に述べておくが、次の2点が重要だろう。

①　「日本語教育に関わる全ての人が参照できる、日本語学習、教授、評価のための枠組み」であり、これが依って立つ「言語教育観の柱」と参照枠における「評価の理念」がセットで示されていることに大きな意義があるということ
②　具体的な教育の内容・方法の方針を直接定めるものではなく、日本語教育の画一化は目指されていない。しかし例外的に漢字については日本語学習において、独特の項目であるので、限定的に定められていること[10]。

　①については後述するが、②について先に触れておくと、これは「日本語教育の参照枠」が参考にした CEFR の姿勢とも共通するものである。よく引用される CEFR の序章（2ページ）に明言された姿勢であるが、「CEFR は言語教育で何をすべきか、どうすべきかを指示しようとは考えていない」「読者（CEFR のユーザー）は自分の置かれた教育現場によってその内容を選択的に使用することが期待されてい」て、CEFR は「言語教育に関する問題を考えるのに、ありうる選択肢を示し、当事者が熟考しやすいように枠組みを示すもの」である。「日本語教育の参照枠」でも、同様のことが示唆されていると理解できる。
　次の図3は、「日本語教育の参照枠　報告」(2021: 15) からの引用であるが、「参照枠」の構成がわかるようになっている。少し説明を加えておく。

・「日本語教育の参照枠」とは、「日本語学習、教授、評価のための枠組み」である。その枠組みは、「日本語教育に関わる国内外のすべての人が参照できる」共通のものであり、学習者の「日本語の習得段階に応じて、求められる日本語教育の内容及び方法を明らかにし、外国人等が適切かつ継続的な日本語教育を受けられるようにするための」枠組みである。
・ここでいう「日本語習得段階」を把握するために共通の「全体的／言語活動別の熟達度」の尺度を6レベルで示している。
・図3の1の右側には、「参照枠」で〈目指すもの（言語教育観の柱）〉が示されている。3本柱であるが、その1は「日本語学習者を社会的存在とし

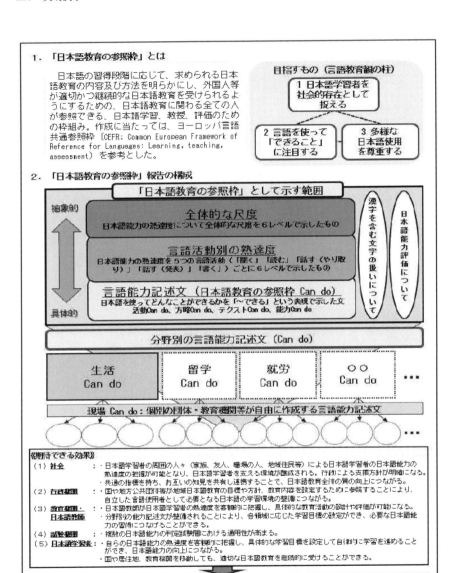

図3 「日本語教育の参照枠」の構成
(出典:「日本語教育の参照枠 報告」(2021) p.15)

て捉える」ことで、単に「言語を学ぶ人」ではなく、他の言語文化や様々な世界に関する知識を持ち、これまでの人生経験もある人と捉える。そして「新たに学んだ日本語を用いて社会に参加し、より良い人生を歩もうとする社会的存在」である（報告　p.6）。

その２は、言語を使って「できること」に注目する（日本語の知識量でなく、日本語で何ができるかに注目する。できないことでなく日本語学習を肯定的に捉える）。

その３は　多様な日本語使用を尊重する（必ずしも全ての学習者に母語話者と同等の日本語力を求めず、部分的能力も評価することと、地域差等も尊重すること）。

・日本語学習者を「生活」「留学」「就労」等の分野別にして、「言語能力記述文（Can do）」を開発すること。
・図の下の「期待できる効果」は、「社会、行政機関、教育機関・日本語教師、試験機関、日本語学習者」の別に記載されているが、注目に値するだろう。これらをもって「国内外における日本語教育の質の向上を通して、共生社会の実現に寄与する」という「日本語教育の推進に関する法」（2019）の目的に合致することになる。

次に「「日本語教育の参照枠」活用のための手引き」を示しながら「参照枠」全体の説明を加える。

3.1　「「日本語教育の参照枠」活用のための手引き」について

令和3（2023）年度には、文化審議会国語分科会日本語教育小委員会に、「日本語教育の参照枠」活用に関するワーキンググループが作られ、その成果として令和4（2022）年に、「「日本語教育の参照枠」活用のための手引き」が公開された。日本語教育の推進を図るために、令和3（2021）年に「日本語教育の参照枠　報告」を公開していたが、公開すればすぐに普及するというものではない上に、作成意図やどのように使われることを想定したのかも含め、できるだけ具体的に示す必要があると考えられた。詳細はその「活用の手引き」を直接ご覧いただきたいが、ここでは、その工夫された点と内容を紹介

しておく。

　まず全体85ページの冊子であるが、第1〜3章と参考資料から成っている。図4に示す「第1章 「日本語教育の参照枠」とは」は、以下の4つの

第1章　「日本語教育の参照枠」とは　　　　　　　　　　　　　　　…1

1．「日本語教育の参照枠」の取りまとめの背景と目的について　　　　　…1
　　Q1：なぜ「日本語教育の参照枠」が取りまとめられたのですか？　　　…1
　　Q2：どのような人が参照するのですか？目的は何ですか？　　　　　　…2
　　Q3：「日本語教育の参照枠」の普及によって期待される効果は何ですか？…3
　　コラム1　子供に対する日本語教育　　　　　　　　　　　　　　　　…4

2．言語教育観、日本語能力観について　　　　　　　　　　　　　　　　…5
　　Q4：どのような言語教育観に基づいて「日本語教育の参照枠」は
　　　　取りまとめられたのですか？　　　　　　　　　　　　　　　　…5
　　Q5：日本語の力をどのように示しているのですか？　　　　　　　　…6
　　Q6：どのようなレベル尺度を用いているのですか？　　　　　　　　…7
　　コラム2　Competences for Democratic Culture（民主的な文化への能力）が…8
　　　　　　示す能力と日本語教師に求められる資質・能力について

3．言語能力記述文（Can do）について　　　　　　　　　　　　　　　…9
　　Q7：Can doとは何ですか？どのような考え方が背景になっていますか？…9
　　Q8：Can doには、どのような種類がありますか？　　　　　　　　　…10
　　Q9：Can doベースのカリキュラムで授業はどのように変わりますか？…11
　　コラム3　国内の英語教育におけるCEFR-Jの取組　　　　　　　　　…12

4．日本語能力の評価について　　　　　　　　　　　　　　　　　　　…13
　　Q10：評価の三つの理念とは何ですか？　　　　　　　　　　　　　…13
　　Q11：日本語能力をどのように評価するのですか？　　　　　　　　…14
　　Q12：Can doを評価にどのように用いるのですか？　　　　　　　　…15
　　コラム4　CEFRを参照している各国の事例　　　　　　　　　　　　…16
　　　　　　① 移民の第二言語教育とCEFR－ドイツ統合コースの事例　…16
　　　　　　② 社会統合プログラムにおける韓国語教育　　　　　　　…17

図4　「日本語教育の参照枠」活用の手引き」〈目次〉　第1章
（出典：文化庁 2022）

項目についてそれぞれ3つのQ(質問)とそれへの簡潔な答えと、解説、「キーワード」の提示に続いて「もっと知りたい人に」という詳細情報が得られる箇所を提供するという構成になっている。この「手引き」の読者は、自分の興味関心に応じて、読み進め、読み飛ばし、必要な情報を得るといった読み方ができる。

「参照枠」で押さえてもらいたい4つの項目とは、以下の通りである。
1. 「日本語教育の参照枠」の取りまとめの背景と目的について
2. 言語教育観、日本語能力観について
3. 言語能力記述文(Can do)について
4. 日本語能力の評価について

各項目に3つずつ、次に「目次」が示すようにQ&Aの形で短く解説がある。

続く図5に示した第2章では「Can doをベースにしたカリキュラム開発の方法」として、コースデザインと評価について解説している。

最後に図6に示す第3章で、「生活」、「留学」「就労」の3分野の具体的

第2章　Can doをベースにしたカリキュラム開発の方法	…18
1．コースデザイン	…18
(1) コースデザインを行う上で重要になる視点（考え方）	…18
(2) コースデザインの概説	…18
(3) バックワード・デザイン（逆向き設計）	…19
(4) シラバスへのCan doの組み込み方	…20
2．評価	…22
(1) テスト	…22
(2) パフォーマンス評価（ルーブリックの作成）	…22
(3) ポートフォリオ評価	…29
まとめ：Can doをベースにしたカリキュラムの開発方法について	…30

図5　「日本語教育の参照枠」活用の手引き」〈目次〉　第2章

な事例として、それぞれ公益財団法人 しまね国際センター、コミュニカ学院、そして一般財団法人日本国際協力センター（JICE）のものが示されている。その際に、いずれも「バックワード・デザイン（逆向き設計）」の流れに沿って開発されたことや、その具体的手順についても説明がなされており（p.39）、それぞれの工夫された点が参考になる。

次に、ほんの一例だが「生活」分野の公益財団法人 しまね国際センターの事例を引用する。図7の矢印の箇所は活動後の振り返りの自己評価で、学

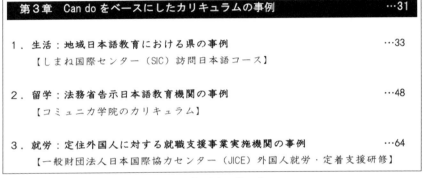

図6 〈目次〉 第3章

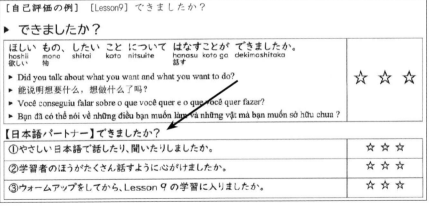

図7 「生活」分野の自己評価の例

（出典：文化庁 2022）

習者だけでなく日本語を指導する側（「日本語パートナー」と呼ばれている）のCan do評価を入れている。これは、新鮮で注目に値するのではないだろうか。

　この「手引き」は、どのようにすれば日本語教育の関係者に「参照枠」を読んでもらえるかということに腐心してあるので、これを見れば、「日本語教育の参照枠」に関して、一通りの疑問には答えられるように書かれている。第3章の事例は、本文中にも記載があるが、「日本語教育の参照枠」が出される前に、CEFRや「JF日本語教育スタンダード」を参照しながら開発されたものである。あくまでも事例の一部を紹介したものであるが、三つの分野の特徴がよく出ていて、その分野に不慣れな読者にもイメージしやすいものになっていると考えられる。

　この点については、文化庁国語課は、同時進行的に「日本語教育の参照枠」を活用した分野別のモデルカリキュラム開発事業を展開し、その成果が公開された[11]。「日本語教育の参照枠」の普及は今後加速していくものと考えられるが、「参照枠」の理解のためには、前年の「令和5年度　文化庁日本語教育大会（WEB大会）」の資料と編集動画が公開され（2024年6月）、これを視聴して学ぶことで、日本語教育の現場で具体化することが期待できるものに仕上がっていると考えている。

　これは一例であるが、「日本語教育の参照枠」では、前述したように日本語の「学習、教授、評価」に一貫性を持たせることが重要である。従来の日本語に関する知識量を物差しとした考え方、典型的には、「漢字は〇〇字、語彙は〇〇語習得済み」といった指針は、日本語学習の一側面ではあるが、その知識を使ってその人が「日本語で何ができるか」は全くわからない。「参照枠」では「日本語でできること」に注目するという行動中心アプローチAction-oriented Approachとも言える考え方を採用しており、そのための評価の考え方も重要である。

　「手引き」のQ11：「日本語能力をどのように評価するのですか？」に対する答えと解説で、評価の目的に応じて、様々な方法を組み合わせることが説明されている（「手引き」p.14）。これは学習者の多様な目的や凸凹のある

日本語能力の実際に迫るため、またそれを踏まえて指導に生かすためには、優れた方法だと考えられる。短時間で大勢の人に対して「一度の筆記試験でその人の日本語能力全体が把握・査定できる」ということは事実上不可能であることから、CEFR や「JF 日本語教育スタンダード」でも、評価は重要なテーマとなっている。

4 「日本語教育の参照枠」が参照した CEFR と「JF 日本語教育スタンダード」について

4.1　CEFR について

「日本語教育の参照枠」を理解する上で、その参照元となった CEFR を理解しておくことは重要であろう。詳細については、CEFR（CoE 2001、2020）の原典のほか、真嶋（2019a、2021）他を参照していただければと考える。本節では、CEFR とは何かということを、その理念と目標から、「日本語教育の参照枠」でも受け入れられている言語教育観まで概観する。CEFR[12] は「ヨーロッパ言語共通参照枠 Common European Framework of Reference for Languages」の略称で、欧州評議会（Council of Europe: CoE）の言語政策部門が 2001 年に発表したものである。なお欧州では、CEFR-Companion Volume 補遺版（随伴版とも）（CoE 2018/2020）の方が、現在では CEFR として通用しつつある[13]。

4.2　なぜヨーロッパのものなのか

「日本語教育の参照枠」が CEFR を参考にしていると聞いて、なぜ日本とは地政学的にも歴史的にも異なるヨーロッパの言語教育政策なのか、腑に落ちないと思う向きも多いかもしれない。それは、一言で言えば CEFR の普遍性と通用性に日本でも参考にできる点が多いこと、日本以外でも 40 以上の言語に翻訳され、欧州域内外でも定評があり多くの国々の言語教育政策に受け入れられ、利用されているという実績があることに加え、国や言語を超えて、共通の枠組みを共通基盤あるいは共通メタ言語として、話し合う可能性が開かれるからだと考えられる。また他所での評判はともかくこれほど

包括的に言語教育の指針として、長年の本格的な研究に基づいて作られたものが他にはなく、共通性・透明性・柔軟性・一貫性に優れていることから、異なる立場の関係者にも受け入れやすかったのではないかと思われる。

4.3 CEFRの背景と理念

　さかのぼれば、第二次世界大戦後に作られた欧州評議会 CoE では、国々の相互の意思疎通の不十分さや、言葉の誤解や齟齬が紛争をもたらすという反省から、「人権・民主主義・法の支配」を旨としてヨーロッパ域内で隣人の言語を学びコミュニケーションを促進することが大切であるという指針を打ち出している（1954年　欧州文化条約　第2条）。そのために欧州の国々の間であってもそれぞれバラバラに実施されていた言語教育に、1960年代から30年近く積み重ねられた言語学・応用言語学の専門的研究の成果を、汎言語的な枠組みを作る目的で1990年にスイス政府の支援によって加速させ、2001年にCoEから外国語の学習・教授・評価のための共通の枠組みとしてCEFRが発表されるに至った。言語能力の記述に共通枠組みを持つことによって、能力評価の通用性の高まりや、言語教育の継続性が容易になり、欧州域内の人の移動が促進されるのに一役買ってきたのである。その後も時代の変化に伴い、技術進歩や包摂的（インクルージョン）教育の後押しでオンラインの言語使用や、手話の言語能力記述文を入れるなど進化し続けて、CEFR-CV（CEFR-Companion Volume、補遺版 CoE 2018, 2020）が発表されている。この間の詳細については、真嶋（2021a、2024c 他）でも紹介している。

　CEFRと言えば、図8に示すような全体的な言語能力の6レベル（A1, A2, B1, B2, C1, C2）がよく知られている。これによって、言語によらず、国や地域にもよらず「大体どんなことができるレベルなのか」が相互理解しやすくなり、教育の継続性や評価や資格の通用性を高めるという言語教育推進の利便性を高める道具としての意味がある。「日本語教育の参照枠」にもその枠組みは取り入れられているが、日本語独自の側面として、「漢字を含む文字の扱い」も詳しく検討されている（「参照枠」pp.66-70）。

　欧州評議会 CoE が掲げる理念としては、「ヨーロッパ域内の人的交流の促

熟達した言語使用者	C2	聞いたり、読んだりしたほぼ全てのものを容易に理解することができる。いろいろな話し言葉や書き言葉から得た情報をまとめ、根拠も論点も一貫した方法で再構成できる。自然に、流ちょうかつ正確に自己表現ができ、非常に複雑な状況でも細かい意味の違い、区別を表現できる。
	C1	いろいろな種類の高度な内容のかなり長いテクストを理解することができ、含意を把握できる。言葉を探しているという印象を与えずに、流ちょうに、また自然に自己表現ができる。社会的、学問的、職業上の目的に応じた、柔軟な、しかも効果的な言葉遣いができる。複雑な話題について明確で、しっかりとした構成の、詳細なテクストを作ることができる。その際テクストを構成する字句や接続表現、結束表現の用法を使いこなせていることがうかがえる。
自立した言語使用者	B2	自分の専門分野の技術的な議論も含めて、具体的な話題でも抽象的な話題でも複雑なテクストの主要な内容を理解できる。お互いに緊張しないで熟達した日本語話者とやり取りができるくらい流ちょうかつ自然である。かなり広汎な範囲の話題について、明確で詳細なテクストを作ることができ、様々な選択肢について長所や短所を示しながら自己の視点を説明できる。
	B1	仕事、学校、娯楽でふだん出合うような身近な話題について、共通語による話し方であれば、主要点を理解できる。その言葉が話されている地域を旅行しているときに起こりそうな、大抵の事態に対処することができる。身近で個人的にも関心のある話題について、単純な方法で結び付けられた、脈絡のあるテクストを作ることができる。経験、出来事、夢、希望、野心を説明し、意見や計画の理由、説明を短く述べることができる。
基礎段階の言語使用者	A2	ごく基本的な個人情報や家族情報、買い物、近所、仕事など、直接的関係がある領域に関する、よく使われる文や表現が理解できる。簡単で日常的な範囲なら、身近で日常の事柄についての情報交換に応じることができる。自分の背景や身の回りの状況や、直接的な必要性のある領域の事柄を簡単な言葉で説明できる。
	A1	具体的な欲求を満足させるための、よく使われる日常的表現と基本的な言い回しは理解し、用いることもできる。自分や他人を紹介することができ、どこに住んでいるか、誰と知り合いか、持ち物などの個人的情報について、質問をしたり、答えたりできる。もし、相手がゆっくり、はっきりと話して、助け船を出してくれるなら簡単なやり取りをすることができる。

図8 「日本語教育の参照枠」熟達度の全体的な尺度
(出典:「日本語教育の参照枠 報告」p.22)

進」「民主的ヨーロッパ市民のアイデンティテの形成」「生涯学習としての言語学習・教育」「複言語・複文化主義」そして「少数言語の尊重」が特徴的である。この理念を背景に、CEFRが作成された。

次にCEFRで考える「学習者観」では、学習者は「人生経験のある社会的行為者」で「他の言語と文化のレパートリーもある複言語話者」であり、「それぞれに学習目的を持っているので、目標言語(外国語あるいは第二言

語)でどんな「(言語)行動」ができるようになりたいのか意識化することが大切」である。しかし、「みんながネイティブを目指すわけではないので部分的能力を認める」ことや、「学習者は受け身でなく学習内容や方法に主体的に関わる自律的学習者になるよう、生涯学習を意識した学習ストラテジーも学習する」ということが、革新的で重要である。これら「学習者観」は基本的に全て「日本語教育の参照枠」にも受け入れられている。

現在の日本語教育関係者には、筆者も含め従来型の言語教育観に基づいてやってきた人が多いと思われるが、CEFR に示されている「言語教育観」の変化を確認しておきたい。

(1) 言語知識の蓄積を目標とする学習から、コミュニケーション(運用)能力育成のために、「行動中心アプローチ action-oriented approach」を取り、その言語で何ができるのかに着目する
(2) (従来の「教師中心」から)学習者の多様性を尊重する「学習者中心」へ
(3) 受け身でない自律的学習者 autonomous learner の育成へ
(4) 学齢期の教育に限定しない「生涯学習」の機会保障へ

ここで、CEFR を当初から見る機会に恵まれた筆者の個人的な考えではあるが、CEFR の魅力だと指摘できることを以下のように列挙しておきたい。
(a) 人間と社会の在り方の中で言葉や言語教育を考える:言葉や言語教育だけを取り出して「真空管」「温室」「実験室」のような実社会と切り離された教室の中だけで教育が完成すると考えないこと
(b) 行動中心アプローチでコミュニケーション能力育成:言語教育は教師が「語彙・文法・発音」という「言語知識」「言語項目」を提供したら終わりなのではない。日本語教育の現場では構造主義言語学に基づく「文型積み上げ方式」をとってきたところが多く、それにはそれなりのメリットもあるが、教室では文型という「日本語の文の形」をパターンプラクティスで口にする練習止まりで、実際にそれがどんな文脈・場面で、誰に対してどのように使えるのかを十分理解できるようにするには「時間切れ」になることが多

い（来島他 2024）。学習者が実際にその言語を、自分の目標に従って「使えるようになる」ところまで持っていくのが教員の役割だと考える。

　（c）肯定的人生観・学習観：「できないこと」でなく「できること」に注目して、現実の異文化社会を理解していこうとする姿勢を育む。

　（d）学習者の立場に立って考える姿勢：教師に言われたことだけを受け身でやる学習者でなく、自分で自分の学習をコントロールしていけるように、本人の希望や考えをも尊重し、自律的な（自立的とは異なる）学習者を育てようとする。

　（e）「柔軟性」「透明性」「共通性」「一貫性」「強制しない姿勢」：言語教育・学習に関する情報を隠さないで、オープンな姿勢で対応する。またカリキュラムから教材、教授法、評価まで一貫性を持たせる。学習者を子ども扱いせず、できるだけ「選択の余地」を与え、意見交換しながら教育実践を行うようにする。

　そして、（f）常に現代的課題に対応しようとする姿勢を持ち「進化し続ける CEFR」を提案し続けていることである。

4.4　CEFR の特徴・特長

　外国語の成人学習者は、それまでに身につけた言語や文化を持っている。欧州評議会 CoE では欧州域内で使用される多くの言語を、全て優劣のない価値のある言語として尊重する方針を堅持している。個人の中に複数の言語レパートリーを持つ「複言語 plurilingual」の能力の育成を進めようとする CoE は、社会に異なる言語を話すグループがたくさんあることを指す「多言語 multilingual」とは別概念だとした[14]。それによって、社会的なグループでなく、個人個人の言語学習を推進しようとした。また言語と文化は切り離せないことから、個人の中で複数の文化的なレパートリーを持つことを「複文化 pluricultural」と呼び、複言語と合わせて「複言語・複文化主義 Plurilingualism, Pluriculturalism」として、CEFR の重要な概念の一つであると紹介されてきた。

　これ自体は、学習者の持つ言語や文化を尊重し、学習者が「社会的存在」であることとも呼応していると考えられ、人間の横顔（プロファイル）が様々

であるように、一人一人の言語の「プロファイル」(何ができて何ができないのか)も凸凹があって異なることを、教える側もよく理解し尊重すべきだということともつながっているだろう。

「日本語教育の参照枠」では、「複言語・複文化主義」という用語と概念は全面的には扱われていない。これまでの担当部署である文化庁国語課は、「日本語／国語」の言語政策を扱う部署なので、「複言語」も「複文化」も馴染みにくかったと理解できる。

ただ、参照枠を支える「言語教育観」の三つの柱は明示されている(「日本語教育の参照枠」p.6 ほか)。

① 日本語学習者を社会的存在として捉える
② 言語を使って「できること」に注目する
③ 多様な日本語使用を尊重する

繰り返しになるが、①は、学習者観として上述したことであるが、学習者は社会に参加していく存在だということである。②は、社会参加のためにも「知識量」よりは、日本語で何ができるかに注目する。③は、多様な学習者の目的に応じて、必ずしも皆が日本語母語話者を目指す必要はないことと、「多様な日本語使用」は地域の多様な言語使用を尊重する意味から、必ずしも「共通語を規範とするものではない」ということをも含んでいる(「日本語教育の参照枠」p.6)。

4.5 「JF日本語教育スタンダード(JFS)」とは

日本では海外の日本語教育の普及をミッションの一つとする独立行政法人国際交流基金 (Japan Foundation 以下JFとも表す) が、欧州評議会で策定された「ヨーロッパ言語共通参照枠 Common European Framework of Reference for Languages (CEFR)」(CoE 2001) を参考にして「JF日本語教育スタンダード(以下 JFS とも表記する)」(2010) を作成し公表している。これは、海外での日本語教育現場に、少なからぬインパクトを与えている。国内でも、今後もっと活用できるのではないかというのが筆者の考えではある。

そもそも外務省所管の国際交流基金は、国際文化交流事業の一環として海

外の日本語教育の普及、支援、環境の整備を行っており、ミッションは「日本の友人をふやし、世界との絆をはぐくむ」というわかりやすいモットーとして公表されている。

「JF日本語教育スタンダード」(国際交流基金2010)については、国際交流基金がCEFR(2001)を詳細に検討し、欧州各地からも情報を集め、自身のミッションである海外における日本語教育の普及に活かすべく、そのために精選した言語能力記述文(Can-do記述)を整え、「みんなのCan do」サイトをオンライン上に構築し更新し続けており(図9)、普及活動にも努めてきている。包括的かつ持続的な取り組みであり一貫した事業として、成果も上げており評価できる[15]。

2024年に出版された本に、国際交流基金で長年CEFRの研究、Can-doの作成、教材化、教員養成等に長年携わってきた元JFの専門員3名による『Can-doで教える　課題遂行型の日本語教育』(来嶋・八田・二瓶2024)がある[16]。これは、非常にわかりやすくJFSを解説し、それを踏まえて日本語教

図9　JF日本語教育スタンダードの公式ページ(一部)
(https://www.jfstandard.jpf.go.jp/top/ja/render.do)

員に手解きをしてくれる良書である。本の帯にあるように「文型積み上げ式とはどう違う？」「目標設定、授業の進め方、評価、異文化理解まで」「マインドセットを一変させる1冊」と、従来型からCEFRを踏まえた「JF日本語教育スタンダード」の考え方を教育現場で実践するのに有益な指南書だと言える。「日本語教育の参照枠」と同様にCEFR（2001）を参照してあり、日本語教育現場で文型・文法中心の教授法から学習者が日本語を使って何ができるかに注目して教えようとしている画期的な本だと評価したい。

　この本はJFSを国内の日本語教員にも普及させることを目指したタイムリーな出版であるが、「日本語教育の参照枠」との違いを敢えて言うとすれば、海外の日本語学習者をターゲットとして整えられたJFSが元なので、「留学／就労／生活」と学習者の目標から具体的イメージを描いて、その3分野で具体的なカリキュラムを構築しようとする「日本語教育の参照枠」と比べると、学習者像は広く一般的な「外国語としての日本語」学習者だと思われる。だが読者にとっては、読むのに障害にはならないだろう。

　ただ、ここで留意しておきたいのは、「JF日本語教育スタンダード」も「日本語教育の参照枠」も、参照しているのは、CEFR（2001）であり、最新のCEFR-CV補遺版（2018/ 2020）ではないことである。したがって、CEFR-CV補遺版（2018/ 2020）で強調されている新しい部分の内、特にNorth & Piccardo（2016）などが推進しようとしている「Mediation 仲介」については、踏み込んでいない。

　「日本語教育の参照枠」についても、CEFR補遺版が出た2020年以降に発表するものでありながら、CEFR（2001）のオリジナル版の方のみを参照している。従来型の「文型積み上げ式」を中心とした言語教育観、教授法から、「日本語教育の参照枠」で示された新たな考え方だけでも理解され、受け入れられ、普及するのに時間がかかるとの判断があったのかもしれない[17]。しかし、「参照枠　報告」では「日本語教育の参照枠」が「完成した」とは言っておらず、「CEFR-CV補遺版」を参照して「日本語教育の参照枠」を見直すための「検討課題」（文化審議会　2024）[18]にCEFR-CV補遺版（2018/ 2020）を踏まえて、「Mediation 仲介」を組み込んでいくことを提案している。

　「日本語教育の参照枠」（2021）では正面から「Mediation 仲介」は取り上げ

られていないが、この考え方やアプローチは、「検討課題」(文化庁　2024)以外にも、各省庁での日本語教育の取り組みに顔を出しつつあるということは、指摘しておきたい。2024年現在においては、まずCEFRを参照した「日本語教育の参照枠」の普及を当面の課題とするのが順当であろう。普及活動の一例として、対面・オンラインでの講習・研修・講演会(例えば、令和5.文化庁の日本語教育大会)を一過性のものとせず、見逃した人にも見られるように資料と、編集された動画を公開して提供している。

5　「日本語教育の参照枠」の普及の方法

先述したように2024年6月15日に日本語教育推進議員連盟第20回総会が行われている。その資料により、日本語教育推進の動きの中で「日本語教育の参照枠」がどのような位置付けになっているのかが垣間見えるので、確

文部科学省における日本語教育施策

日本語教育の推進に関する施策を総合的かつ効果的に推進するための基本的な方針(令和2年6月閣議決定)に基づき、次のような取組を推進。なお、令和6年4月の「日本語教育課」創設に伴い、文化庁より業務を移管。

<日本語教育の内容・方法等の充実>
「日本語教育の参照枠」の策定・普及
- ヨーロッパ言語共通参照枠(CEFR)を参考に日本語教育の内容や方法・評価等に関する共通の指標・包括的な枠組みを策定(6段階の尺度：A1～C2)　(R3.10)
- 参照枠を教育現場で活用するための手引の作成・公開 (R4.2)
- 「生活者としての外国人」に対する日本語教育の内容をレベル・言語活動ごとに示した「生活Can do」の作成・公開 (R5.3)
- 参照枠の見直しのために検討すべき課題の整理 (R6.2)
- 分野別(生活・就労・留学)日本語教育モデルの開発 (R4～)

オンライン等による日本語教育の普及
- オンラインを活用した日本語教育のための実証事業の実施(令和3年度補正予算事業) (R3～4)
- ICTを活用した日本語教育に関する検討の観点の整理 (R6.2)

<日本語教育の基盤整備・調査研究>
- 教材等の一元的な情報発信を行うポータルサイトの運用 (H25～)
- 日本語教育大会の開催 (S51～)
- 日本語教育実態調査 (S42～)、テーマ別調査研究 (H27～)　等

<地域日本語教育の体制づくり>
- 都道府県・政令指定都市による日本語教育の司令塔機能(総合調整会議、総括・地域日本語教育コーディネーター設置、日本語教室・研修等の実施を通じた総合的な体制づくりを推進(令和6年度は56団体を採択) (R1～)
- 日本語教育空白地域解消の推進アドバイザー派遣 (H28～)
- ICT活用日本語学習教材の開発・運営(18言語) (R1～)
- 「特定のニーズ」に対応した日本語教育の提案 (R3～)

<日本語教育人材の養成・研修>
- 大学等の日本語教師養成課程の開設・改善支援 (R1～)
- 日本語教師の養成及び現職日本語教師の研修 (R5～)
- 初任・中堅・コーディネーター等の段階別及び分野別(生活・就労・留学・児童生徒等)の日本語教師育成のための研修プログラムの開発・普及 (R1～)

<難民・避難民等への日本語教育>
- 条約難民・第三国定住難民への日本語教育
- 補完的保護対象者への日本語教育 (R6～)
- ウクライナ避難民への日本語教育 (R4～5)

さらに、日本語教育の水準の維持向上を図るための新たな制度を創設
「日本語教育の適正かつ確実な実施を図るための日本語教育機関の認定等に関する法律」 (R6.4施行)

日本語教師の資格及び日本語教育機関の認定制度の創設　等
①日本語教育機関の認定制度の創設
・文部科学大臣の認定、認定機関の情報の多言語配信、段階的な是正措置　等
②認定日本語教育機関の教員(登録日本語教員)の創設
・日本語教員試験の実施、実践研修、養成課程修了者の試験免除、養成研修機関の登録制度　等
③外務、法務、厚労、経産、総務省等との連携による制度活用促進

図10　「文部科学省における日本語教育施策」
(出典：日本語教育推進議員連盟(第20回総会　2024日6月14日)の資料)

認しておきたい。会議の資料3「日本語教育関係施策等の推進状況について」を見ると、「文部科学省関係資料」の最初にこの図がある（p.2）。図10の左上に〈日本語教育の内容・方法等の充実〉という見出しがあり、そこに「「日本語教育の参照枠」の策定・普及」と「オンライン等による日本語教育の普及」の2つのテーマがある。

〈日本語教育の内容・方法等の充実〉を見れば、これまでの文化庁（から移管した文部科学省）の日本語教育の内容についての施策のあり方は、「日本語教育の参照枠」の策定から普及というように5つの段階で進められている。

1 ヨーロッパ言語共通参照枠（CEFR）を参考にして日本語教育の内容や方法・評価等に関する共通の指標・包括的な枠組みを策定（6段階の尺度：A1～C2）(R.3.10)
2 参照枠を教育現場で活用するための手引きの作成・公開(R.4.2)
3 「生活者としての外国人」に対する日本語教育の内容をレベル・言語活動ごとに示した「生活Can do」の作成・公開(R.5.3)
4 参照枠の見直しのために検討すべき課題の整理(R.6.2)
5 分野別（生活・就労・留学）日本語教育モデルの開発(R.4～)

このように「日本語教育の参照枠」を作成→手引きの作成→「生活Can do」の作成→CEFR-CV2020をどのように「参照枠」に取り入れていくのかを検討→全国での普及活動、という手順で実行するように計画されている。5番目の日本語教育モデルの開発については、2024年度には、前年度にモデルが提出されているので、各教育モデルを示し、理解・普及を図る研修会・講演会等が計画されている。

図11に示すのは、文部科学省が文化庁より引き継いで運営するネット上の日本語教育に関する情報共有システム（NIHONGO Education contents Web sharing System: NEWS）のページの一部である。ここには目立つところに「日本語教育の参照枠」の詳細がわかるように、また（ページの中央と右側の）複数箇所に示されているだけでなく、カリキュラムや教材、政府の施策等に関わる情報も掲載されている。「参照枠」の普及活動の一つである。

図 11　「NEWS 日本語教育コンテンツ共有システム」のページの一部
（文部科学省が運営する「NEWS 日本語教育コンテンツ共有システム」のページの一部
https://www.nihongo-ews.mext.go.jp）

5.1　「日本語教育の参照枠」の受け止め方

　「日本語教育の参照枠」は、CEFR の良いところを吸収し、教育・学習・評価の一貫性を持った、全国の「留学」「就労」「生活」分野の日本語教育の質の向上を目指した道具（ツール）だと捉えることができる。CEFR の理念の一部を日本の状況に合わせて受け継いでいる「日本語教育の参照枠」は、（調査をしたわけではないものの）「学習、教授、評価に係る日本語教育の包括的な枠組みであるという点で、画期的なものだ」と受け止められている（大阪大学 CIEE 2024）。

　筆者の欧州での調査報告でも述べたが（真嶋 2005、2006 他）、ヨーロッパの国々でも、欧州評議会から CEFR（2001）の発表を受けて、各国が受容していこうとした際に、教育現場では従来の教育実践を否定されたのかと反発したり、変更する労力を避けようとしたり、否定的な見解を出す人たちもい

た。しかし、発表後 20 年以上経つ 2024 年現在のヨーロッパの言語教育界では、「CEFR とは何か？」と問う人も、否定する人ももはや皆無のように見受けられる。CEFR の 6 つのレベルは、汎言語的に、国境を越えて通用する共通性を持ち、教材にも CEFR レベルが明示され、（書店では、語学教材がレベル別の棚になっていることも多い）移民統合政策の一部としての活用もなされている。CEFR-Companion Volume（CEFR 補遺版　2018/ 2020）を受けて、一つの重要なポイントであり特長である「仲介 Mediation」をどのように言語教育に活かせるかということが、ここ数年のヨーロッパの言語教育の専門家の話題であるようだ[19]。

5.2　日本語教師の現状から見た「日本語教育の参照枠」の必要性

　ここで少し立ち止まって、「日本語教育の参照枠」が必要だと考えられた背景を別の角度から見ておきたい。

　日本語教育関係者（専門家）の多くは、留学生への日本語教育に携わるのが中心だったという、関係者の専門性に偏りが見られることを指摘しておきたい。それは、以下で述べる「留学生 10 万人計画」などの国策の後押しがあったからだろう。

　日本語教育の分野が専門的に確立してきたのは、さほど遠い昔ではない。戦後の早い時期から（日本が戦後保障の一環として行なった）アジアの留学生の受け入れに始まり、長らくは日本研究者や宣教師等専門職の外国人への日本語教育が小規模に行われ、1990 年に改正入管法の施行により、単純労働を担う外国人の入国を認め、活動に制限のない日系人や、それ以前に来日・帰国したインドシナ難民、中国帰国者等も含めた「ニューカマー」と呼ばれる人たちが増え、日本語ができない在留外国人（日本国籍者も含め）は増えた。

　しかし日本語教育の関係者として見れば、過去 30 ～ 40 年は、日本語学習者と言えば「留学生」が中心だった。逆に言えば、留学以外の在留外国人への日本語教育は、重視されてこなかったのである。それは 1983 年の「留学生 10 万人計画」[20] と 2008 年の「留学生 30 万人計画」という政府方針に呼応する形で、留学生への日本語教育が質・量ともに高まり増えてきたとい

うことである。

　それが1990年の改正入管法の施行後、留学生ではない外国人つまり「参照枠」で言うところの「就労」「生活」分野の増加が顕著になってきたのである。主として少子高齢化で労働人口が減少したことに対応しようとした経済産業界の要請によって、「技能研修生」制度から「技能実習生」へと制度は変えたが、来日した技能実習生の人権が護られていない状況から、ベトナム人ら東南アジアからの技能実習生の失踪者や死亡者の増加を引き起こし、国際的にも批判を受け問題が顕在化した。「特定技能」という在留資格を新設し、それを2024年には新たな「育成就労制度」とすることになったが（本書の第5、10章参照のこと）、「外国人労働者」を受け入れる、あるいは受け入れないといった議論の際に、日本語教育の専門家が会議に入っていないなど、言語教育の面がかなりなおざりにされていたというのは事実である。しかし、失踪・死亡した外国人の若者は、なべて日本語能力が不十分で、雇用者側とのコミュニケーション不在、あるいは雇用者側が制度を悪用する[21]など様々な問題が発生していた（真嶋編2021b 他）。

5.3　日本語教育界の偏り

　前述したように、「日本語教師等」の職業としての実践分野としては、留学生教育に携わる日本語教師がほとんどであった。それ以外では、日本語を教えても「生活給」を得るのが難しい状況があった。「留学生教育」としての日本語教育を考えると、学習者は高学歴の、あるいは高学歴を目指す人たちであり、一般的には上昇志向の強いいわゆる「高度人材」と言われている人だという傾向がある。少なくとも、ある程度継続的に、まとまった時間や労力を日本語学習にかけられる環境にある人たちだろう。

　一方「就労」「生活」分野の日本語学習者は、どうだろうか。「留学生」のように高学歴だったり、日本の高等教育にいたり、目指したりする学習者とは、日本語学習の目的や必要度が根本的に異なっている人が少なくないだろう。もちろん来日目的も、日本語学習目的や目標も多様である。日本人の配偶者として定住している人の中にも、日本語学習を必要とする人もいる。そのような学習者に、従来型の留学生を対象としていた言語教育観で、教材や

第 13 章 「日本語教育の参照枠」の目指すもの　229

教授法も同じもので良いだろうか。実際は調査によると、日本語学校や教室に通いたいが、近くにない、行ける時間帯に開講していない、あるいは授業料の面で現実的でないという声が多い。

　国内では、これまで日本語教育の実践も研究も蓄積が少なかったところから、分野を問わずに使える「参照枠」のニーズが出てきた。その際に、日本国内にはそのような教育・研究の蓄積が少ないこともあり、海外に資料を求めることとなる。

　さて、就労目的だけでなく、様々な理由で日本に在住の外国人への日本語教育の施策を行おう、提供しようとする時に、日本語教育の専門家、日本語教師を名乗る人がもっぱら「留学」分野であったのは、文化庁の「国内の日本語教育の概要」を見れば容易にわかる。令和5（2023）年の統計（図12）を見てみる。

　令和5年の統計によると、日本語教育機関のうち「法務省告示機関」が634（23.2％）で、「大学等機関」545（20.0％）を合わせると、全体の43.2％で

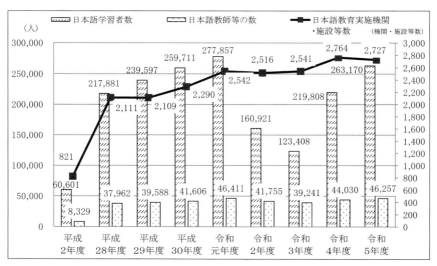

図12　「国内の日本語学習者数／教育機関・施設数／日本語教師等の推移」
（出典：文化庁「国内の日本語教育の概要」（各年11月1日現在））
https://www.mext.go.jp/content/20241101-mxt_chousa01-000038170_02.pdf

ある。

　日本語教師等（常勤、非常勤講師にボランティアを加えている）は、その2種類の機関の人は「法務省告示機関」が13,143人（28.4%）と「大学等機関」が4,534人（9.8%）で、合わせて38.2%である。一方日本語学習者数は「法務省告示機関」122,001人（46.4%）、大学等機関で53,447人（20.3%）で、合わせて66.7%である。

　日本語教育の現状を大雑把に見ると、全体の43.2%の機関で、38.2%の教員が、66.7%の学習者に教えているということである。教員割合が少ないようだが、日本語教師等のうち約半数が「ボランティア」であること（この傾向は、20年来変化していない）を考えると、常勤・非常勤が担当するのがほぼこの2種の機関すなわち日本語学校と大学等だと考えられる。

　従って、ボランティアでない有給の日本語教師等は、ほぼ「法務省告示校」と「大学等教育機関」で教えていると理解できる。そしてこの日本語教師は、国の「留学生30万人計画」の目標のため、留学生を増やしてきたか

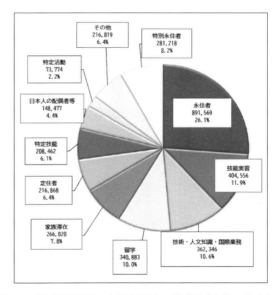

図13　「在留資格別　在留外国人の構成比（令和5年末）」
（出典：出入国管理庁報道発表資料）https://www.moj.go.jp/isa/content/001415139.pdf

ら当然だとも言えるのだが、常勤であれ非常勤であれ、「留学」の在留資格の学習者に日本語を教えていると考えられる。

ここから、前述したように日本語教師は「留学生」に教えることのプロが多いと言える[22]。

一方在留外国人数は、出入国管理庁の統計によれば、「令和5年末の在留外国人数は、341万992人（前年末比33万5,779人、10.9％増）で、過去最高を更新。」と報告されている。この約340万人の在留外国人の在留資格別の内訳を見ると、図13のようになっている。

このように在留外国人全体のうち、「留学」の人は約34万人すなわち全体の10％にすぎない。「留学」ビザの外国人は、「技能実習」生よりも少なく、「技術・人文知識・国際業務（いわゆる「技・人・国」）よりも少ない。筆者が個人的にこの傾向（留学生より技能実習生の方が多いという傾向）を知った時には、大変ショックだったのを覚えている。そんなに多くの外国人に、一体誰が日本語を教えているのだろうか、そもそも教えているのだろうか、長年日本語教育に携わっている自分がそれについては寡聞にして聞いたことがない、と。案の定、多くの「技能実習生」は日本語で意思疎通もできず酷い状況に置かれている場合も多かったのである（真嶋2021b 他）。

以上のように、日本国内の日本語教育の現場では、留学生を対象としているところがほとんどであり、国や社会が要請する「生活」「就労」分野の日本語教育の質や量を向上させるには、「日本語教育の参照枠」のような内容や方針を示し、現場のニーズに合わせて柔軟に活用できるツール（道具）が必要とされていたと理解される。

6　「日本語教育の参照枠」の普及のために

以上を踏まえ、ここで「日本語教育の参照枠」について、柱となる考え方とその実現方法について、触れておきたい。

この図14に示されたのは、「参照枠」のエッセンスと言っても良い内容である。左側にあるのは、「参照枠」の全体像と、学習者の分野による「できること」つまり「言語能力記述文 Can do」の位置付けを示している。言語

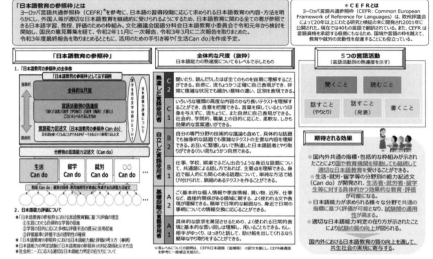

図 14 「日本語教育の参照枠」の概要

（出典：文化庁日本語教育コンテンツ共有システム NEWS　https://www.nihongo-ews.mext.go.jp/information/download/368）

　能力の評価についても、従来型の「言語知識の量と正確さ」を計るのではなく、日本語を使って「どんな行動ができるのか」を評価しようとすれば、新たに考える必要がある。

　真ん中には「全体的な尺度」の表があり、A1、A2、B1、B2、C1、C2の各レベルの学習者は大体どんなことができるのかが理解されよう。右側には、CEFRの説明と、5つの言語活動、そして「日本語教育の参照枠」がどんなメリットをもたらすのか、「日本語教育推進法」の目的に合致することが示されている。

6.1　「日本語教育の参照枠」の普及のための事業

　日本語教育関係者は、「日本語教育の参照枠」を外側から読むだけでなく、実際の能力記述を見て、レベルを理解して初めて「参照枠」を実践に使うための議論ができるだろう。その一例として、文化庁の「令和5年度日本語教

育大会」(Web 開催)が行われた[23]。

　プログラムは、以下のように3部構成になっており、全体の位置づけから「日本語教育の参照枠」を理解するワークショップの後、「留学」「就労」「生活」の分野の中では最も手薄な「地域の生活者」について、実践と普及について理解を深めることができるように構成されている。

1　文化庁における日本語教育施策及び関係府省庁における施策
2　「日本語教育の参照枠」
　　オンラインワークショップ：「日本語教育の参照枠」を活用したコースデザインを考える
3　「生活者としての外国人」のための特定のニーズに対応した日本語教育事業：地域における日本語教育の「特定のニーズ」について考える

　IT 技術の発展の恩恵を受けて、オンラインで、内容をいつでも何度でも視聴することも可能で、内容・構成ともによく考えられているので、これを見ると確かに理解が進むだろう。編集されているので、実際の大会参加よりも短時間で、しかも何度でも視聴できるので、自学自習も可能である。次の図15にまとめられているが、2024（令和6）年度以降、文部科学省総合教育政策局で、「日本語教育の参照枠」を活用した教育モデル開発・普及事業を展開していくことになる。それに関する評価は執筆時点では時期尚早であるが、今後に期待を持って実施を注視していきたい。

　以上簡単に「参照枠」の内容と経緯等と、「手引き」の概要を紹介した。最後に「「日本語教育の参照枠」の見直しのために検討すべき課題について―ヨーロッパ言語共通参照枠　補遺版を踏まえて―」(「参照枠の検討課題」とも言及する。)（文化審議会国語分科会日本語教育小委員会「日本語教育の参照枠」補遺版の検討に関するワーキンググループ　令和6（2024）年2月22日）に触れておきたい。

　この報告書は5つの章から成り、第Ⅰ章で「日本語教育の参照枠」策定後の日本語教育の現状と課題のまとめ、第Ⅱ章では、「参照枠」見直しの方針について、第Ⅲ章では、見直しの際に盛り込むべき内容について検討案と

してプロファイル、異文化間能力、仲介、方略などのCEFR-CVで注力されている点について説明している。第Ⅳ章では今後の更なる検討課題の提案がなされ、最後の第Ⅴ章は、参考資料として前年のヒアリング資料のまとめが提供されている。

この報告書を読めば、これまでの「参照枠」発表後の対応や、検討中の内容、今後CEFR-CV補遺版(随伴版)の内容をどのように受け入れていくのかということの道筋がわかるようになっている。道筋だけでなく、何がどのように問題になるのか、非常に丁寧に記載されているので、情報量も多く、参考になるだろう。「日本語教育の参照枠」は、文部科学省が担当することになったが、在住外国人への施策は、外務省、法務省、厚生労働省、経済産業省等の省庁横断的に取り組むべき事柄も多い(政府が移民政策を採用して「ワンストップサービス」ができるようにならない限り)。将来を担う日本語教育関係者には、是非熟読してもらいたい内容である。図15は教育モデル

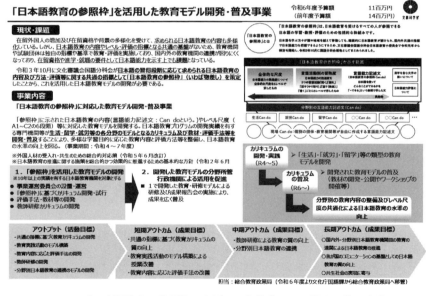

図15　「日本語教育の参照枠」を活用した教育モデル開発・普及事業
(出典:「日本語教育推進議員連盟第20回総会　資料」より「日本語教育関係施設等の推進状況について　(令和6年6月)」の「文部科学省関係資料」より(p.18))

開発・普及事業の全体像である。

7　ドイツの政策

　「「日本語教育の参照枠」活用のための手引き」（文化庁 2022）には、海外の事例として韓国とドイツに関するコラムが掲載されている。現状では、日本は「移民政策はとらない」という政府見解を変更するには至っていない。しかし真嶋（2022）で紹介したように、「移民国家」になることを国策として決めたドイツ連邦共和国（2005）では、1950年代以降の外国人労働者の受け入れに絡んで、社会の混乱や不安を生じさせてしまった反省を元に、「移民統合」のために「移民・難民庁 BAMF」という庁も作って、日本とは比較できない程の桁違いの予算をかけて、国策としての移民統合を推進している。何度も「失敗した」と批判されてきたが、指摘された問題は随時解決するよう対策を重ねて改善してきているのは、「ドイツは、現代的な（優れた）移民国家になりたい」（ハイル労働大臣　2022）と明言していることにも表れているように、随時改革の施策を遂行している。移民の社会統合を目指し、単に受け入れるというだけでなく、移民が各自の技能や能力に応じて就職して社会で活躍してくれるようにすることを目指している。「統合プログラム」については、日本も学べるところが多々あると思われるのだが、本章では紙面も尽きて時間的制約等もあるため、ドイツ語教育の専門家による先行研究（平高 2014、2021、2024 他：吉満 2019、2020、2022 他）を紹介するにとどめておきたい[24]。

8　まとめにかえて

　先述したように、2024（令和6）年は日本語教育界にとって、新しい制度ができ、エポックメーキングな年になるだろう。「日本語教育の推進に関する法律」（2019）の目標に近づくために、制度設計と教育内容の方針が提示されたのである。日本語教育機関が認定制になり、日本語教師は国家資格の登録制になる。本章では、そのような日本語教育機関で、登録日本語教員が、学

習者の様々なニーズに対応すべく日本語の学習・教育・評価を一貫して進めていけるよう、策定され示された「日本語教育の参照枠」を紹介した。この「参照枠」の背景には、欧州評議会のCEFRの長い研究成果の果実があり、国際交流基金の「JF日本語教育スタンダード」があり、多くの関係者の努力・尽力、研究があった。CEFR-CV補遺版(2020)をどのように「日本語教育の参照枠」に取り込んでいけるかは、今後の検討課題となっているが、どれもこれも日本語教育の質の向上に資すると判断されれば利用できる「道具(ツール)」である。欧州評議会のCEFR策定に尽力された故John Trimジョン・トリム博士は、日本でもCEFRを参照しようとしているという筆者に「CEFRは石に彫ってあって変えられない代物ではありません。現場で最も良いように使ってもらったらいい」と、その柔軟な使用を勧めてくれたのを思い出す。日本語教育の分野に携わる人たちに、拙稿が何某かの参考資料になれば幸いである。

＊謝辞：本章は、科学研究費助成事業基盤研究(C)課題番号T19K007360ならびにT23K006080の助成を受けたものである。

注
1 「日本語教育の推進に関する法律について」という文化庁のウェブサイトで詳細を確認することができる。https://www.bunka.go.jp/seisaku/bunka_gyosei/shokan_horei/other/suishin_houritsu/index.html
2 これまでは、出入国在留管理庁（入管庁）の政策により法務省告示の日本語教育機関が定められていたが、今後は教育の質が担保されたとされる日本語教育機関を文部科学省が認定し、その機関で教えるのは国家資格を持った日本語教師に限るという制度になっている。
3 本章では「日本語教師」を広い意味で使い、国家資格制度の範疇に入る日本語教師を「日本語教員」と書き分けている。
4 筆者は、文化審議会国語分科会日本語教育小委員会の「臨時委員」として都合4年間、「日本語教育の参照枠」の報告(2021)、活用のための手引(2022)、課題検討(2023)のワーキンググループに関わる機会を得た。
5 50年以上前に、スイスで外国人排斥運動などの移民問題を抱えていたが、スイス

人マックス・フリッシュが「我々は労働力を呼んだが、やってきたのは人間だった」と言って当時の主にイタリア人労働者の受け入れ方を批判した。政府が、一定期間の後に家族呼び寄せを認めるなど移民政策をとり、成功したとされる。日本は「移民政策をとらない」とする安倍政権の後も、「移民政策」は明言されないまま、外国人労働者の受け入れに力を入れているため、（そうとは見えない）「ステルス移民政策」（毛受 2023）と批判されている。

6 一例として、経団連（2022）「2030 年に向けた外国人政策のあり方」に、「日本語教育の参照枠」の活用まで含め、包括的な議論が展開されている。https://www.keidanren.or.jp/policy/2022/016_honbun.html

7 ここでは文化庁（令和 5 年調査）令和 6 年発表分が最新なので、それを参考にする。在留外国人数は入管庁の最新の令和 5 年の統計を示す。

8 文部科学省のサイトから内容を読むことができる。https://www.mext.go.jp/b_menu/houan/an/detail/mext_00042.html

9 さかのぼれば、日本政府が初めて作成した日本語教育の標準的な指針としては、国内向けには「生活者としての外国人のための標準的なカリキュラム案」（文化審議会国語分科会　平成 22（2010）5 月 19 日）があったが、「日本語教育の参照枠」はそれとは発想が異なり、関係者が日本語学習・教育・評価のために使える共通の枠組みという道具である。

10 日本語独自の側面として、「漢字を含む文字の扱い」も詳しく検討されている（「参照枠」pp.66–70）。

11 2024 年 4 月より（文化庁国語課から）文部科学省日本語教育課に移管されたが、「「日本語教育の参照枠」を活用した教育モデル開発・普及事業」の進捗状況は公開されている。https://www.mext.go.jp/a_menu/nihongo_kyoiku/mext_02799.html このサイトの「5. 令和 5 年までに開発を実施するカリキュラムの概要」の項目に掲載されている「留学」「生活」「就労」分野の資料で、具体的内容が理解できる。各分野の学習者のニーズの把握から、カリキュラムを構築し、実際のコース運営や授業案の提示まで進められ、最後に教師研修まで実施されたことが示されている。これにより、具体的な成果が上がることが期待できそうであるが、今後も注視していきたい。

12 CEFR の呼び方については、「セファール」と呼ぶことが多いが、欧州ではアルファベットを一文字ずつ「シー・イー・エフ・アール」と言うのが一般的である。

13 CEFR-CV（CEFR-Companion Volume）（CoE 2018, 2020）の和訳『言語の学習、教授、評価のためのヨーロッパ共通参照枠　随伴版』は、2024 年 3 月に東京ゲーテインスティトゥートから公開された。本章では、それ以前に文化庁の仮訳として利用されていた「補遺版」を利用している。CEFR と CEFR-CV の異同については、真嶋（2024c）他参照。https://www.goethe.de/resources/files/pdf328/cefr-cv-

jap-mit-cover-finale-neu-v3.pdf

14 「多言語 multilingual」社会の構成員は「複言語 plurilingual」話者とは限らない。複言語話者がいる社会は多言語社会とは限らない、という説明がわかりやすいかもしれない。欧州評議会が加盟国に対して促進しようとしているのは、全てのヨーロッパ市民の「複言語」能力を向上させるために、言語学習の機会を保障すべきだということである。CoE（2022）p.12 の定義より。

15 詳細は「JF 日本語教育スタンダード」のサイトの、特に「活用レポート・論文」のページに掲載されている。https://www.jfstandard.jpf.go.jp/top/ja/render.do;jsessionid=9F078A490948F38FC907CAB3DDBCE0F7

16 来嶋氏、八田氏は国際交流基金の元専任講師で、二瓶氏は現職の専門員である。

17 他にも、当時の研究者間の議論や、「参照枠」作成のスケジュール上の理由があったようだが、ここでは深入りしない。

18 文化審議会国語分科会日本語教育小委員会に設置された「日本語教育の参照枠」補遺版の検討に関するワーキンググループによる報告書「「日本語教育の参照枠」の見直しのために検討すべき課題について—ヨーロッパ言語教育参照枠補遺版を踏まえて—」（2024（令和 6）年 2 月 22 日）である。今後実質的に日本語教育の質と量のさらなる向上のために活用される日が来ることを願っている。CEFR も様々な批判や意見を受けて補遺版作成に動いたことを考えると、時間はかかっても継続的に時代の動きによる学習者の変化や科学技術の進化などを踏まえ、「日本語教育の参照枠」も進化させていく必要があるだろう。

19 その意味で、日本では CEFR を「日本語教育の参照枠」という形で受け入れているが CEFR-CV も Mediation も、まだ正式には受け入れられていなくて検討課題だと言うと、ヨーロッパの専門家に「なぜ？重要なのに…。」と驚かれた（2023 年 7 月のドイツの研究者との個人的会話による）。

20 中曽根内閣時に、留学生は 1 万人程度であったものを、21 世紀初頭までに当時のフランス並みの 10 万人にしようとする計画で、20 年かけて達成した。さらに 2008 年には福田内閣が「留学生 30 万人計画」を策定した。後者は 2019 年に達成した。しかし、実際には問題もあった。法務省、文科省の匙加減一つで留学生の数が大きく左右され、日本語教師の職の不安定さ、待遇の悪さに繋がっているという指摘がある。（参照：「検証 留学生政策」NPO 法人国際留学生協会他 https://www.ifsa.jp/index.php?1707-seisaku）

21 一部の心得違いの雇用者側が、「日本語ができるようになると文句を言うから、日本語は教えなくて良い」といった人権無視の考えを持っていたことも側聞している。

22 プロではない「ボランティア」を日本語教師として数えるという統計の方法には、日本語教育という分野の社会的認知の低さ（や曖昧さ）があるのかもしれない。

ヨーロッパの国、例えばドイツでは「ボランティアはあくまでもボランティアであって、政府の統計で教員の数に入れるのは筋違いだ」と言われる（2022年10月ドイツ連邦移民・難民庁BAMFの担当者との会話による）。プロの人数の話をしている時に、ボランティアを数えるのは、不適切なのではないだろうか。今後は、国家資格を持つ登録日本語教員の数で議論するようになると想像する。このことは、ボランティアの人達を貶める意図ではない。次世代の人が目指せる専門職としての日本語教員の社会的認知が確立されることを期待したい。

23　2020（令和2）年から文化庁日本語教育大会はWEB大会として開催され、その年の最新情報を発信している。https://www.bunka.go.jp/seisaku/kokugo_nihongo/kyoiku/taikai/index.html
　　2024（令和6）年6月になって文化庁「令和5年度日本語教育大会」（WEB大会）の資料と動画が公開されたので、誰でも視聴できるようになり、活用が見込まれる。https://www.bunka.go.jp/seisaku/kokugo_nihongo/kyoiku/taikai/r05/index.html

24　筆者が文化審議会日本語教育小委員会のワーキンググループで報告した資料は、閲覧可能である（真嶋2022）。https://www.bunka.go.jp/seisaku/bunkashingikai/kokugo/nihongo_sansyo_hoi/wg_04/pdf/93789101_01.pdf

参考文献

大阪大学国際教育交流センター（CIEE）（2024）「第16回大阪大学専門日本語教育研究協議会 CEFR-CV以降の日本語教育を考える 報告書」https://ciee.osaka-u.ac.jp/wp/wp-content/uploads/2024/01/第16回大阪大学専門日本語教育研究協議会.pdf

来嶋洋美・八田直美・二瓶知子（2024）『Can-doで教える　課題遂行型の日本語教育』三修社

国際交流基金（2010）「JF日本語教育スタンダード」https://www.jfstandard.jpf.go.jp/top/ja/render.do;jsessionid=3D5B4B413F9AE0EC0D7F6EEC3025BFC3

国際交流基金（2023）『JF日本語教育スタンダード【新版】利用者のためのガイドブック』https://www.jfstandard.jpf.go.jp/pdf/web_whole.pdf

日本経済団体連合会（経団連）（2022）「Innovating Migration Policies ― 2030年に向けた外国人政策のあり方」https://www.keidanren.or.jp/policy/2022/016_honbun.html

日本語教育推進議員連盟第20回総会資料（2024年6月14日）https://www.nkg.or.jp/news/.assets/giren_20240614.pdf

平高史也（2008）「ドイツにおける移民の受け入れと言語教育―ドイツ語教育を中心として―」『日本語教育』138号、pp.43-52.

平高史也（2011）「ドイツの移民統合コース」『民博通信』No.135, pp.10-11.

平高史也（2014）「移民に対するドイツ語教育の変遷と現状」富谷玲子・彭国躍・堤正典編『グローバリズムに伴う社会変容と言語政策』pp.165-192. ひつじ書房

平高史也（2021）「ドイツにおける『第 2 言語としてのドイツ語』教員養成・研修」（調査報告）『言語政策』第 17 号、pp.141–153.

平高史也（2024）「統合コースから職業のためのドイツ語コースへ―移民のためのドイツ語教育―」『言語政策』第 20 号、pp.23–32.

文化審議会国語分科会（2021）「日本語教育の参照枠　報告」文化庁国語課　R3 年 10 月 12 日

文化審議会国語分科会日本語教育小委員会「日本語教育の参照枠」の活用に関するワーキンググループ（2022）「「日本語教育の参照枠」の活用のための手引」（R4.2.18）（R.4.1.28）

文化庁国語課（2024）「「日本語教育の参照枠」の見直しのために検討すべき課題について―ヨーロッパ言語共通参照枠 補遺版を踏まえて―」（R6 年 2 月）文部科学省総合政策局日本語教育課に移行 https://www.bunka.go.jp/seisaku/bunkashingikai/kokugo/nihongo/nihongo_124/pdf/94009301_01.pdf（2024 年 3 月 25 日最終閲覧）

真嶋潤子（2005）「ヨーロッパ言語共通参照枠（CEF）の受け入れ状況の一研究 ―ドイツの言語教育機関における聞き取り調査より―」『日本語講座年報 2004–2005』大阪外国語大学日本語講座

真嶋潤子（2006）「ヨーロッパ言語共通参照枠（CEF）と言語教育現場の関連づけの一研究―ある日本語コースの質的研究―」『ヨーロッパ日本語教育 10　2005 日本語教育シンポジウム　報告・発表論文集』pp.177–182. ヨーロッパ日本語教師会

真嶋潤子（2007）「言語教育における到達度評価制度に向けて― CEFR を利用した大阪外国語大学の試み―」『間谷論集』創刊号、pp.3–27. 大阪大学日本語日本文化教育センター

真嶋潤子（2008）「ヨーロッパにおける移民への言語政策と Common European Framework of Reference（CEFR）に基づく自国語教育―フランス・デンマーク・イギリス・ドイツ・オランダ・オーストリア・アイルランドとカナダのケベック州を中心に―」『平成 19 年度文化庁委嘱事業　生活者としての外国人のためのモジュール型カリキュラムの開発と学習ツールの作成』コミュニカ学院

真嶋潤子（2010）「日本の言語教育における「欧州言語共通参照枠（CEFR）」と「能力記述（Can-Do statement）」の影響―応用可能性に関する一考察」［English text: Impact of can do statements/ CEFR on language education in Japan: On its applicability］M.G. シュミット他編『日本と諸外国の言語教育における Can-Do 評価―欧州言語共通参照枠（CEFR）の適用―』pp.58–79. 朝日出版社

真嶋潤子（2018）「CEFR の国内外の日本語教育へのインパクト」泉水浩隆編著『ことばを教える・ことばを学ぶ pp.58–79 複言語・複文化・ヨーロッパ言語共通参照枠（CEFR）と言語教育』pp.251–276. 行路社（2017 年度南山大学地域研究センター共同研究シリーズ 10）

真嶋潤子 (2019a)「外国語教育における到達度評価制度について～CEFR 初版 2001 から 2018 補遺版 CEFR-CV まで～」『外国語教育のフロンティア』(2), pp.1–14. 大阪大学大学院言語文化研究科 (2019 年 3 月)

真嶋潤子 (2019b)「第 1 部　基調講演「移動の世紀」の CEFR-CV ―「Mediation 仲介」背景理論を中心に―」『シンポジウム：ヨーロッパ言語共通参照枠 (CEFR) 増補版と複言語・複文化主義―変革を求められる日本の外国語教育を巡って―』南山大学ヨーロッパ研究センターラテンアメリカ研究センター　(2019 年 3 月 31 日)

真嶋潤子 (2019c)「学習者の多様性と日本語教育における「評価」―何のために何をもって「評価」するのか―」カナダ日本語教育振興会 CAJLE 紀要 20, pp.1–22.（2019 年 7 月）

真嶋潤子 (2019d) 基調講演「グローバル化がローカルな日本語教育に与える影響について」ヨーロッパ日本語教師会ＡＪＥシンポジウム、於：ベオグラード大学 (2019 年 8 月)

真嶋潤子 (2021a)「第 4 章　日本語教育における CEFR と CEFR-CV の受容について」西山教行・大木充編『CEFR の理念と現実　現実編　教育現場へのインパクト』pp.67–84. くろしお出版

真嶋潤子編著 (2021b)『技能実習生と日本語教育』大阪大学出版会

真嶋潤子 (2022)「ドイツの移民政策と「統合コース」における CEFR および CEFR-CV の文脈化」文化審議会国語分科会日本語教育小委員会　「日本語教育の参照枠」補遺版の検討に関するワーキンググループ（第 4 回）（令和 4 年 11 月 11 日）資料 2　ヒアリング①真嶋委員資料 (R4.11.11) https://www.bunka.go.jp/seisaku/bunkashingikai/kokugo/nihongo_sansyo_hoi/wg_04/pdf/93789101_01.pdf

真嶋潤子 (2023)「日本の外国語教育への「CEFR-CV（CEFR 補遺版）」のインパクト」『ドイツ語教育』27 号, pp. 4–24. 日本独文学会ドイツ語教育部会

真嶋潤子 (2024a)「講演 1：「日本語教育の参照枠」と CEFR―ドイツの移民統合政策から考える」『第 16 回大阪大学専門日本語教育研究協議会　報告書』pp.3–26. 大阪大学国際教育交流センター

真嶋潤子 (2024b)「CEFR を参照した「日本語教育の参照枠」をめぐって」AJALT 47 号, pp.20–24.（公）国際日本語普及協会

真嶋潤子 (2024c)「CEFR2001 から CEFR-CV2020 への改革について―変わらないことと変わったこと―」大木充・西山教行編著『CEFR-CV の「仲介」と複言語・複文化能力』pp.133–166. 凡人社

毛受敏浩 (2020)『移民が導く日本の未来―ポストコロナと人口激減時代の処方箋』明石書店

毛受敏浩 (2023)「Foreign Press Center 人口減少と移民受入れ―日本が「選ばれる国」になるために行うべきこと」公益財団法人フォーリン・プレスセンター (FPCJ)

https://fpcj.jp/wp/wp-content/uploads/2023/01/ae557ab4d9b835e8340dc9ccbb18e713.pdf

吉満たか子（2019）「ドイツの移民・難民を対象とする統合コースの基本理念と現実」『広島外国語教育研究』22, pp.29–43. 広島大学外国語教育研究センター

吉満たか子（2020）「ドイツの移民・難民対象のオリエンテーションコースのカリキュラムと教科書に関する一考察」『広島外国語教育研究』23, pp.95–109. 広島大学外国語教育研究センター

吉満たか子（2022）「コロナ禍におけるドイツの移民・難民のための統合コース」『広島外国語教育研究』25, pp.199–210. 広島大学外国語教育研究センター

Byram, M., Fleming, M. and Sheilds, J. (2023) *Quality and Equity in Education: A Practical Guide to the Council of Europe Vision of Education for Plurilingual, Intercultural and Democratic Citizenship*, Multilingual Matters.

Coste, D. and Cavalli, M. (2015) *Education, mobility, otherness: The mediation functions of schools.* Council of Europe. https://rm.coe.int/education-mobility-otherness-the-mediation-functions-of-schools/16807367ee

Council of Europe (2001) *Common European Framework of Reference for Languages: Learning, teacing, assessment.* Cambridge, UK: Cambridge University Press.

North, B. and Piccardo, E. (2016) *Developing Illustrative Descriptors of Aspects of mediation*, Education Policy Division, Council of Europe, Strasbourg.

North, B. and Piccardo, E. (2017) Mediation and Exploiting One's Plurilingual Repertoire: Exploring Classroom Potential with Proposed New CEFR Descriptors, *Proceedings of the 6th International ALTE Conference*, pp.87–95.

Piccardo, E. and North, B. (2019) *The Action-oriented Approach: a dynamic vision of language education.* Bristol: Multilingual Matters.

ウェブサイト

- 日本語能力試験JLPT　https://www.jlpt.jp/
- NEWS 日本語教育コンテンツ共有システム　https://www.nihongo-ews.bunka.go.jp/
- みんなのCan-do サイト　https://www.jfstandard.jpf.go.jp/cando/
- CEFR　https://coe.int/
- Council of Europe (2001) *Common European Framework of Reference for Languages: Learning, Teaching, Assessment*, Language Policy Unit, Strasbourg.　https://rm.coe.int/1680459f97
- Council of Europe (2018) *Common European Framework of Reference for Languages: Learning, Teaching, Assessment - Companion Volume*, Language Policy Programme, Education Policy Division, Education Department, Council of Europe, Strasbourg.

https://rm.coe.int/cefr-companion-volume-with-new-descriptors-2018/1680787989
・Council of Europe (2020) *Common European Framework of Reference for Languages: Learning, Teaching, Assessment – Companion Volume*, Language Policy Programme, Education Policy Division, Education Department, Council of Europe, Strasbourg. https://rm.coe.int/common-european-framework-ofreference-for-languages-learning-teaching/16809ea0d4
・Council of Europe (2022) *The Importance of Plurilingual and Intercultural Education for Democratic Culture: Legal instruments,* Recommendation CM/Rec(2022)1 and explanatory memorandum, Council of Europe. https://rm.coe.int/prems-013522-gbr-2508-cmrec-2022-1-et-expose-motifs-couv-a5-bat-web/1680a967b4ECML#:~:text=This%20recommendation%20aims%20to%20give,and%20participation%20in%20democratic%20culture

第 14 章

今後の日本語教育施策に関わる政府の会議と日本語教育関係者の反応

田尻英三

　2024 年度以降、日本語教育の所管が文化庁から文部科学省に移管したのに伴い、文化庁文化審議会国語分科会日本語教育小委員会は 2024 年 2 月 24 日の第 124 回をもって終了した。代わって、以下に述べる 3 つの会議が日本語教育施策を取り扱うことになった。また、政府の外国人受け入れに関する会議についても言及する。

　その他、この章では、政府の施策に関しての日本語教育の専門家の反応についても記しておく。

1　今後の日本語教育施策を扱う政府の会議と関連資料

(1)　文部科学省中央教育審議会生涯学習分科会日本語教育部会

　2024 年 2 月 16 日改訂の「生涯学習分科会における部会の設置について」の日本語教育部会の「調査審議事項」としては「我が国における外国人に対する日本語教育の推進に関する専門的な調査審議を行うこと」と「日本語教育の適正かつ確実な実施を図るための日本語教育機関の認定等に関する法律（令和五年法律第四十一号）（田尻注：「日本語教育機関認定法」のこと）第 15 条の規定に基づき中央教育審議会の権限に属させられた事項を処理すること」となっている。設置期間は、2025 年 3 月 9 日までである。

○　第1回日本語教育部会（2024年3月18日）の審議内容と資料

　参考資料1に日本語教育部会の「具体的な検討事項（案）」が以下のように示されている。

・我が国における外国人に対する日本語教育の推進に向けた方策
・登録日本語教員をはじめとした日本語教師や支援者の育成・研修等について
・日本語教育機関の認定に係る文部科学省令の制定又は改廃に当たっての事前意見聴取
・日本語教育機関の認定又は認定の取消し、日本語教育機関に対する勧告又は命令を行う場合の事前意見聴取
・その他、日本語教育に関すること　等

　これらを見ると、「日本語教育機関認定法」に関わる施策に基づき、かなり具体的な対応をする部会であることが分かる。2007年に開かれた第1回の日本語教育小委員会の「資料3　日本語教育の現状と課題」や「参考資料3　日本語教育関係機関」を見ると、この分科会は予算規模の違いだけでなく、後で触れるように関係省庁との連携を図る現在の日本語教育推進会議などとの体制の違いが明瞭である。

　この会議の配布資料は、これまでの会議の重要な資料を選んで掲載されているので、『取り組み』の読者は必ず全部に目を通していただきたい。

　ここでは部会の大事な点だけを扱うので、読者は必ず元の資料に当たってほしい。

「日本語教育部会」
https://www.mext.go.jp/b_menu/shingi/chukyo/chukyo2/014/index.html

　資料は、認定日本語教育機関に関するもの、登録実践研修機関に関するもの、登録日本語教員養成機関に関するものが挙げられていて、さらに参考資料5ではこれまでの検討経過が図で示されていて、参考資料11のデータも大変役に立つものであるので、プリントして常に参照してほしい。

(2)　日本語教育推進関係者会議

　この会議は、「日本語教育推進法」に基づき設置されている。委員は、日

本語教育に関し専門的知識を有する者、日本語教育に従事する者及び日本語教育を受ける立場にある者のうちから、文部科学省総合教育政策局長及び外務省大臣官房国際文化交流審議官が共同で委嘱する。事務局は文部科学省と外務省の共同で務める。田尻は、第1回から現在まで参加している。この会議では関係省庁の職員も同席し、委員からの質問には各省の担当者が直接答えるようになっている画期的な会議である。

　この会議は第1回（2019年）から第5回までと第6回以降では、内容の重さは全く異なる。第1回から第5回までの資料は、外務省のサイトが詳しい。
「文化の交流　日本語教育推進関係者会議　関連資料」
https://www.mofa.go.jp/mofaj/p_pd/ca_opr/pagew_000001_00237.html

○　第6回日本語教育推進関係者会議（2024年3月25日）の審議内容と資料
　この会議の主たるテーマは、資料2の日本語教育推進会議の「『日本語教育の推進に関する施策を総合的かつ効果的に推進するための基本的な方針』フォローアップとりまとめ（案）」（以下、「基本方針とりまとめ」と略称）を検討することであった。
　この「基本方針とりまとめ」では、以下の項目が掲げられている。
① 　日本語教育に関する全般的な状況
② 　国内における日本語教育の機会の拡充
　　・国内の日本語教育の状況
　　・外国人等である幼児、児童、生徒等に対する日本語教育
　　・外国人留学生等に関する日本語教育
　　・外国人等である被用者に対する日本語教育（田尻注：「就労」分野のこと）
　　・難民に対する日本語教育
　　・地域における日本語教育（田尻注：「生活」分野のこと）
③ 　海外における日本語教育の充実
　　・海外における外国人等に対する日本語教育の充実
　　・海外に在留する邦人の子等に対する日本語教育（田尻注：継承日本語教育のことと説明されている）

④　日本語教育機関認定法の施行に向けた状況
⑤　その他(田尻注:「日本語教育の参照枠」に関すること等)

　以上の項目で分かるように、この会議では日本語教育全般について扱われるので、今後の日本語教育施策に日本語教育専門家として意見が言える貴重な会議となっている。

　参考資料として、日本語教育関係施策の推進状況、日本語教育関係予算、育成就労、日本語教育の推進に関する施策を総合的かつ効果的に推進するための基本的な方針等々、重要な資料が掲載されている。

(3)　日本語教育推進会議

　この会議は、「日本語教育推進法」に基づき、「関係行政機関が、日本語教育の総合的、一体的かつ効果的な推進を図るための相互の調整を行うため」の会議である。つまり、日本語教育施策を実際に推進する各省庁の担当者が集まる会議であり、資料のみが公開されている。文部科学省と外務省の共同開催となっている。

　組織としては、以下の方々をもって構成される。

　こども家庭庁成育局長、総務省大臣官房総括審議官、出入国在留管理庁次長、外務省大臣官房国際文化交流審議官、文部科学省国際統括官、文部科学省総合教育政策局長、文部科学省高等教育局長、厚生労働省職業安定局長、経済産業省通商政策局長

　政府としては、これらの省庁が日本語教育に関わっていると考えているのである。また、この会議を補佐するものとして、日本語教育推進会議幹事会がある。例えば、文部科学省で言えば、国際教育課・生涯学習推進課・初等中等教育局初等中等教育企画課・幼児教育課・高等教育局参事官(国際担当)が参加していて、具体的な施策を検討する会議となっていると田尻は考えている。

〇　第5回日本語教育推進会議(持ち回り開催)(2024年4月26日)の内容と資料
　「日本語教育の推進に関する施策を総合的かつ効果的に推進するための基本的な方針」フォローアップとりまとめ(概要と本文がある。以下に

「概要」に沿って説明する）

ここに掲げられている数字や説明が、政府施策の基本的な資料となっているので、重要である。

・日本語教育に関する状況

ここでは、日本語教育施策であまり扱ってこられなかった地方公共団体の資料を説明する。

「日本語教育推進法」第11条にあるように、当該地方公共団体における日本語教育の推進に関する施策を推進するための方針を定めるように努めることになっていて、その検討状況が示されている。それによると、策定済は24県市、準備中・検討中は28県市、未定・策定予定なしは14県市である。かねて言われているように、外国人対応や日本語教育については地域差が大きい。『取り組み』の読者は、自分が住んでいる県や市の「方針」の策定状況を調べて、もし策定していなければ策定するように働きかけてほしい。

・「基本方針」「日本語教育の更なる充実のための新たな日本語教育法案における関係省庁との連携について」フォローアップシート

ここでは、各省庁が日本語教育の法案についてどのような取り組みをしているかが一覧表で示されている。

(4) 外国人材の受入れ・共生に関する関係閣僚会議

この会議は、内閣官房の会議の中で「一定の専門性・技能を有する新たな外国人材の受入れ及び我が国で生活する外国人との共生社会の実現に向けた環境整備について、関係行政機関の緊密な連携の下、政府一体となって総合的な検討を行う」ための会議と位置付けられている。

議長は内閣官房長官と法務大臣で、構成員として、経済再生担当大臣・デジタル田園都市国家構想担当大臣・内閣府特命担当大臣（金融）・内閣府特命担当大臣（消費者及び食品安全）・内閣府特命担当大臣（こども政策、少子化対策、若者活躍、男女共同参画）・内閣府特命担当大臣（防災）・内閣府特命担当大臣（クールジャパン戦略）・内閣府特命担当大臣（地方創生）・国家公安委員会委員長・デジタル大臣・総務大臣・外務大臣・財務大臣・文部科学大臣・厚生労働大臣・農林水産大臣・経済産業大臣・国土交通大臣・環境大臣

であり、会議の庶務は内閣官房と法務省で処理するとなっている。

「外国人材の受入れ・共生のための総合的対応策（令和6年改訂）」では、項目として「円滑なコミュニケーションと社会参加のための日本語教育等の取組」が挙げられている。「外国人との共生社会の実現に向けたロードマップ」にも、同様の項目がある。

(5) 教育未来創造会議

この会議は、「我が国の未来を担う人材を育成するためには、高等教育をはじめとする教育の在り方について、国としての方向性を明確にするとともに、誰もが生涯にわたって学び続け学び直しができるよう、教育と社会の接続の多様化・柔軟化を推進する必要」のための会議と位置付けられている。

議長は内閣総理大臣で、議長代理は内閣官房長官、文部科学大臣兼教育未来創造担当大臣、構成員は厚生労働大臣、経済産業大臣、その他内閣総理大臣が指名する国務大臣及び有識者が構成員となる。会議の庶務は内閣官房が処理する。

2022年の「第一次提言」では、「グローバル人材の育成・活躍推進」として「高度外国人材の育成・活躍推進」と「高度外国人材の子供への教育の推進」が挙げられている。

2023年の「第二次提言」では、外国人留学生を2033年までに40万人受け入れることや教育の国際化がある。また、「外国人留学生等の高度人材の定着率の向上」のために、在留資格制度の改善として「特別高度人材制度及び特定活動における未来創造人材制度の創設」がある。

(6) 難民対策連絡調整会議

難民をめぐる諸問題について関係行政機関の連携を確保し、政府として必要な対応を検討するために内閣に設置する会議である。議長は内閣官房副長官（事務）があたり、構成員は議長の指名する関係行政機関の局長等とする。会議の円滑な運営を図るため幹事会を置き、構成員は議長の指名する関係行政機関の職員とする。1979年に閣議決定により設置したインドシナ難民対策調整連絡会議を廃止し、この会議に引き継ぐものとする。

2023年12月1日に、この会議において「補完的保護対象者に対する定住支援策及び補完的保護対象者認定申請者への支援に関する当面の具体的措置等について」が決まった。これによると、補完的保護対象者への定住支援事業として、定住支援施設と宿泊施設を開所し、2024年度から開始することになった。ここでは、定住支援として日本語教育も行われる。この施策は主としてウクライナからの避難民を対象に行われるもので、既に日本に在留し難民申請を行っている他の難民と比較して対応が大きく異なっている。

(7) 経済財政諮問会議

　この会議は、経済財政政策に関する重要事項を扱うため、内閣総理大臣を議長として、10名の議員や民間有識者を加えた合議制機関である。この会議の決定は、「経済財政運営と改革の基本方針」（田尻注：いわゆる「骨太の方針」）として政府重要課題や次年度の予算編成の方向性・方針を示すものとなっている。したがって、この「骨太の方針」に書き込まれることが、次年度の予算獲得のための重要な指標となる。2023年度の「骨太の方針」には日本語教育は本文に書き込まれなかったが、16ページの脚注に「⑤外国人の日本語能力向上に向けた取組：就労開始前の日本語能力の担保方策及び来日後に日本語能力が段階的に向上する仕組み（『日本語教育機関認定法』において創設予定の日本語教育機関の認定及び認定日本語教育機関の教員の資格の活用方策を含む）を設ける」と書かれている。日本語教育が書き込まれるにあたっては、日本語教育推進議員連盟の国会議員の方々のご尽力があった。

　なお、会議ではないが、出入国在留管理庁のサイトに「外国人支援コーディネーター養成研修」が始まることが出て来る。この研修は、在留外国人支援施策としては大きな意味を持ちうるものであるので、以下に詳しく述べる。

　2024年4月19日に出入国在留管理庁長官決定として「外国人支援コーディネーター」という項目で入管庁のサイトに出て来るが、この施策を理解するためには、以下の2つの報告を読む必要がある。

・「外国人支援コーディネーター養成研修のカリキュラム等について（検討結果報告書）」
　この報告書は、2024年3月29日にまとめられた。
・「外国人支援コーディネーターの養成の在り方等について」
　この報告書は、2024年3月29日にまとめられたものである。
　ここでは、2022年6月の「外国人との共生社会の実現に向けたロードマップ」に2022年度にコーディネーターの役割、資質等を検討し、2023年度にコーディネーター研修の内容等について検討することとなっている。外国人支援コーディネーターは、「専門的な知識や技術等に基づいて生活上の困りごとを抱えた外国人を適切な支援につないで解決に導くことができる専門人材」と位置付けられている。「果たすべき役割」は、「相談的支援」、「予防的支援」であり、さらに「外国人を適切な連絡先に円滑につなぐ下支え」、「個別支援を通じて把握した課題の提供等による外国人の受入れ環境の改善への協力」も期待されるとしている。配置先は、国、地方公共団体、就労先や就学先の外国人の受入れ機関が想定されている。2024年度に実施する養成研修受講生の定員は60名とする。受講者は1万5千円程度を負担する。「養成研修の修了認定」をもって「認証」し、有効期間は3年としている。有効期間内に認証更新研修の受講、修了が必要である。その場合、外国人受入環境整備交付金の対象となる。将来的には、2023年度以降国家資格化を検討し、「外国人支援コーディネーターに係る国家資格」を目指している。この間の検討会議には、日本語教育関係者は参加していない。
　田尻は、この施策が短期間に細目まで決められたことに驚いている。日本語教育施策では、今後登録日本語教員が「生活」や「就労」分野にどのように関わっていけるかが検討されるが、在留外国人の法制的な面はすでに「外国人支援コーディネーター」が関わることが決まっているので、今後は外国人支援の仕事の分担が問われることになると考えている。

(8) 日本語教育課の2024年度予算

　2024年4月1日より日本語教育施策を担当するのは、文化庁国語課から文部科学省総合教育政策局日本語教育課に移った。ここでは、2024年予算

に沿って事業内容を説明する。

○　日本語教育の全国展開・学習機会の確保
・外国人材の受入れ・共生のための地域日本語教育の推進
　　企画評価会議の実施と地域日本語教育の総合的な体制作り推進（補助）の2つがあり、後者の対象は都道府県・政令指定都市で補助は2分の1であるが、「生活」に関する日本語教育プログラムや「日本語教育の参照枠」に基づく「生活Can do」に関わる事業には最大3分の2の補助が出る。
・日本語教室空白地域解消の推進強化
　　日本語教室がない市町村に日本語教室の立ち上げ支援を行うスタートアッププログラムとICT教材の開発・提供の2つの事業を行う。
・「生活者としての外国人」のための特定のニーズに対応した日本語教育事業
　　NPO法人、公益法人、大学等が行うもので、広域に共通する「特定のニーズ」に対応した取り組み創出のための事業である。想定される取り組み例として、障がいを有する外国人に対する日本語教育や、文化・宗教上の理由により学習機会へのアクセスが困難な外国人の日本語教育などである。

○　日本語教育の質の向上等
・「日本語教育の参照枠」を活用した教育モデル開発事業
　　「生活」・「留学」・「就労」各分野でのレベル別カリキュラム開発や教師研修のモデル開発等の活動を支援する事業である。この事業は2022年度から始まっており、「生活」は公益社団法人日本語教育学会が、「留学」は一般財団法人日本語教育振興協会が、「就労」は一般財団法人日本国際協力センターが行っている。
・日本語教師の養成及び現職日本語教師の研修事業
　　事業内容は、以下の3つである。
①　現職日本語教師研修プログラム普及事業
　　日本語教師のキャリア形成に必要な研修を実施する。初任と中堅以上に分かれる。

②　日本語教師養成・研修推進拠点整備
　　日本語教師の育成・研修の担い手育成プログラムの開発・研修と、大学等を拠点としたネットワーク構築を行う。この事業は、2023年度から始まっていて、東北大学・筑波大学・東京外国語大学・金沢大学・南山学園（田尻注：南山大学が担当）・神戸大学・広島大学・福岡女子大学が採択されている。具体的な内容についてはメンバー内の会議で検討されているようで、2024年度から具体的な取り組みが行われている。
③　日本語教師の学び直し・復帰促進アップデート研修事業
　　登録日本語教員の資格創設を踏まえ、過去の養成プログラムを修了している「潜在的な」日本語教師の復帰を促進する目的の事業である。実施機関は、日本語教育オンデマンド教材開発専門機関となっている。
・資格の整備等による日本語教育の水準の維持向上
事業内容は、以下の3つである。
①　日本語教員試験実施業務
②　日本語教育機関認定法ポータルの構築・保守業務
　　ポータルサイトはできているので最新の情報をチェックしてほしい。
　　「日本語教育機関認定法ポータル」
　　https://www.nihongokyouiku.mext.go.jp/top
　　将来的には、このサイトで認定日本語教育機関・登録実践研修機関・登録日本語教員養成機関・登録日本語教員の一覧を見ることができる。
③　登録日本語教員の経過措置に係る経験者講習実施業務
　　経過措置に係る経験者講習を行う。対象者は、現職日本語教員や大学教員約1万人を想定している。オンデマンド型の授業と単元確認テスト、講習修了認定試験等で構成され、すでに実施されている。
・日本語教育機関認定法等の施行事務に必要な経費
・日本語教育に関する調査及び調査研究

○　条約難民等に対する日本語教育
　2023年改正入管法で創設された補完的保護対象者に対する日本語教育を行う。念のために言えば、補完的保護対象者は難民ではないが、ここで扱わ

れている。

(9) 日本語教育コンテンツ共有システム　NEWS

　このサイトは、文化庁が運営している。全国各地で報告された日本語教育に関する資料や、各地の小中学校で作成された教材など、多数の資料が掲載されたサイトである。このサイトは、日本語教育関係者にもっと評価されて良いサイトと思っている。
https://www.nihongo-ews.bunka.go.jp/

2　日本語教育施策に対する日本語教育関係者の反応

(1)　日本語教育学会の学会誌『日本語教育』掲載の論文について

　日本語教育施策についての日本語教育学会（以下、「学会」と略称）の対応については、本書『取り組み』に書いたような会議の情報はかねてからほとんど「学会」のホームページの「学会からのお知らせ」には出ていない。

　当時の文化庁の会議の委員であり、「学会」の副会長であった神吉氏が書いた神吉（2022）に、実際の会議の内容と異なる記述が掲載されているので、その問題点を指摘しておく。詳しくはウェブマガジン「未草」の第30回に書いているので、ぜひ参照してほしい。以下では、要点だけを述べることにする。

　神吉（2022）の論文の一部を引用する。

> 　協力者会議は当初の設置趣旨が途中で変わり、審議すべき内容も大幅に変更された。（中略）毎回の審議資料を見ていくと、会議設置の趣旨や審議内容が途中から大きく変更されていることがよくわかる。（中略）文化審議会国語分科会として公の場で議論し決定したこととは異なる方向性が協力者会議の審議内容として提示されたということは、委員や傍聴者に公にされないところで何らかの議論・調整が行われたということである。（中略）秋吉（2003）の言う「閉鎖的政策コミュニティ」とは、国語分科会や協力者会議のようないわゆる「審議会」のことであるが、日

本語教師の学歴要件に関する議論は「審議会」のメンバーにすら公開されない、「超閉鎖的政策コミュニティ」において何らかの決定がなされたと想像できる。

「中略」の箇所は、日本語教員の学歴要件で神吉氏が主張していた学士要件が含まれなかった件に対する不満が述べられている。ウェブマガジン「未草」にも書いたが、日本語教育小委員会では、日本語教員の国家資格を検討する際に他の国家資格の要件を調べていなかったことが原因で学士要件を入れていたが、田尻が調べたように、他の国家資格では学歴要件は付されていないのである。それによって、学士要件が日本語教員の国家資格の要件から外されたことは会議の席で委員の了承を得て決定されたのである。その他の会議での決定事項も、公開された会議の中で決まっている。査読を経た研究論文を掲載するはずの学会誌に、このような事実とは異なる個人的な感情を持ち込んだ論文が掲載されたことに田尻は問題を感じている。しかもこの特集を担当した松下達彦・荻原稚佳子・澤田浩子氏は「本特集号の趣旨」として神吉（2022）について、「『どこかで決まった方針をそのまま教育実践として行うことや、指示どおりに従うことにのみ教育の価値を見出す』ことに警鐘を鳴らしています」と書かれている。これにより、この担当者たちも神吉（2022）の趣旨に賛同していることが分かる。後世、この論文が学会誌に掲載されたということで事実のように取り扱われることを危惧している。

もう1つの論文は、北出・澤邉・嶋津・杉本（2024）である。この論文については、ウェブマガジン「未草」第51回で扱ったのち、執筆者の連名でコメントをひつじ書房宛に送っていただいた。コメントを送っていただいたことには感謝している。以下では、いただいたコメントを引用しつつ、この論文の問題点を指摘する。

執筆者によると、この論文は施策の批判ではないと言うが、以下のように田尻には日本後教育施策に対する批判と読める表現が何箇所かある。

（田尻注：「日本語教育の参照枠」について）知識伝授型の教師教育観にとどまっているともいえる。（中略）日本語教育の在り方に関する議論が

十分にされているとは言い難い。(中略)国家資格の対象となる知識だけを押さえればよい、という発想に陥ると、そもそも大学で養成を実施する意義が失われることにもなり得る。(中略)「教師間の階層化が生じる流れ」などが懸念される。(中略)大学の養成課程が必須の 49 項目（田尻注：文部科学省の資料では 50 項目となっている）を満たすだけのものになってしまうと、日本語教育は資格を取るだけで意思決定権のない副次的、かつ孤立した存在となり、学内および社会において、さらに弱体化を迫られる可能性もある。(中略)文化庁が提示した今回の日本語教師の資格基準だけに固執するのではなく、目指すべき日本語教師像とそのような教師養成・支援の方法について関係者間で連携体制を構築し、議論を重ねていくことが不可欠である。

本書『取り組み』で田尻が書いたように、今回の日本語教育施策は、すでに文化庁や文部科学省で数年にわたり議論し、検討してきているのである。そこでは、日本語教育の専門家が作成した「必須の教育内容」50 項目を前提にして、各大学が必要と考える科目を加えることができると書かれている。田尻が問題にしているのは、第 9 章で扱った日本語教育の実態調査報告書にあるように、大学で主として日本語教師養成課程を担当している教員の 50％近くが外国人に日本語を教えた経験がなく、その課程の修了生で日本語教師になったのは 5％以下しかいないという実態である。この論文執筆者からいただいたコメントではこの論文が「調査報告」として書かれたとしているが、仮に「調査報告」であったとしても、論文名が「大学での日本語教師養成は何を目指すのか」という表題である以上、全国的な実態をどう踏まえて論文を書いたかは問われるものであると思っている。

北出（2024）も同様で、「必須の四九項目は知識基盤と解釈し、大講義室で効率よく多数の学生が受講できるようにし、副専攻で学部・専攻横断型で単位を揃えればよい、という経営側の視点中心になる可能性は想像に難くない」、「上述した一つ目の型（田尻注：「必須の教育内容」50 項目のこと）」では、トップダウンで国家資格だけを満たすだけのプログラムになり、現場の文脈が反映されなくなり、自律的なプログラム運営ができなくなる可能性が

ある」、「実際に今回の国家資格基準では、どのような日本語教師をどのように育成すべきかという教師像、教師教育観、理念については明記されていない」、「実際に日本語教師の待遇が改善されないままに資格だけが厳しくなると、日本語教師養成の受講生が激減し、若手不足がさらに深刻化することが予想される」、「資格の条件だけが厳格化され、職業としての資本力が弱いままでは、若手の日本語教育離れはもちろん、養成受講生が激減し、学内のプレゼンスも下がる可能性がある」などの記述を見ると、北出が言う問題の根源は日本語教育施策ではなく、大学の日本語教師養成課程担当者の置かれた立場で感じられた問題意識であると田尻には感じられる。

　この神吉（2022）と北出・澤邉・嶋津・杉本（2024）の論文が査読を経て学会誌に掲載されていることで、日本語教育施策に対する「学会」の政府施策への批判的な姿勢がうかがわれる。近年の日本語教育施策に関わった者の一人として、これまでの政府の会議等での議論を踏まえて批判するようにしてほしいと思っている。最近は、「学会」のお知らせには日本語施策関係の項目が取り上げられるようになっているので、今後は建設的な議論が行われることを願っている。

(2)　大学日本語教員養成課程研究協議会（略称「大養協」）の 2024 年度　秋季大会シンポジウムについて

　2024 年 10 月 13 日開催のシンポジウムのテーマは、「みなさん！　登録日本語教員養成機関・登録実践研修機関の登録申請の進捗状況はどうですか？　～みんなで情報の共有をしましょう！」というものである。「趣旨」によると、「まず大養協の企画理事がそれぞれの現場での登録日本語教員養成機関・登録実践研修機関の登録申請の進捗状況を報告し、（中略）参加者間でディスカッションを行います」というものである。

　2024 年 7 月時点では、登録日本語教員養成機関等の登録は秋（以前の資料では 11 月）となっているので、このシンポジウムが開かれるのは、申請結果が公表される前であり、実際に公表されたのは 11 月 29 日である。7 月 17 日～8 月 2 日に 1 回目の登録申請を行っていて、その結果が分からないという段階でどんなことをディスカッションするのであろうか。「趣旨」に「各

大学が抱えている課題を共有したり、どのように対応すべきかを議論したりする場を創出」と書かれているが、日本語教育課はすでに「登録日本語教員の登録等に関すること」というサイトで情報は公表している。
https://www.mext.go.jp/a_menu/nihongo_kyoiku/mext_02668.html

　10月の「大養協」のシンポジウムで何らかの結論が出たとしても、結果公表には何ら影響を与えるものではない。田尻は、このような企画が「大養協」の執行部の会議で通り、公開のシンポジウムが開かれること自体が、大学等で日本語教員養成を担当している教員の現状への無理解の表れであると思っている。

　以上、2つの団体の動きを見ている限り、日本語教育の専門家と言われる人たちが現在自分たちの置かれている状況を理解していないと考えざるを得ない。専門家であるのなら、自分からもっと積極的に情報を収集し、それを広く知られるような活動をしてほしいと思っている。残念ながら、ひつじ書房のウェブマガジン「未草」の田尻の記事は、どこにも引用されていない。

参考文献
神吉宇一（2022）「公的日本語教育を担う日本語教師に求められるもの」『日本語教育』181号、日本語教育学会
北出慶子（2024）「新制度と大学における日本語教員養成課程のこれから―グローバル化社会における言語教師教育の観点から考える―」『日本語学』第43巻第2号夏号
北出慶子・澤邉裕子・嶋津百代・杉本香（2024）「大学での日本語教員養成課程は、何を目指すのか―養成担当教員への調査から見えた課題と展望―」『日本語教育』187号、日本語教育学会

おわりに

1　書き加えたこと

　本書『取り組み』を企画した時点では、「日本語教育推進法」と「日本語教育機関認定法」の最新の情報を基にした解説本を考えていた。しかし、ウェブマガジン「未草」の記事の反応を始めとして周囲の人と話していると、この2つの法律ができるまでの過程や過去の経緯などがほとんど知られていないことが分かってきた。そのために、特に「日本語教育機関認定法」について、唐突に出てきたと感じている人が多く、過去の経緯を理解していないことによる反発もあることを感じた。

　この誤解を解くためには、アジア・太平洋戦争終結後の政府の施策における日本語教育の扱われ方や、田尻が知る限りのこの2つの法律が成立するまでの経緯も書いておかなければいけないと感じた。ただ、田尻は地方に住んでいるために、中央でどのような動きがあったかを知らない期間も長い。そのため、田尻が直接関わってきた期間の動きを除いて、公開された資料に基づいて説明した。田尻が直接関わってきた動きについては、その都度「田尻は…」と書き、田尻が直接関わっていない動きと区別した。その結果、章によっては頻繁に「田尻は」が出てくることになったことをお許し願いたい。

　2つの法律ができる過程については、各省庁の動きを細かく書き込んだ。読者には、法律ができるまでにどのような動きがあったかを知ってほしいと考えたからである。

　<u>この2つの法律は、決して唐突に起案されたものではなく、成立までに国会議員を始めとした多くの日本語教育関係者以外の方々のご尽力もあったことも知ってほしいと強く願っている。</u>

2　書かなかったこと

　2024年7月31日に文部科学省の日本語教育のサイトに、「登録日本語教員の資格取得に係る経過措置における日本語教員養成課程等の確認」が公表されたことにより、今までの大学や日本語教育機関で日本語教師養成課程がカリキュラムの内容により受けられる経過措置が異なることが明示された。中には、文化庁の調査の時には日本語教師養成をしていないと答えた大学が登録申請をしている例も出てきた。規模の大きい国立大学でかつて日本語教育の主専攻が設置された課程が今回の「確認」に申請しなかった例もあり、大学の日本語教員養成課程は大きな転換期を迎えているが、今後の影響については見通せない状況にあるので、『取り組み』では扱わなかった。

　また、「日本語教育機関認定法」では、「留学」だけではなく、不十分ながら何とか「生活」と「就労」分野についての仕組みまでが作られたが、「日本語教育人材の養成・研修の在り方について（報告）」で示された「新制度における日本語教育人材の役割・段階・活動分野に応じた養成・研修のイメージ」では、その他に「児童生徒等」・「難民等」・「海外」分野が示されている。本書『取り組み』では、「児童生徒等」の分野についてはまだどのような施策が作られていくか分からない状態であるが、重要度を考えて1章設けている。

　しかし、「難民等」と「海外」の分野についてはその方向性すらはっきりしない段階であるので、原稿執筆依頼は断念した。「海外」については、外務省の国際交流基金への予算が削減されてきた状況を変えない限りは見通しすらつかない。「難民等」については、ウクライナから避難してきた人たちと他の難民との対応が違いすぎる点について早急な対応が望まれる。ただ、この点については、その時の政府の外交政策と大きく関わってくるので、不確定要素が多すぎて仕組みの構築が難しい。難民政策が決定していないままで、日本語教育施策全体が構想できないのが現状である。

　また、上記資料に出てはこないが、中国在留邦人とその家族の在留状況と日本語能力による進学問題、日系人2世・3世・4世の進学・就職問題、在

留外国人の子どもの日本語能力不足により「発達障害」として特別支援学級へ編入された事例、在留が認められている難民やその家族の生活状況や進学への規制なども扱えなかった。日本語教育関係者は、これらの問題についても考えて、関わってほしいと田尻は願っている。

『取り組み』出版の主旨とは異なるため扱わなかったこととして、いわゆる「在日コリアン」・「在日中国人」の母語とアイデンティティの問題や、特に「生活」分野における日本社会への同化として使われる日本語教育の問題、災害時の「やさしい日本語」利用の限界等々がある。これらの問題についても、日本語教育関係者は興味を持ってほしいと考えている。

3　書けなかったこと

過去の日本語教育施策がどのように企画され、どのようなやりとりで成立していったかは、田尻の知りえないことである。これについては、それらの施策に関わった方がお話しになる以外に方法はない。田尻の知る限り、それらに関する文章を見たことがない。陰で噂話が飛び交っていることは知っているが、客観的な資料に基づいての話ではないので取り上げようもない。

また、田尻が直接関わった動きについても、最近数年間のことなので、それを書くことでご迷惑をかける方々もいらっしゃることから、書けないこともかなりある。将来、この日本語教育における大転換期に何があったかを研究しようとする人のためには、最低限の資料は『取り組み』とウェブマガジン「未草」の記事に書いている。そして、日本語教育施策の詳細な部分の決定は過去の話ではなく、2024年度の動きにも言えることである。

4　理解しておいてほしいこと

まずは、2024年4月から始まった新しい日本語教育の仕組みを理解してほしい。仕組みについては、過去数年間かけてその内容を議論してきたが、多くの日本語教育関係者は実現可能性が低いと思って議論をフォローしてこなかったように田尻には思える。すでに仕組みが動き出している現在でも、

その状況は変わっていない。

　このような仕組みが出来てきた経緯についても、理解してほしい。唐突にこのような仕組みが出来てきたのではない。1989年の入管法改正で多くの日系人が入国したが、日本政府の彼らに対する日本語習得支援の動きはなく、日本語教育の専門家ではなく、地域の日本語ボランティアが対応してきた実態がある。日本語教育の専門家が動き出したのは、1983年の留学生10万人構想などの結果、日本語教育機関が増設されていき、そのために大学などで日本語教師養成が行われるようになってからであったというのが、田尻の実感である。

　2024年現在でも、日本人の生産年齢人口の減少による外国人労働者の受け入れ拡大により、社会的には日本語教育への需要が伸びてきている。しかし、日本語教員の多くは「留学」分野の日本語教育には興味があるが、「就労」や「生活」分野の日本語教育にはあまり興味を示さない。日本語表現の細かな違いを教えることには熱心で、言語はネイティブしか教えられないという間違った考えを持つ人も多い。田尻は、日本社会における日本語教育の需要と、日本語教育専門家が考える日本語教育の世界の中での関心とは、大きなズレが生じていると考えている。

　<u>なお、『取り組み』の出版と並行して、ひつじ書房のウェブマガジン「未草」に「外国人受け入れに日本語教育は何ができるか」を月1回のペースで掲載しているので、こちらも必ず見てほしい。</u>

5　これから考えてほしいこと

　残念ながら、マスコミで悪質な日本語学校の記事が出ているのが日本語教育の世界の社会的なイメージとなっている。文部科学省と入管庁とによる日本語教育機関の認定が行われ、日本語教員も国家資格となり、日本語教員試験も行われるので、日本語教育についての社会的認知と日本語教員の経済的安定も進むと期待している。だからこそ、今後は政府機関による審査等で日本語教育の質の維持向上を図るのではなく、日本語教育機関による自助努力で日本語教育の質の維持向上が担保されるような動きが出て来ることを期待

している。

　また、現在日本語教育に携わっている人は、後継者育成にも力を注いでほしいと強く願っている。日本語教育の世界は外圧に翻弄される可能性が高いので、その時の政治・社会状況などにより日本語教育への国の支援態勢が変化することが多い。そうなると、日本語教育関係者はつい自分だけの身分保全を考えがちである。しかし、生産年齢人口の減少により、日本語教育従事者が不足する事態は容易に予想できる。次の世代が安心して、なおかつ誇りを持って日本語教育に従事できる環境整備を今こそすべきだと考えている。

　2024年7月31日に文部科学省のサイトに公表された「登録日本語教員の資格取得に係る経過措置における日本語教員養成課程等の確認」の結果は、これまでの大学における日本語教員養成課程の過去の経緯を示す大事な資料である。その意味するところは、ウェブマガジン「未草」第54回に書いているのでぜひ参照してほしい。

　なお、この『取り組み』のデータは、2025年1月時点の最新のものに統一している。

6　感謝のことば

　まずは、御多忙のなか『取り組み』出版の趣旨に共鳴して原稿を執筆していただいた執筆者に感謝する。ただし、各執筆者はそれぞれの所属する機関の意見を執筆したわけではなく、個人的な意見を表明していることも改めて申し添えて置く。また、原稿執筆段階で田尻との打ち合わせが行われた結果も原稿執筆に反映しているので、最終的な責任は全て田尻にある。

　法律成立に関わった国会議員の方々を始めとして、政府の委員会の委員に加えていただき、『取り組み』執筆にあたり質問等に答えていただいた政府機関の方々にも感謝したい。

　また、田尻を気力・体力の面で支えてきた妻の美知子さんと、いろいろな支援をしていただいた団体の方々にも心からの感謝を申し上げる。

　末筆ながら、今回も田尻の企画の意味を認めて『取り組み』の出版を了承していただいたひつじ書房の房主松本功さんと、編集・校正に大活躍してく

れた丹野あゆみさんに感謝する。

2025年1月

田尻英三

追加情報

田尻英三

　2024年11月25日に開かれた第8回日本語教育推進関係者会議で、田尻は現在進められている日本語教育施策について考えてほしい点を報告した。その内容を追加情報として、ここに掲載する。

　以下は、これからの外国人受け入れと日本語教育の関わりについて、田尻が考えている構想を述べる。田尻は、基本的には現在進められている文部科学省日本語教育課の施策を支持している。

　日本政府の施策は、現在の日本の生産年齢人口の減少への対応策の1つとしての外国人受け入れを想定している。生産年齢人口の減少に対する別の対応策があるかという点については、ここでは言及しない。

　なお、私案は入管庁の「外国人との共生社会の実現に向けたロードマップ」（2024年6月21日版を利用）と一部重複する箇所はあるが、ここでは日本語教育の立場から問題点をまとめた。

　まず、その前提として踏まえておくべき2つの問題点と1つの参考例について触れる。

①日本語教育の側の問題点

　日本語教育機関や日本語教師の数が、関東（埼玉県・千葉県・東京都・神奈川県）・近畿（大阪府・兵庫県）・東海（愛知県）・九州沖縄地方（福岡県）に偏在している。（※図「地域別に見る日本語教育の現状」（令和5年度　日本語

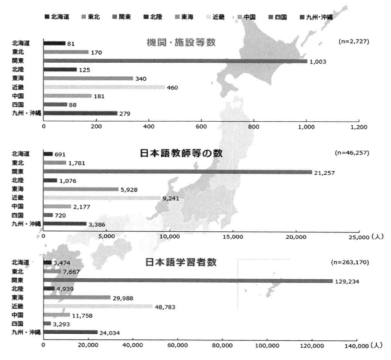

図 「地域別に見る日本語教育の現状」(令和5年度 日本語教育実態調査)

教育実態調査)参照)

　在留外国人数の分布も同様である。これらの集住地域では、それぞれの地域の認定日本語教育機関や登録日本語教員を利用しての日本語教育は実施できる。しかし、今後在留外国人の増加が予想される上記以外の地域では、日本語学習を支援する機関・団体や人的資源の点でも対応できない。

　たとえば、人口増加率の高い県であると報告されている熊本県・北海道・佐賀県などである。

　「就労」や「生活」分野での日本語教育施策を構想する場合には、この日本語教育機関や日本語教員の地域的偏りを前提に考えなければいけない。文部科学省での日本語教育空白地域の解消事業の継続も必要である。

　地方公共団体の外国人受け入れ体制の温度差は、その地域の在留外国人数

と大きく関わっている。

②「就労」分野での受け入れ時の在留資格の日本語能力基準のばらつき

　たとえば、外国人介護人材受け入れの日本語能力は、次のようにコースごとに大きな差異がある。

　EPA の訪日前研修了時は N3、在留資格「介護」のコースの中で介護福祉士養成施設での入学時（在留資格「留学」）の日本語能力は N2（田尻注：実際にはそれ以下が多い）、在留資格「技能実習」では N4、在留資格「特定技能1号」と技能実習（2023年4月1日から）では日本語基礎テストか N4 となっている。

　外国人の非熟練労働者を受け入れる場合に、入国時に一定の日本語能力の基準を設け、入国後にも最低3か月の日本語研修期間を設けるように施策設計をしてほしい。この場合の費用負担は、国が負担すべきか、受け入れ団体が負担すべきかについては今後検討する。

　日本語能力の把握については、日本語能力試験や日本語基礎テストなどの利用だけではなく、「日本語教育の参照枠」による統一的な基準作りが必要である。

　「就労」分野の日本語教育は、基本的には厚生労働省が担当すべきと考える。ただ、厚生労働省の日本語学習支援事業実施にあたっては、文部科学省日本語教育課との連携を密にしなければ効果がない。

　厚生労働省に「外国人介護人材の受入れについて」というサイトがあるが、そこに挙げられている「外国人のための介護福祉専門用語集」・「外国人のための介護福祉士国家試験一問一答」・「『介護の日本語』テキスト」などは、介護福祉士の現場で必要な項目を集めている点で評価できるが、肝心の外国人介護福祉士候補者の日本語能力のレベルを考慮して作られているとは田尻には思えない。また、多言語対応のテキスト作成は研修事項を理解するには役立つが、それは介護福祉士候補者の日本語能力の向上とは直接関わらない。必要なことは、介護・介護現場での外国人労働者の日本語能力の向上である。

③日本の外国人受け入れ施策の参考になる外国の例

かつては日本の技能実習制度を参考にしていたが、現在はそれに改良を加えた韓国の「雇用許可制」が参考になる。

最近の韓国の「雇用許可制」については、以下の 3 つの春木の論文を参考にした。これらの論文は、現在の韓国における「雇用許可制」の問題点にも触れている。

・春木育美（2022）「非熟練外国人労働者の受入れと韓国語教育」『日韓における外国人労働者の受入れ』深川博史・水野敦子編　九州大学出版会
・春木育美・吉田美智子（2022）『移民大国化する韓国　労働・家族・ジェンダーの視点から』明石書店
・春木育美（2022）「韓国の非熟練外国人労働者の韓国語教育とその課題」『韓国経済研究』19　九州大学韓国経済研究会

「日本語教育推進法」や「日本語教育機関認定法」の施行にあたって、今後日本語教育を支援する施策について、日本語教育を受ける対象ごとに分けて説明する。

（1）　高度人材・留学生

高度人材受け入れにあたっては、受け入れる企業・団体側の体制に差がある（たとえば、会社内の共通語は何語か、外国人家族への生活上の支援体制を取られているか、など）が、高度人材と他の外国人労働者との受け入れ体制は、それぞれの状況に合わせて対応することが大事である。高度人材の子どもはインターナショナルスクールに入ることを前提に、構想を考えている以下の施策には疑問を持つ。

・文部科学省大臣官房国際課の「高度外国人材子弟の教育環境整備に係る調査研究事業 2024 年度〜 2026 年度
・経済産業省貿易経済協力局技術・人材協力課、投資促進課の「高度外国人材研究会報告書」2024 年 7 月 26 日

そもそも「高度人材」という括り方に問題があると田尻は考えている。

大学や専門学校進学を予定している留学生への日本語教育を行う認定日本語教育機関については、認定後も質の維持向上のために実地調査などが予定されているが、そのための予算措置を講じて必ず実施してほしい。

　留学生の日本での就職の際に使われるSPIの日本語の試験は、どのような日本語能力を測ろうとしているか不明である。この試験は、留学生が就労する場合に負担となっている。

(2)　非熟練労働者受け入れ施策

　上記②に述べた問題点の検討が、まず必要である。

　その上で、再度述べれば、入国時の日本語能力については、「日本語教育の参照枠」を使った日本語能力の基準を設け、入国後の就労や生活に必要な日本語能力習得のために、認定日本語教育機関での登録日本語教員による最低3か月の日本語研修が必要と考える。

　この場合、上記①で触れたように、関東・近畿・東海・九州沖縄地方とそれ以外では、研修体制の取り方を変えざるをえないと考える。

　将来的には、春木の論文で指摘された韓国での問題点を考慮した上で、国家機関で就労・生活のためのテキストを作り、それぞれの地域で国家予算（一部企業・団体に負担させるべきかどうかは今後検討）により、認定日本語教育機関で登録日本語教員による政府か受け入れ企業の負担による日本語研修を受けられる体制作りを目指すべきと考える。

(3)　EPA看護師・介護福祉士候補者への日本語教育

　第8回の日本語教育推進関係者会議で、この点について質問した意図について説明する。

　平野裕子の「外国人看護師の受入れと日本」（医学会新聞、2019年9月23日）によれば、看護師候補者の2019年1月1日現在国家試験合格者に占める帰国者・就労者の割合は、インドネシア67.2％、フィリピン42.4％、ベトナム58.3％、介護福祉士の割合は、インドネシア34.4％、フィリピン30.6％、ベトナム32.8％となっている。会議での田尻の質問に対する厚生

労働省の回答では、介護福祉士候補者の2024年9月時点での合格者に占める帰国者その他（在留資格を切り替えて引き続き日本に在留している者も含む）の割合は、インドネシア33.8％、フィリピン28.8％、ベトナム92.5％となっている。厚生労働省から看護師候補者のデータはいただけなかった。厚生労働省では帰国者だけのデータは取っていないという回答であった。

この数字で分かるように、かなりの数の候補者が国家試験を合格したにも関わらず日本で就労していないことが分かる。国家試験合格のために尽力している日本語教師や受け入れの病院での支援者が報われているかどうかの検証が必要と考える。

この件に関心のある人は、下記の研究書をぜひ参考にしてほしい。
・平野裕子・米野みちよ編（2021）『外国人看護師—EPAに基づく受入れは何をもたらしたのか』東京大学出版会

(4) 外国人児童生徒への日本語教育

現状では、登録日本語教員の資格を持っていても、教員免許を持っていなければ単独では教壇に立てないので、現職教員に対して日本語教育の研修を行っているのが実態である。ただ、このままでは外国人児童生徒への日本語教育の仕組みは不十分であることは確かなので、まずは特別免許を利用した登録日本語教員（この場合、登録日本語教員には外国人児童生徒の日本語教育研修を受ける必要がある）が日本語指導をできる体制構築を目指してほしい。将来的には、免許科目としての「日本語」を立てるようにする。春木の著作によると、「韓国では、2005年に公的な『韓国語教員資格』が整備され、全国の大学や大学院に外国語としての『韓国語』を教えるプログラムや教員養成課程が設置された」とある。

今後は、日本の大学を卒業した留学生の日本での就職や、在留資格「特定技能2号」での家族帯同などで日本に住む外国人児童生徒が増えると思われるので、将来を見据えた仕組みをできるだけ早く考える必要がある。

また、現在日本で就学している外国人児童生徒のうち、日本語能力が低いために特別支援学級に配属された外国人児童生徒については、「外国人の子供に障害がないにも関わらず、日本語指導が必要であることをもって、特別

支援学級や通級による指導の対象とすることは不適切である」(文部科学省初等中等教育局特別支援教育課「障害のある子供の教育支援の手引き～子供たち一人一人の教育ニーズを踏まえた学びの充実に向けて～」2021年6月)という指摘を実行していただきたい。このためには、外国人児童生徒担当教員への外国人児童生徒の日本語能力把握の研修が必要である。

　外国人児童生徒のうち、障がいのある児童生徒への日本語教育を含む学校教育の在り方についても、至急検討すべきである。

(5) 夜間中学での日本語教育

　文部科学省のホームページに初等中等教育局教育企画課教育制度改革室の「夜間中学の設置促進・充実について」というサイトがある。
https://www.mext.go.jp/a_menu/shotou/yakan/index.htm
　そのサイトに、「令和4年度夜間中学等に関する実態調査」が出ている。この調査によると、夜間中学に通う生徒のうち、66.7％が日本国籍を有しない者」となっていて、日本国籍を有していても入学理由が「日本語が話せるようになるため」としている生徒が1.7％いる。これで分かるように、夜間中学に日本語教育の必要なかなりの数の児童・生徒が在学していることが想定される。現在文部科学省では教員への日本語指導研修会を開く程度の支援であるが、2024年11月7日の読売新聞には、「文部科学省は来年度、外国人の通学者が増えている夜間中学での日本語指導のガイドライン（指針）を新たに策定する方針を固めた。効果的な日本語指導の方法を指針としてまとめ、外国人の生徒の日本語教育改善につなげたい考えだ。」という記事が出ていた。ぜひともこの方針を実施していただきたいと願っている。

(6) 地方公共団体との日本語教育での連携

　在留外国人が多く暮らす地域の公共団体は、外国人との共生に積極的であり、それを支援する日本語教育機関や日本語ボランティアも多く存在する。その場合には、文部科学省の「地域日本語教育推進事業」を行う際に、それぞれの地域での日本語教育機関数や日本語教員数による実行可能な支援という視点を加えてほしい。

今後外国人の受け入れの拡大が予想される地域では、外国人労働者だけではなく、その家族の地域での共生を目指した「生活」のための日本語教育の仕組みを早急に構築する必要がある。ただ、これらの地域では、日本語教育に係る人材が量的にも不足しているので、日本語ボランティアだけではなく、地方公共団体などの共生社会作りへの参加が望まれる。

　現在文部科学省が進める「日本語教室空白地域解消の連携強化」でアドバイザーが派遣されているが、地域の側の共生社会実現のための人材創出や、地域の教育委員会との連携などの視点からの検討も必要かと考える。

　田尻が日本最初の地域日本語教育ネットワークを九州で構築した経験では、地域ネットワークを維持する人は、その地域に住み、日常的にその地域のニーズに合わせた情報を発信し続けることが必要であった。「日本語教育空白地域」に外部から短期間指導に入るというコースの中に、それぞれの地域の人材育成という視点も目標に入れてほしいと考える。

　内閣官房が所管している「外国人材の受入れ・共生に関する関係閣僚会議」に「日本語教育推進関係者会議」からの提言を活かす、などの強い連携が今後望まれる。

(7)　難民への日本語教育

　難民の日本語教育は、対象者によって、条約難民・第三国定住難民・補完的保護対象者に分かれていて、日本語教育の支援の仕組みも違っている。対象者が日本在留を希望している場合は、きめ細かい日本語学習支援の仕組みを考えてほしい。その場合にも、認定日本語教育機関や登録日本語教員の活用を考えるべきである。この難民支援の日本語教育の場合も、登録日本語教員に対しては、難民のための日本語教員の研修が必要である。

　難民申請中の短期滞在者(仮放免、特定活動など)や、最近まとまって認定された日本で生まれた子どもに対する在留特別許可の対象者だけではなく、条約難民等の難民の子どもにも事情に合わせた日本語教育支援の仕組みを考えてほしい。

(8) 大学の日本語教育関係部署と地域の日本語教育活動との連携

　かつては、主要な国立大学に単独の「日本語教育科」が設置され、私立大学にも日本語教師養成のための単独の学科が設立された時期があったが、国立大学では単独の学科があるのは広島大学のみであるというのが現状である。また、全国の国立大学に留学生センターが設立され、一定数の日本語教員が所属していた。民間の日本語教師養成講座も日本語教育研究者を集めて、その地域での日本語教育の振興に貢献していた。

　しかし、現在は担当教員が1人という大学の日本語教師養成講座も多い。留学生センターも改組されて大学本部の一部署となり、大学内の留学生やその家族対応の仕事が主になっているものも多い。民間の日本語教師養成講座は、全国展開している組織が主に担っている。

　かつては、その地域での日本語教育活動の拠点となる大学の日本語教師養成課程や留学生センターがあったが、現在は地域に開かれた日本語教育の拠点となる機関・団体はそれぞれの地域で独自に作られ、活発な活動をしているようになった。

　今後は、それぞれの地域で地方公共団体と連携して、地域の日本語教育の拠点作りを担えるような機関・団体が作られることを期待したい。その場合には、それぞれの地域にある大学の日本語教育担当者の積極的な参加が望まれる。また、現在進められている「日本語教師養成・研修拠点整備事業」も、成果の検証を経た上での継続が望まれる。

　ただ、現在の大学での日本語教師養成課程にも問題がある。この点での基礎資料となる文化庁委託事業の「令和4年度　大学等日本語教師養成課程及び文化庁届出受理日本語教師養成研修実施機関実態調査研究」（文化科学研究所、2023年）では、大学で日本語教師養成課程を担当している教員の内、約5割が外国人に日本語を教えた経験がないだけではなく、大学での養成課程の修了生で日本語教師になったのは4.7％である。この状態の大学の日本語教員養成課程に、今後の日本語教員養成の役目が担えるのか田尻は疑問に思っている。実態調査研究の資料は、以下のURLである。

「令和4年度 大学等日本語教師養成課程及び文化庁届出受理 日本語教師

養成研修実施機関実態調査研究 報告書」
https://www.bunka.go.jp/tokei_hakusho_shuppan/tokeichosa/nihongokyoiku_sogo/r04/pdf/93945701_01.pdf

(9) 海外の日本語教育

海外の日本語教育については、国際交流基金の海外日本語教育機関(特に、今後交流の拡大が予想される東南アジアで日本語課程・日本語教育課程を持つインドネシアやタイなどの大学)への支援拡大が必要と考える。

その場合、まだ日本語教育が定着していない国や地域と、すでに日本の大学院へ進学できる教育体制を作っている国や地域に対しては支援方法は変える必要がある。

「就労」分野での外国人受け入れを今後も拡大しようとするならば、海外での送り出し窓口や、海外での送り出し時の日本語能力を測る試験の実施体制作りのために、外務省や出入国在留管理庁の連携が一層必要となってくる。2024年12月4日に日本国内の日本語基礎テスト会場で不正事案が発生したため、12月5日以降の全ての国内試験会場における試験の開催と新規予約を中止するという事態が起こったことを重く受け止める必要がある。

海外での継承語教育については、現状の調査分析を始めとした仕組み作りが必要である。

(10) 在留外国人の日本語学習ニーズの調査

在日コリアや在留日系人などの人たちは、どのような日本語学習を望んでいるかの全国規模の調査が必要であると考えている。2024年度から始まった外国人受け入れに関する新しい日本語教育の取り組みは、比較的最近日本に入国した人たちに対する対応である。それ以前から日本に滞在していて、日本語使用に不便を感じている人たち(日本国籍の有無に関わらず)が、今どのような日本語学習の機会を望んでいるかの調査は、外国人受け入れ施策の基礎資料である。この項目は、日本語教育推進関係者会議では触れていない。ここに新しく書き加えた項目である。

執筆者紹介(執筆順、*は編者)

田尻英三(たじり　えいぞう)*
　龍谷大学名誉教授
　『外国人労働者受け入れと日本語教育』(編著、2017年、ひつじ書房)、『言語政策を問う！』(共編著、2010年、ひつじ書房)、『日本語教育政策ウォッチ2008―定住化する外国人施策をめぐって―』(編著、2009年、ひつじ書房)

浮島智子(うきしま　ともこ)
　公明党 衆議院議員、元文部科学・内閣府副大臣
　日本語教育推進議員連盟副会長

加藤早苗(かとう　さなえ)
　インターカルト日本語学校学校長、日本語教員養成研究所所長
　「国家資格化に向けて、実践研修と養成課程に求められること―日本語教師を「職業」にするための連携と分担―」(『日本語学』43-2、2024年、明治書院)、「人生を豊かにするための日本語教育のこれから」(ウェブマガジン『留学交流』、2020年、JASSO)、『WEEKLY J―日本語で話す6週間―』(監修、2012年、凡人社)

杉山充(すぎやま　みつる)
　一般財団法人海外産業人材育成協会(AOTS)日本語教育センターセンター長
　『ゲンバの日本語基礎編 働く外国人のための日本語コミュニケーション』(監修、2021年、スリーエーネットワーク)、「総合日本語と専門日本語を養成するコースデザイン―ＥＰＡ候補者に対する訪日後研修のなかでの取り組み―」『介護と看護のための日本語教育実践』(共著、2019年、ミネルヴァ書房)

中河和子(なかがわ　かずこ)
　トヤマ・ヤポニカ代表理事
　『言語教育プログラムを可視化する―よりよいプログラム運営のために―』(共著、2024年、凡人社)、「日本語教育プログラムとエンパワメント評価―困難な日本語プログラムを如何に支援できるのか―」(共著、『日本語教育』155、2013

年、日本語教育学会)、『外国人と対話しよう！にほんごボランティア手帖』(共著、2010 年、凡人社)

新居みどり（にい　みどり）
NPO 法人国際活動市民中心(CINGA)コーディネーター
『図書館員のための「やさしい日本語」』(共著、2023 年、日本図書館協会)、『多文化共生の地域日本語教室をめざして』(共著、2018 年、松柏社)

浜田麻里（はまだ　まり）
京都教育大学教授
「登録日本語教員制度とは何か―国家資格を持つプロフェッショナルとしての日本語教師であるために―」(『日本語学』43-2、2024 年、明治書院)、「外国人の子どもの学習を支える学校・地域の現場」『外国人の子どもへの学習支援』(2022 年、金子書房)、「日本における外国人児童生徒等への教育と支援」『多言語化する学校と複言語教育―移民の子どものための教育支援を考える―』(2022 年、明石書店)

真嶋潤子（まじま　じゅんこ）
大阪大学大学院人文学研究科名誉教授、国際交流基金関西国際センター所長
『CEFR-CV の「仲介」と複言語・複文化能力』(共著、2024 年、凡人社)、『技能実習生と日本語教育』(編著、2021 年、大阪大学出版会)、『母語をなくさない日本語教育は可能か―定住二世児の二言語能力―』(編著、2019 年、大阪大学出版会)

外国人受け入れへの日本語教育の新しい取り組み
New Initiatives in Japanese Language Education for Acceptance of Foreigners
Edited by Tajiri Eizo

発行	2025年3月28日 初版1刷
定価	2000円＋税
編者	©田尻英三
発行者	松本功
装丁者	上田真未
組版所	株式会社 ディ・トランスポート
印刷・製本所	モリモト印刷株式会社
発行所	株式会社 ひつじ書房

〒112-0011 東京都文京区千石2-1-2 大和ビル2階
Tel.03-5319-4916 Fax.03-5319-4917
郵便振替 00120-8-142852
toiawase@hituzi.co.jp https://www.hituzi.co.jp/

ISBN978-4-8234-1253-0

造本には充分注意しておりますが、落丁・乱丁などがございましたら、小社かお買上げ書店にておとりかえいたします。ご意見、ご感想など、小社までお寄せ下されば幸いです。

［刊行のご案内］

動画でわかる日本語教育実習ガイドブック
実習生から新任日本語教員まで使える実践研修のてびき
中西久実子編　中西久実子・井元麻美著　定価 2,200 円＋税

受け入れ現場から考える外国人労働問題と介護の取り組み
NPO 法人 AHP ネットワークス編　定価 3,000 円＋税